dtv

Alle Trennungen verlaufen ähnlich. Man kann den einzelnen Phasen nicht entgehen, sie nicht überspringen, und jede braucht ihre Zeit. Auf den ersten Schock keimt zunächst die Hoffnung, alles werde wieder gut. Dann folgt die Einsicht in die Unabänderlichkeit, überlagert von der beschönigenden Rückblende. Das Selbstbewußtsein ist angeknackst, die Angst vor dem Alleinsein kann sich bis hin zu Selbstmordphantasien steigern. Der andere wird zum Gegenstand ausgeprägter Rachephantasien und dann aus dem Blickfeld ausgegrenzt. Erst wenn sich die Psyche des Verlassenen stabilisiert hat, beginnt die Neuorientierung, in der die Trennung als Chance für eine neue Beziehung erlebt wird. Die Autoren zeigen anhand einer Fülle von Beispielen die Auswirkungen einer Trennung auf die Psyche und das Verhalten. Sie geben Anregungen und Ratschläge, wie ein neues Verhältnis zur Umwelt den Trennungsschmerz überwinden hilft und eine aktive Gestaltung der eigenen Zukunft möglich macht. Im Anhang finden Betroffene ein ausführliches Verzeichnis von Beratungsstellen.

Klaus Koch (1934–1998) studierte Pädagogik und war an Berufsschulen, Instituten und Hochschulen als Dozent tätig. Er war Leiter einer Bildungseinrichtung, Fachjournalist, Moderator bei Kommunikations- und Medienkongressen und Autor zahlreicher Bücher zu Beziehungsthemen.
Bärbel Schwertfeger, geboren 1956, ist Diplompsychologin und arbeitet seit 1985 als freie Autorin und Journalistin vor allem im Bereich Management, Weiterbildung und Personalentwicklung. Zuletzt sind von ihr erschienen: ›Die Körpersprache der Bosse‹ (1990), ›Das MBA-Handbuch‹ (1994) sowie (zusammen mit Klaus Koch) ›Der Therapieführer‹ (1989/1995).

Klaus Koch, Bärbel Schwertfeger

Zu zweit am Ende

Phasen der Trennung

Deutscher Taschenbuch Verlag

Aktualisierte Neuausgabe
August 1998
2. Auflage Februar 1999
© Deutscher Taschenbuch Verlag GmbH & Co. KG, München
Umschlagkonzept: Balk & Brumshagen
Umschlagfoto: © IFA-Bilderteam
Satz: Fotosatz Amann, Aichstetten
Gesetzt aus der Stempel Garamond 10/11,5·
Druck und Bindung: C. H. Beck'sche Buchdruckerei,
Nördlingen
Gedruckt auf säurefreiem, chlorfrei gebleichtem Papier
Printed in Germany · ISBN 3-423-36084-4

Inhalt

Teil II: Verhaltensweisen gegenüber der Umwelt

Anhang

Vorwort

Der Mensch hat dreierlei Wege,
klug zu handeln:
Erstens durch Nachdenken,
das ist das edelste,
zweitens durch Nachahmen,
das ist das leichteste,
und drittens durch Erfahrung,
das ist das bitterste.

Chinesische Weisheit

Jede Zweierbeziehung trägt in sich das Risiko einer Trennung, auch wenn wir es nicht wahrhaben wollen.

Viele von uns haben es schon mehrere Male erlebt, auch die seelische Belastung, die Hilflosigkeit, die dabei auf uns zukommen. Die wenigsten aber wissen, daß eine Trennung in Phasen abläuft, die bei allen Menschen ähnlich sind, nur unterschiedlich in Intensität und Dauer.

In ihrer verzweifelten Situation neigen viele Menschen dazu, dem anderen oder sich selbst Dinge anzutun, die sie später bereuen, andere wieder haben große Angst vor der Zukunft. Das Wissen um die chronologischen Abläufe bei einer Trennung, um die verschiedenen Phasen, die man durchlebt, vermindert die Angst.

Für diese Situation gibt es keine Lösung, kein Rezept, kein Entkommen, man kann sie nur durchstehen, und jede Phase braucht eine gewisse Zeit.

So soll dieses Buch keine Therapieanweisung sein, sondern eine Hilfe zur Bewußtmachung und Bewältigung. Es geht hier nicht um Scheidung, Kinder und Vermögen oder die Ursachen, die zur Trennung führten, sondern um die Trennung von zwei Menschen, von denen mindestens einer hilflos und verzweifelt zurückbleibt.

Diesen Menschen die phasenhaften Abläufe anhand von alltäglichen und authentischen Beispielen und in einer einfachen

Sprache verständlich zu machen, ist die Absicht dieses Buches. Fachleute aus vielen Bereichen und Betroffene aus einem Gesprächskreis über Trennung haben ihre Erfahrungen beigetragen, um mit ihren Beispielen und Ratschlägen den von einer Trennung Betroffenen zu helfen, diese besser zu bewältigen.

Und noch eins: Dies ist mehr als ein Buch zum Nachlesen. Nach der Vorstellung der Autoren sollten die Leser sich jedes Kapitel einzeln vornehmen, dann mit jemandem darüber reden und anschließend erst weiterlesen. Nur so kann das Buch eine echte Hilfe sein.

Teil I
Psychisches Erleben

Einleitung

Bei einer Trennung laufen viele psychische Prozesse ab, die zwar den Psychologen und Therapeuten bekannt sind, die aber bisher noch nie in ihrem chronologischen Ablauf dargestellt wurden.

Dem Betroffenen nützen detaillierte theoretische und wissenschaftliche Erklärungen nichts – diese sind nur für den Therapeuten wichtig.

Ziel ist deshalb, die psychischen Abläufe mit einem Minimum an Theorie und Fachausdrücken verstehbar zu machen.

Eine Trennung verläuft in verschiedenen Phasen, die sowohl an Intensität als auch in der Abfolge sehr unterschiedlich sein können. Das »Durchleben« dieser Phasen, denen wir uns nicht entziehen können, kann mit Hilfe der »psychologischen Transparenz« auch für unseren Verstand erfahrbar gemacht werden.

Die Zweiteilung des Buchs in den Teil »Psychisches Erleben« und »Verhaltensweisen gegenüber der Umwelt« ist gewissermaßen künstlich und dient nur dem besseren Verständnis. Die beiden Teile korrespondieren miteinander, haben eine wechselseitige Beziehung, verstärken sich gegenseitig und sind nicht voneinander trennbar. Daher mag es für manchen hilfreich sein, die entsprechenden Kapitel parallel zu lesen und damit den unmittelbaren Zusammenhang seines äußeren und inneren Handelns besser zu verstehen.

Der Schock

Am Anfang steht Fassungslosigkeit

> Bei manchen ›plötzlichen‹ Trennungen
> merkt man erst hinterher, daß sie sorgfältig
> und von langer Hand vorbereitet waren.
>
> *Bernd Nitzschke*

»Es war ein Abend wie viele andere. Wir saßen beim Essen. Ich erzählte von meinem Arbeitstag, einer neuen Arbeitskollegin. Dann zeigte ich ihm Prospekte von Griechenland, die ich heute aus dem Reisebüro geholt hatte, da wir im nächsten Urlaub dorthin fahren wollten. Er blätterte darin herum – ich begann den Tisch abzuräumen –, da sagte Werner: ›Du, ich muß mit dir reden. Wir sind jetzt fünf Jahre zusammen, es war ja auch eine gute Zeit, aber ich habe mir überlegt, daß ich mich mal – wenigstens für einige Zeit – von dir trennen will, mal raus will aus dem gewohnten Alltag, mal sehen, wie das ist, wenn ich ganz allein lebe.‹ Ich begriff nichts. Hatte ich das richtig verstanden? Trennung? Warum? Was war passiert? Wir hatten doch gar keinen Streit gehabt, im Gegenteil, in der letzten Zeit war unser Zusammenleben reibungslos gewesen. Wir haben doch gemeinsame Zukunftspläne gemacht, vom gemeinsamen Urlaub geredet, wollten uns neue Möbel kaufen und haben uns ein neues Auto angesehen. Was er sagte, konnte doch wohl nicht wahr sein.

Mir war nicht bewußt, daß etwas wirklich nicht in Ordnung war. Es war für mich, als ob alles zusammenbräche. Wir waren jetzt so lange zusammen, und ich wußte, daß wir einige Probleme hatten, aber ich hatte mir gedacht: Wir kommen doch ganz gut miteinander aus, und den Idealpartner gibt es eh nicht. Erst jetzt merkte ich, daß unsere Beziehung die ganze Zeit eigentlich nicht in Ordnung gewesen war. Aber die Art, wie wir miteinander umgegangen sind, unsere ganze Kommunikation war so, daß ich das nie bewußt gemerkt habe.«

Eigentlich hatte Peter schon längere Zeit ein komisches Gefühl. Inge war seit Monaten irgendwie verändert; er konnte es aber nicht genau beschreiben. Sie war zwar oft gut gelaunt, aber sie schien mit ihren Gedanken woanders zu sein. Wenn er sie fragte, woran sie denke, bekam er ausweichende Antworten wie etwa »nichts Besonderes«. Aber er machte sich keine Sorgen. Sie verstanden sich gut, hatten viele gemeinsame Zukunftspläne, und er war glücklich, mit Inge zusammenzusein.

Diese Vorstellung wurde jedoch eines Tages zerstört. Als er nach einem Garantieschein für den Fernseher suchte und dabei in Inges Schreibtisch nachsah, fand er unter einem Aktenordner einige Briefe von einem Thomas. Der erste war ein halbes Jahr alt. »Mein Liebling«, stand da, »ich kann die Zeit zwischen unseren Treffen kaum noch ertragen.« Peter las weiter. Da war von einem gemeinsamen Urlaub in Frankreich die Rede, von einem Abend zu zweit anläßlich seines Geburtstages und von der unvergeßlichen Samstagnacht, von Inges Schwierigkeit, ihm, Peter, etwas über ihre Beziehung zu Thomas zu erzählen und sich von Peter zu trennen. Inge plante also schon seit einiger Zeit, die Beziehung zu Peter zu beenden.

Ähnlich wie in diesen beiden Fällen haben sich häufig Trennungen angekündigt, und das wird auch künftig so sein.

Weggehen, verlassen, ausbrechen und verlassen werden – jeden Tag trennen sich Menschen, die sich für lange oder kurze Zeit die Nächsten waren.

Mit der Tatsache der Trennung konfrontiert, reagieren wir in der Regel zunächst fassungslos. Wir begreifen nichts. Was da passiert, übersteigt unsere Vorstellungskraft. Und erst recht gelingt es uns in diesem Moment nicht, die Auswirkungen dieser Situation auf die Zukunft abzusehen.

Es ist so ähnlich, als wenn man plötzlich von seiner Firma, für die man zwanzig Jahre gearbeitet hat, ein Kündigungsschreiben bekommt, weil die Firma geschlossen wird. Man hält das Stück Papier in der Hand, liest den Inhalt immer wieder, Wort für Wort, und begreift nicht, daß es wirklich eine Kündigung ist. Noch viel weniger ist man in der Lage, die Bedeutung und die weitreichenden Folgen für das eigene zukünftige Leben zu erfassen.

Der endgültige Abbruch einer längeren Zweierbeziehung gehört zu den einschneidendsten Lebensveränderungen. Eine Welt bricht zusammen: die Welt der Geborgenheit, der Sicherheit, des Vertrauens, der Nähe, der Liebe. Unsere Gedanken drehen sich im Kreis. Wir können die Situation nicht in ihrer Konsequenz durchdenken, Verwirrung und Sprachlosigkeit treten auf.

Wir sind unfähig zu reagieren, geschweige denn »richtige, normale« Reaktionen zu zeigen. Reagieren bedeutet agieren auf etwas Vorangegangenes. Dieses aber erscheint uns so unfaßbar, daß unsere Reaktionen völlig unüberlegt und unberechenbar sind. Wir können unsere Gefühle nicht artikulieren: geistige Sperre durch emotionale Sperre. Der Verstand ist ausgeschaltet; wir befinden uns in einer Schocksituation.

Es ist wie bei einem Autounfall: Wir erinnern uns nicht an die Dinge, die wir kurz danach getan haben. »Als es gekracht hatte, habe ich erst einmal den Sicherheitsgurt gelöst, dann habe ich das Radio ausgeschaltet, bin ausgestiegen und habe die Scherben von meinem Scheinwerfer beiseite geräumt. Erst nach ein paar Minuten merkte ich, daß mir die Knie zitterten. Mein Verhalten lief automatisch ab, und ich konnte mich später nicht erinnern, daß ich das Radio ausgemacht hatte.«

Die Reaktionen laufen automatisch, unkontrolliert ab. Wir kennen uns selbst nicht wieder. Wir sind wütend, traurig, verzweifelt oder verletzt; wir werden aggressiv, beschimpfen den Partner, diskutieren die Schuldfrage. Manche bleiben erst mal ganz »cool«, manche bekommen kurz darauf gesundheitliche Probleme, zum Beispiel Kreislaufbeschwerden, einen Nervenzusammenbruch, Kopfschmerzen oder Übelkeit.

In dieser Phase der Trennung wird die Entscheidung des Partners unterschiedlich bewertet: »Sich für eine Zeit von mir trennen – wie er wohl darauf kommt?« So reagiert Margot – seit drei Jahren verheiratet – erst einmal. Sie nimmt die Ankündigung ihres Mannes nicht ernst. Anders eine 35jährige Frau: »Wenn er mich verläßt, weiß ich nicht, was ich tun soll. Ich kann ohne ihn rück. Nun beginnt ein verzweifeltes Suchen bei Freunden und Bekannten.

»Ich habe mein ganzes Telefonverzeichnis durchtelefoniert. Mit jedem Anruf wurde meine Hoffnung geringer. Schließlich habe ich es mit der Angst zu tun bekommen und befürchtet, daß ihr etwas zugestoßen ist. Daraufhin habe ich alle Krankenhäuser in dieser Stadt angerufen.«

Wenn man schließlich weiß, wo der andere zu erreichen ist, nimmt dieser das Telefon nicht ab oder läßt sich an seiner Arbeitsstelle verleugnen.

Das alles erleben wir wie in Trance. Konnten wir schon die Worte nicht fassen, begreifen wir noch weniger das Handeln. Konkrete Handlungen des anderen (zum Beispiel, daß der Wohnungsschlüssel im Briefkasten liegt) verstärken unsere Verwirrung. Wir können die Situation immer noch nicht bewußt erfassen und denken: »Das kann doch alles nicht wahr sein.«

Manche zeigen nun Trotzreaktionen, fordern den anderen geradezu auf, zu gehen. Sie sind eventuell im Moment sogar richtig froh, endlich Ruhe zu haben, keine Streitereien, keine Rücksicht mehr auf den anderen nehmen zu müssen. Sie bleiben zunächst einmal »cool« und sind mit der Situation scheinbar einverstanden – allerdings in der Meinung, daß dieser Zustand vorübergeht.

»Als sie mir sagte, sie wolle sich für einen Monat von mir trennen, habe ich cool und trotzig reagiert. Ich habe ihr geholfen, ihre Sachen zu packen, ihre Koffer ins Auto zu tragen, und habe ihr sogar vorgeschlagen, die Bedenkzeit doch auf zwei Monate auszudehnen. Wenn ich mir das jetzt so überlege, muß ich damals wirklich nicht mehr bei vollem Verstand gewesen sein. Sie war sicher froh, daß alles erst einmal so reibungslos abgelaufen ist.«

Die Verschiedenartigkeit der Beziehungen wie auch der Art des Zusammenlebens hat einen unterschiedlichen Vollzug der Trennung zur Folge. So wird in der Regel eine mehrjährige Beziehung nicht abrupt enden, die Trennung wird sich über einen größeren Zeitraum erstrecken. Bei einer Beziehung, die nur nicht leben. Seit zehn Jahren sind wir zusammen. Die Kinder, die Wohnung, das Geld, die gemeinsamen Freunde – wie soll das alles weitergehen? Das kann er mir doch nicht antun.«

Die Befürchtung, daß die Partnerschaft beendet ist, beinhaltet so einschneidende Veränderungen, daß die Tatsache für uns zunächst völlig unvorstellbar ist.

Solange nur die *Rede* von Trennung war, war man nicht gezwungen, sich mit der Realität auseinanderzusetzen. Erst die *Handlungen* des Partners, mit denen er die Trennung vollzieht, machen dem Verlassenen den Ernst der Situation deutlich.

Vollzug der Trennung

> Vielleicht gibt es schönere Zeiten –
> aber diese sind unsere.
>
> *Jean-Paul Sartre*

Von Trennung wird in jeder Beziehung gelegentlich gesprochen, mal scherzhaft, mal im Ernst. Aber erst ihr Vollzug konfrontiert uns mit der Realität.

Trennungen vollziehen sich ganz selten von heute auf morgen. Es ist meist ein längerer Prozeß mit vielen Höhen und Tiefen, neuen Versuchen, Versöhnungen, Vorsätzen und Diskussionen. Immer aber gibt es einen bestimmten Zeitpunkt, von dem Worte zu Taten werden.

»Gesprochen haben wir schon manchmal über Trennung. Aber erst, als Sabine mit zwei Koffern zu ihrer Freundin schwand, habe ich gemerkt, daß es ernst ist.«

Oft lag eine Trennung schon längere Zeit »in der Luft«, plötzlich ist sie Wirklichkeit geworden. Der Partner zieht aus der gemeinsamen Wohnung aus; der Zurückbleibende weiß nicht, wohin der andere verschwunden ist.

Der Partner sucht sich eine neue Wohnung oder Freunden beziehungsweise zu seinen Eltern, verschwindet einfach für ein paar Tage oder kommt später aus dem U kurze Zeit bestand und in der es oft Streit gegeben hat, kann es dagegen zu einem sehr plötzlichen Ende kommen. Schließlich wird die Trennung auch anders ablaufen, wenn jeder ohnehin seine eigene Wohnung hatte und nun einfach seine Besuche beim anderen einstellt. Natürlich gibt es auch die krassen Fälle, in denen ein Partner wirklich von heute auf morgen verschwindet, alles stehen und liegen läßt und sich nie wieder – oder zumindest über lange Zeit nicht – meldet.

»Meinen Partner lernte ich in sehr jungen Jahren kennen. Eigentlich sind wir miteinander aufgewachsen, haben gemeinsam Abitur gemacht, die Führerscheinprüfung bestanden und unsere Zukunft geplant. Doch was unsere Persönlichkeit anbelangt, haben wir uns sehr unterschiedlich entwickelt.

Er träumte von einer gemeinsamen Wohnung, vom gemeinsamen Urlaub, vom größeren Auto, kurz: von uns.

Ich hingegen war lebenshungrig. Mich interessierte alles Neue, alles Fremde, und Abenteuer in jeglicher Form zogen mich magisch an. Sicherlich liebte ich ihn, ich hatte nicht vor, ihn zu betrügen, aber ich wollte trotzdem meine Freiheit. Ich wußte seine Bravheit, seine soliden Qualitäten zu schätzen. Noch dazu sah er sehr gut aus. Doch er wachte über mich wie ein Zerberus, und mich zogen alle ›Lumpen‹ magisch an, denn sie verkörperten alles, wonach ich mich sehnte: Freiheit, Abenteuer, Selbständigkeit, Erlebnisse. Er hingegen liebte das junge, unerfahrene Mädchen, das er vor vier Jahren kennengelernt hatte; aber ich hatte mich verändert.

Als er begriff, daß ich mich mehr und mehr von ihm entfernte, versuchte er, mich in einem goldenen Käfig festzuhalten: Er wollte plötzlich heiraten. Meine vorsichtigen Versuche, ihm klarzumachen, daß ich nicht heiraten wollte, ignorierte er konsequent. Er wollte es einfach nicht wissen. Eines Tages erfuhr ich meinen Hochzeitstermin, und große Panik ergriff mich. Leider war ich zu feig, vor ihm und seiner Verwandtschaft die Karten offen auf den Tisch zu legen.

Zwei Wochen vor dem Hochzeitstermin, nachdem ich Dinge wie Brautkleid und das Verschicken von Einladungskarten an meine Verwandtschaft erfolgreich von mir ferngehalten hatte, packte ich mein letztes Geld, einen Koffer und flüchtete mit dem Auto nach Italien. Meinem Verlobten und meinen Eltern schickte ich folgendes Telegramm: ›Mir geht es ausgezeichnet – macht Euch keine Sorgen – ich will nur nicht heiraten – Gruß Petra‹. Meine Eltern waren froh, daß ich nicht geheiratet hatte.

Bei meinem Verlobten und seiner Verwandtschaft herrschte Ratlosigkeit. Für ihn brach eine Welt zusammen. Er hat es bis heute nicht begreifen können und geht mir seitdem völlig aus dem Weg.«

Manche lassen zunächst ein paar Tage nichts von sich hören, kommen nur noch sporadisch in die gemeinsame Wohnung zurück, um andere Kleidung zu holen.

Alle diese verschiedenen Handlungsweisen führen dem Partner zwar vor Augen, daß es dem anderen ernst ist mit der Trennung, aber er verleugnet diese Tatsache. Der Schock kommt zu plötzlich und ist zu nachhaltig, als daß er sich der Realität jetzt schon stellen könnte.

Dennoch ist der erste Schritt der Trennung vollzogen.

Zerfall der äußeren Sicherheiten

> Gewohnheit ist gleichsam eine zweite Natur.
>
> *Cicero*

Der tatsächliche – wenn auch vielleicht nur vorübergehende – Vollzug der Trennung verändert unser Leben nachhaltig. Das merken wir zunächst an alltäglichen Gewohnheiten: »Das Schlimmste war für mich, allein aufzuwachen, allein frühstücken zu müssen, niemanden zu haben, mit dem ich ein paar Worte reden konnte. Jeden Morgen war ich sehr niedergeschlagen und einsam. Am liebsten wollte ich gar nicht erst aufstehen.«

In jeder Zweierbeziehung haben sich im Laufe der Zeit bestimmte Verhaltensweisen gefestigt, die für den einzelnen eine gewisse äußere Sicherheit bedeuten. Das fängt an beim gemeinsamen Essen oder beim Planen des nächsten Wochenendes.

Im Tagesablauf gibt es eine gewisse Routine, die je nach Intensität der Beziehung mehr oder weniger stark ausgeprägt ist. Diese Routine gibt uns Sicherheit. Wir wissen, wann der andere nach Hause kommt oder anruft, ob wir den Abend gemeinsam verbringen, oder daß wir erwartet werden. Wir versorgen den anderen oder werden von ihm versorgt. Wir erzählen von unseren Tageserlebnissen und Schwierigkeiten. Wir erfahren etwas von den Problemen unseres Partners und sprechen mit ihm darüber.

»Wenn ich Robert nicht gehabt hätte, hätte ich meine Ausbildung nie geschafft. Jeden Abend kam ich erst mal völlig kaputt nach Hause, und oft wollte ich alles an den Nagel hängen. Er redete mir immer wieder gut zu, ermunterte mich, doch noch bis zur Prüfung durchzuhalten, und hat mir oft beim Lernen geholfen.«

Die Bezugsperson, die an vielen Bereichen unseres Lebens teilgenommen hat, die unsere Sorgen und Nöte, unsere Stärken und Schwächen genau kennt, die uns versteht und uns helfen kann, ist plötzlich nicht mehr da. Wir sind nun allein mit allen unseren Erlebnissen und Problemen. Wir kommen nach Hause in die »leere« Wohnung. Die gewohnten Anrufe bleiben aus. Vieles verliert für uns den Sinn. Warum sollen wir überhaupt noch nach Hause gehen? Es vermißt uns ja keiner, und niemand ist mehr für uns da. Auch unsere Zeiteinteilung unterliegt nun veränderten Voraussetzungen.

»Wir sind beide gern weggefahren und waren fast jedes Wochenende unterwegs. Martin hat alles geplant, und so war es für mich immer eine schöne Überraschung, wohin wir das nächste Wochenende fahren würden. Jetzt habe ich kein Auto mehr und sitze jedes Wochenende allein in meiner Wohnung.«

Gewohnheiten oder Verhaltensweisen, die sich im Laufe einer Partnerschaft herausgebildet haben, werden jetzt überflüssig. Dieser Verlust der äußeren Sicherheiten trifft uns im Moment sehr unmittelbar. Während die emotionalen Konsequenzen der

Trennung – der Schmerz, der Haß, die Verzweiflung – uns in dieser Phase noch gar nicht richtig bewußt geworden sind, können wir der Veränderung in unserem alltäglichen Leben nicht entgehen.

Diese äußeren Veränderungen verunsichern auch unsere innere Gefühlswelt; wir wehren uns dagegen, indem wir uns an die Hoffnung klammern, daß »es vielleicht doch wieder wird«.

Die Hoffnung

Es wird schon wieder werden

Man läßt sich nichts vormachen.
Das macht man selber.

Anonymus

Der erste Schock ist vielleicht abgeklungen, aber der Schreck sitzt noch tief in den Knochen: Der andere will sich von mir trennen, unsere Beziehung ist zu Ende.

Es ist wie ein Alptraum – man wartet darauf, wieder aufzuwachen, und darauf, daß alles vorbei ist und nur ein böser Traum war. Aber die Realität holt einen ein.

Plötzlich sitzt man allein zu Hause. Alltägliche Handlungen bekommen eine neue Bedeutung. Selbstverständliche gemeinsame Gewohnheiten, derer man sich gar nicht mehr bewußt war, zum Beispiel zusammen zu frühstücken, sind auf einmal nicht mehr vorhanden. Alles ist anders. Der tägliche äußere Bezugsrahmen zerbröckelt. Man fällt ins Leere.

Der Verlust dieser äußeren Sicherheiten, verbunden mit dem inneren Schmerz, verursacht Angst und Unsicherheit: Angst vor dem Alleinsein, Angst vor Veränderungen, Angst vor Orientierungslosigkeit, Angst vor der Zukunft – existentielle Angst. Dieser Zustand kann für den einen bedrohlicher und gravierender als für einen anderen sein. Je nach Lebenserfahrung, Alter, Selbstbewußtsein und innerem Halt wird sich das Ausmaß der Angst unterscheiden.

Angst – in allen Intensitätsgraden – ist für jeden Menschen eine so unangenehme Empfindung, daß er versuchen wird, sich dagegen zu wehren, ihr zu entgehen oder sie zumindest abzuschwächen. Jemand, der beispielsweise extreme Flugangst hat, wird sich weigern, in ein Flugzeug zu steigen – er wird die Situation meiden. Ist es ihm nicht möglich, die angstauslösende Situation ganz zu meiden – muß er zum Beispiel an einen Ort, den er nur mit dem Flugzeug erreichen kann –, wird er versuchen, seine Angst mit Hilfe des Verstandes zu reduzieren: Er fliegt nur mit einem besonders »sicheren« Flugzeugtyp und mit einer besonders »zuverlässigen« Fluggesellschaft. Seine neue subjektive Bewertung der angstauslösenden Situation kann also zu einer Verminderung der Angst führen.

Übertragen auf die Trennungssituation bedeutet das:

Wir können die Situation nicht vermeiden oder verändern. Der andere trennt sich ja tatsächlich von mir. Aber eine gedankliche Umbewertung kann – zumindest vorübergehend – unsere Angst und Unsicherheit verringern. Also beginnen wir zu hoffen, daß alles wieder wird wie vorher. Der andere wird sich schon besinnen, »nichts wird so heiß gegessen, wie es gekocht wird«. So beruhigt man sich selbst und glaubt es auch gern, wenn Freunde einen damit trösten wollen.

Dieser Trost gibt Hoffnung, und diese Hoffnung verhilft uns zu einer neuen Sichtweise. Man braucht vielleicht doch nicht gleich alles zu verändern, Gewohnheiten aufzugeben, sein Leben neu zu gestalten – man muß nur abwarten.

So gesehen scheint alles nicht mehr ganz so schlimm zu sein. Nun baut man sein Denkmuster *Hoffnung* aus; immer mehr Anzeichen scheinen dafür zu sprechen: Der andere kann mich gar nicht verlassen, kann gar nicht ohne mich leben. Wir verstehen uns im Grunde gut, haben so viele Gemeinsamkeiten.

Je länger man nachdenkt, um so größer wird die vermeintliche Sicherheit: Es wird schon wieder werden. Zusätzlich sucht man beim anderen nach Bestätigung für die aufkeimende Hoffnung. Die Sensibilität für seine Aussagen und Handlungen wächst. Worte werden auf die Waagschale gelegt.

Stellen wir uns unter diesem Gesichtspunkt das folgende Telefongespräch vor: Vor zwei Wochen hat sie sich von ihm getrennt, ist aus der gemeinsamen Wohnung ausgezogen und wohnt jetzt bei einer Freundin. Er ruft sie an.

»Hallo – ich bin's, ich brauche den Kellerschlüssel, der ist noch an deinem Schlüsselbund.« – »Ja, ist gut, ich bin heute abend sowieso in deiner Nähe. Dann bringe ich ihn dir vorbei.« – »Wann kommst du?« – »Weiß ich noch nicht.« – »Wenn du am Abend kommst, dann koche ich uns etwas zum Essen, dann können wir ja auch etwas miteinander reden.« – »Ich weiß noch nicht, ob ich Zeit habe, auf jeden Fall bringe ich dir den Schlüssel.«

Das Gespräch läßt Hoffnung bei ihm aufkommen. Sie hat sich sofort angeboten, den Schlüssel vorbeizubringen, und hat ein gemeinsames Essen nicht ausdrücklich abgelehnt. Vielleicht bleibt sie sogar über Nacht.

Wenn sie sich wirklich von mir trennen will, würde sie das doch nicht gesagt haben oder zu mir kommen. Er sieht ihre Aussagen als Bestätigung seiner Hoffnung.

Auch einzelne Wörter wie »jetzt nicht«, »später«, »im Moment nicht« oder »vielleicht« können in dieser Situation an Bedeutung gewinnen und werden als Beweis dafür gewertet, daß der Trennungszustand nur vorübergehend ist. Eindeutige ablehnende Aussagen werden häufig nicht wahrgenommen; es wird alles getan, um das Prinzip Hoffnung aufrechtzuerhalten.

Hoffnung als Mittel, um die Angst vor dem Partnerverlust zu verringern, ist meist jedoch nur kurzzeitig wirksam. Immer wieder wird der Verlassene mit der neuen Situation konfrontiert. Immer neue gedankliche Konstruktionen und Anlässe muß er finden, um die Hoffnung nicht aufgeben zu müssen. Mancher schafft es lange Zeit, negative Handlungen und Aussagen des Partners völlig auszublenden, einfach nicht wahrzunehmen. Er verfällt der *selektiven Wahrnehmung,* d.h., er filtert aus der Wirklichkeit nur das heraus, was in sein momentanes Denkprinzip paßt, und verschließt sich anderen Wahrnehmungen gegenüber. Er sieht nur das, was er sehen möchte, und nicht das, was er bei objektiver Betrachtung sehen müßte. In das eigene Denkmuster passende und daher angenehme Wahrnehmungen werden besonders beachtet und hoch bewertet.

Dieses Hoffnungskonzept blockiert den Zugang zur Realität. Die Realität ist nichts Beständiges, die Verhältnisse haben sich geändert. Wir suchen die Beziehung, die längst nicht mehr besteht, weil unser Denken wünscht, daß sie noch genauso ist wie früher. Die Folge für unser Handeln und Verhalten liegt auf der

Hand: Unser Verhalten steht nicht im Einklang mit der Realität. Wenn wir uns verhalten, als wäre die Beziehung zum Partner noch wie früher – vielleicht nur in einer Krise –, während sie für den Partner endgültig beendet ist, so wird unser Verhalten nicht die Reaktionen bei ihm hervorrufen, die wir erwarten. Der andere will vielleicht nur noch Freundschaft – wir noch die Liebesbeziehung.

»Bereits kurz nach der Trennung hatten wir ein gutes Verhältnis zueinander. Er rief mich fast täglich an und erkundigte sich nach meinem Befinden. Ich tat nach wie vor alles für ihn. Eigentlich war alles beim alten. Als er jedoch auf einem Fest einer gemeinsamen Bekannten mit seiner neuen Freundin auftauchte, wurde mir plötzlich klar, daß ich immer noch auf die Fortsetzung unserer Liebesbeziehung hoffte, während er nur noch eine freundschaftliche Beziehung zu mir wollte.«

Oft sind wir uns nicht im klaren, welche spezifischen Erwartungen wir haben. Wir erwarten, daß der andere uns liebt, versteht, anerkennt, uns verehrt, bereit ist, alles für uns zu tun, uns braucht und unsere Hilfe annimmt. Wir klammern uns an unsere Erwartungen, weil wir die Realität nicht so sehen wollen, wie sie im Moment wirklich ist.

Erst wenn wir versuchen, unsere falschen Erwartungen zu erkennen und uns ihrer in jeder Situation bewußt zu sein, begreifen wir, daß nur unsere eigenen Erwartungen letztlich die Ursache für unsere Enttäuschungen und einen großen Teil unseres Schmerzes sind.

Diese fortwährende Enttäuschung unserer Erwartungen führt zu Frustrationen und in ihrer Folge zu Aggressionen nach außen in Form von Wut und Haß oder nach innen, was dann in eine Depression münden kann. So beginnen wir, langsam die Unabänderlichkeit der Trennung zu erkennen.

Alle Hoffnungen, durch die Vorstellung vom nur vorübergehenden Charakter der Situation aufgebaut, brechen zusammen. Man steht vor einem Scherbenhaufen und muß einsehen, daß nichts mehr zu kitten ist.

Man kann sich zwar immer noch damit trösten, daß es später

vielleicht mal wieder wird – aber der Glaube daran wird zunehmend geringer.

Waren etwa die ganzen angeblich Hoffnung erweckenden Aussagen und Handlungen gar nicht so gemeint? Waren sie doch kein Liebesbeweis oder Versöhnungsangebot? Habe ich alles falsch gedeutet und bewertet?

Denkt man einmal genauer nach, verdichtet sich die Befürchtung: Es ist wirklich zu Ende.

Die Unabänderlichkeit

Erkennen der Unabänderlichkeit

> Wer ja zu einem Menschen oder zu einer
> Situation sagt, erfährt tausendmal mehr
> über den Menschen oder die Situation als
> jener, der nein sagt.
>
> *Max Brod*

Dieses Ende haben andere, Freunde und Bekannte, offensichtlich schon lange vor uns erkannt und haben versucht, uns das klarzumachen; nur wir selbst haben uns hartnäckig dagegen gewehrt. Wir sahen den gemeinsamen Abend vor einigen Tagen als Zeichen der Versöhnung; wir sind jetzt enttäuscht, daß der Partner am nächsten Tag nicht angerufen hat. Ein guter Freund meint dazu: »Aber siehst du denn nicht, daß sie keine weitere Beziehung zu dir haben möchte, daß sie ihre eigenen Wege gehen will. Dieser Abend war einfach nur ein Abend unter Freunden und kein Versöhnungsangebot, keine Rückkehr. Was gibt dir eigentlich immer noch den Grund zu der Hoffnung, daß sie wiederkommen wird? Warum willst du nicht endlich mal begreifen, daß eure Beziehung wirklich beendet ist?« Gerade der letzte Satz trifft uns.

Wir beginnen, das Gespräch zu beurteilen. Hat der Freund recht? Kennt er überhaupt unsere Situation genau genug, kann er sie richtig einschätzen? Vielleicht irrt er sich. Warum kann er mir so etwas sagen, mich so verletzen, wenn er doch mein Freund ist? Will er mich absichtlich verletzen? Verhält sich so ein wirklicher Freund?

Zu dem Problem, das wir nun schon mit unserem Partner haben, kommt, daß wir unsere Freundschaften in Frage stellen. Selbst die Freunde halten nicht mehr zu uns. Die ganze Welt scheint sich gegen uns verschworen zu haben.

Wir stehen jetzt vor der Entscheidung: Bleibe ich weiter bei meinen Hoffnungen, meiner Einschätzung der Situation, oder kann ich Meinungen und Erkenntnisse von Freunden akzeptieren, auch wenn sie nicht in mein Konzept passen und darum weh tun? Muß ich vielleicht einsehen, daß Freundschaft nicht nur heißt, meiner Meinung zu sein, sondern auch, offen und ehrlich zum anderen zu sein, auch wenn es dem weh tut?

Wir wehren uns immer noch gegen die Realität: Es kann nicht sein, was nicht sein soll. Aber gerade Sätze wie »Willst du das nicht endlich begreifen? Du hoffst vergebens…« prägen sich in unser Gedächtnis ein und lassen sich nicht mehr so einfach verdrängen. Die Wirklichkeit bestätigt auch die Hinweise der Freunde: Der andere ruft nicht mehr an, holt seine Sachen aus der gemeinsamen Wohnung, erscheint auf einer für beide wichtigen Veranstaltung nicht, trifft sich allein mit gemeinsamen Freunden und Bekannten. Der Verstand sammelt solche Erfahrungen, speichert sie und bestätigt somit die Aussagen unserer Freunde.

Dabei hat jedoch der Verstand wenig Einfluß auf das Gefühl. Auch wenn ich mir sage, daß es keinen Grund zur Hoffnung mehr gibt, kann ich mit dem Verstand allein die Hoffnung nicht beseitigen. Der Verstand kann meine Hoffnung nur verdrängen, kurzzeitig ablenken, bagatellisieren. Psychische Probleme lösen kann ich letztlich nur auf der Ebene der Gefühle – allerdings kann der Verstand in manchem auch eine gute Hilfe sein, dann nämlich, wenn er mit dem Gefühl *zusammenarbeitet.*

Ich kann das Gefühl der Hoffnung nur aufgeben, wenn an dessen Stelle ein anderes Gefühl tritt. Solange ich an der Hoffnung festhalte, bin ich für andere Gefühle, die nicht mit ihr im Einklang stehen, nicht zugänglich. Es ist jedoch wichtig, meine Gefühle stets aufs neue an der Realität zu überprüfen, sonst besteht die Gefahr, zu lange an Gefühlen festzuhalten, die sich nicht mehr mit der Wirklichkeit vereinbaren lassen. Je später ich diesen Irrtum bemerke, um so schmerzvoller und enttäuschender ist das Erkennen der Realität.

Mit dem Aufgeben der Hoffnung – auch wenn es nur langsam und schrittweise erfolgt – öffne ich den Weg für das Bewußtsein der Unabänderlichkeit der Trennung. Dieses Bewußtwerden ist jedoch noch lange keine Bewältigung der Trennung, sondern lediglich ein kleiner Schritt, den Trennungsprozeß wahrzunehmen.

Die Unabänderlichkeit des augenblicklichen Zustandes ist etwas Statisches, etwas, auf das wir keinen Einfluß haben. Es ist letztendlich etwas, das unsere Zukunft bedroht.

Wir machen häufig den Fehler, daß wir uns nicht mit der momentanen Situation beschäftigen, sondern nur an unsere Vorstellungen von einer gemeinsamen Zukunft denken, die nun hinfällig sind. Zukunftspläne und bisherige Sicherheiten sind auf einmal nicht mehr relevant; statt dessen haben wir Angst vor der *Ungewißheit* unserer Zukunft. Wir befinden uns in einer schwierigen Situation; wir fühlen uns ihr ausgeliefert und machtlos.

All das erschwert die Bereitschaft, die tatsächliche Situation zu erkennen und die Ratschläge von Freunden wie »Du mußt dich endlich damit abfinden, daß es zu Ende ist, und dein eigenes Leben führen« anzunehmen, damit langsam zur Einsicht der Unabänderlichkeit zu kommen und die entsprechenden Konsequenzen zu ziehen.

Einsichten und Konsequenzen

> Dein Du und mein Ich scheinen etwas
> gegen unser Wir zu haben.
>
> *Werner Mitsch*

Die Bereitschaft zu dieser Einsicht kommt meist nicht von innen, sondern durch Anstöße von außen. Die Gespräche mit den Verwandten des anderen, mit gemeinsamen Freunden bringen immer wieder zum Ausdruck: Man wird zwar bedauert, es wird einem in vielen Punkten recht gegeben, aber letztendlich hat der Partner diesen Menschen gegenüber deutlich zu erkennen gegeben, daß für ihn die Beziehung endgültig beendet ist.

Ein letzter Versuch war etwa, einen gemeinsamen guten

Freund um Vermittlung zu bitten. Aber dieser kann nach dem Gespräch nur seine vorherige Meinung bestätigen: Es ist für immer vorbei.

Die Summe dieser ganzen Erfahrungen läßt auch bei uns selbst langsam die Einsicht aufkommen: Es ist nichts mehr zu retten, es ist *wirklich* aus. Diese Einsicht beinhaltet ein Akzeptieren der momentanen Situation. Die Tatsache der Trennung wird zwar anerkannt, aber damit noch nicht ihre Notwendigkeit oder die Richtigkeit der Entscheidung des Partners.

Das Einsehen und Akzeptieren des augenblicklichen Zustandes führt zu einer Reihe von Konsequenzen sowohl auf der psychischen Ebene als auch im konkreten Handeln. Mit der Trennung verliere ich eine Person, auf die ich mich in vielen Bereichen meines Lebens bezogen habe. Mit dem Wegfall dieser Bezugsperson geht ein wichtiger Halt, ein Mittelpunkt meines Lebens, verloren. Bestimmte Verhaltensweisen und Regeln, die sich im Zusammenleben mit dem Partner herausgebildet haben, sind gegenstandslos geworden: Ich brauche nicht mehr das Frühstück für ihn machen, sie nicht mehr zur U-Bahn bringen, ihn nicht mehr zu beruflichen Terminen begleiten, zu einer bestimmten Zeit Essen machen, mit ihr nicht mehr zum Einkaufsbummel gehen usw.

Verschiedene Gebote oder stillschweigende Vereinbarungen, derer ich mir gar nicht so bewußt war, entfallen. Ich muß die Zeitung nach dem Lesen nicht wieder ordentlich zusammenfalten, die Zahnpastatube zuschrauben, die Badewanne saubermachen, die Handbremse im Auto anziehen usw.

Anhand solcher Kleinigkeiten beginne ich zwischen meinen Bedürfnissen und denen meines Partners zu unterscheiden. Scheinbar selbstverständliche Gewohnheiten verlieren ihre Notwendigkeit. Oft wird man sich dabei ertappen, daß man ganz automatisch noch für den anderen mitdenkt, zum Beispiel seine Zigarettenmarke weiterhin kauft, obwohl man selbst eigentlich eine andere Marke bevorzugt. Dabei wird man wieder einmal auf die schmerzliche Tatsache gestoßen, daß man jetzt allein ist. Oft fühlt man sich zunächst hilflos, wie man bestimmte Situationen und Dinge ohne die Hilfe des anderen bewältigen soll: beispielsweise das Einkaufen, den Einbau der Autobatterie, die Steuererklärung oder das Wäschewaschen.

Dennoch festigt sich die notwendige Konsequenz, von nun an für sich selbst zu planen, immer mehr. Ob es der Einkaufszettel, das nächste Wochenende oder der Urlaub ist; man muß sich allein darum kümmern und allein die Entscheidungen treffen.

Die unvermeidliche Konfrontation mit der Notwendigkeit alleiniger Entscheidungen verunsichert viele. Manche sind völlig unfähig, überhaupt etwas zu tun. Sie sind schwunglos und antriebslos. Sie fühlen sich nutzlos und überflüssig und finden es sinnlos, allein etwas zu unternehmen, wenn niemand mehr da ist, mit dem oder für den man etwas tun kann. Andere stürzen sich in Aktivitäten, »nehmen alles mit« – teils auch aus der Unfähigkeit heraus, sich für etwas Bestimmtes zu entscheiden.

Man wird sich erneut der bisherigen Abhängigkeit vom Partner bewußt. Man macht die schmerzliche Erfahrung, daß man im Moment eigentlich ohne ihn nichts richtig genießen kann. Gefühle von Gereiztheit, Unsicherheit und Versagen, Aggression und Depression tauchen auf. Bedenkt man, daß der sehr wichtige und umfassende Bereich der Partnerschaft plötzlich wegfällt und damit letztlich ein Teil unserer Persönlichkeit in Frage gestellt wird, so ist das Ausmaß der Verunsicherung verständlich.

Jeder Partner nimmt in einer Zweierbeziehung eine bestimmte Rolle ein, bei der klassischen Rollenverteilung etwa die des aktiven und dominanten Mannes beziehungsweise die der unterwürfigen, mehr passiven Frau. Daneben gibt es noch eine Vielzahl von Varianten und Kombinationen in bezug auf die verschiedensten Verhaltensweisen: in Partnerschaften zum Beispiel die Aufopfernde und der Fordernde, die Eigensinnige und der Nachgiebige, die Kontaktscheue und der Extrovertierte, der Aggressive und die Besänftigende.

Die eingenommene Rolle ist je nach Dauer der Beziehung zu einem festen Bestandteil unserer Persönlichkeit geworden. Da die meisten Paare sich in ihren Rollen ergänzen, fällt nach der Trennung die Notwendigkeit, bestimmte Verhaltensweisen zu zeigen, weg. Folglich ist mein künftiges Handeln also nicht nur von der Tatsache des Alleinseins – daß ich für mich allein planen und entscheiden muß – bestimmt, sondern auch davon, daß ich selbst anders handle, da bestimmte Verhaltensweisen nicht mehr von mir gewünscht und erwartet werden oder nicht mehr möglich sind.

Die Einsicht in die Unabänderlichkeit der augenblicklichen Situation und die daraus resultierenden Konsequenzen betreffen ganz entscheidende Aspekte unserer Person, unseres jetzigen Alltags, unserer Zukunft.

Das Nichtmehrvorhandensein unseres bisherigen äußeren Haltes zieht ein Zusammenbrechen unserer inneren Stabilität nach sich. Wie bei jedem großen menschlichen Verlust empfinden wir einen tiefen Schmerz. Dieser Schmerz wird noch größer, wenn wir an den Verursacher – den Verlassenden – denken: Ihm geht es anscheinend gut.

Trennung aus der Sicht des Verlassenden

> Wer alle Brücken abbricht, muß
> schwimmen können.
>
> *Anonymus*

In unserem Schmerz über den Verlust des Partners sind wir meist – aus verschiedenen Gründen – so mit uns selbst beschäftigt, daß wir über die Situation, in der sich der Verlassende befindet, selten einen Gedanken verlieren. Der Unterschied liegt auf der Hand: Der *Verlassene* ist das Opfer, der Leidende, der Bedauernswerte – der *Verlassende* ist der Böse, der Starke, der, dem es gut geht.

So vereinfacht ist das Gut-Böse-Schema jedoch nicht anzuwenden. Die Entscheidung, sich von einem Partner zu trennen, erfordert oft einen großen psychischen Kraftaufwand sowie persönliche Stärke.

Hier muß man zwischen den verschiedenen Situationen und

Ursachen, aus denen heraus Trennungen vollzogen werden, unterscheiden. Da gibt es den Fall der Frau, deren Mann Alkoholiker ist, das verdiente Geld vertrinkt und sie auch noch seelisch und körperlich mißhandelt. Für diese Frau kann eine Trennung der einzig mögliche und richtige Weg sein, aus der für sie unerträglichen Situation herauszukommen.

Trotzdem zeigen Fälle aus Eheberatungsstellen, daß es selbst für Frauen in solch unzumutbaren Situationen sehr schwierig ist, sich aus diesen Beziehungen zu lösen und ihren eigenen Weg zu gehen. Jeder Außenstehende würde aber in diesem Fall der Frau die moralische Berechtigung zusprechen, ihren Mann zu verlassen.

Für viele Menschen scheint eine »schlechte« Beziehung immer noch besser als gar keine Beziehung zu sein, und so erfordert die Entscheidung, sich zu trennen, für diese Menschen eine große Portion Mut.

Anders ist es bei einer Frau, die einen jüngeren Mann kennenlernt, plötzlich Hals über Kopf ihren Partner und ihre Kinder im Stich läßt, um sich ein neues Leben aufzubauen.

Trennungen können viele Ursachen haben, die oftmals für Außenstehende nicht einsehbar und manchmal sogar für die Beteiligten – oder zumindest einen von ihnen – nicht begreifbar sind. Es gibt Paare, die scheinbar harmonisch zusammenleben, bei denen jeder Partner immer wieder gegenüber Freunden und Bekannten über die selbstverständlich gemeinsame Zukunft spricht. Es werden Heiratspläne gemacht, eine Eigentumswohnung wird gekauft – und plötzlich, von einem Tag auf den anderen, verläßt der eine Partner den anderen. Der Verlassene versteht die Welt nicht mehr. Bis gestern war alles noch in Ordnung, es gab keinen Streit, keine Probleme – was ist bloß passiert?

In anderen Beziehungen diskutieren die Partner schon seit Jahren über Schwierigkeiten, die sie im Umgang miteinander haben. Man findet kurzfristige Lösungen, aber im Grunde bleibt man unzufrieden. Schließlich kann einer der beiden die ständigen Diskussionen nicht mehr ertragen und entschließt sich zur Trennung.

»Da sich ein Gespräch mit Dir immer wieder unter dem Aspekt des Kampfes und des Streites entwickelt, habe ich mir überlegt, daß es besser ist, wenn ich Dir einen Brief schreibe, in dem ich Dir meine Einstellung zu unserer Beziehung erläutere. Ich habe es satt, mir immer wieder Deine Vorwürfe anzuhören. Das einzige, was ich noch für uns sehen kann, ist eine freundschaftliche Beziehung ohne Zwänge und Vorhaltungen, ohne Verpflichtungen. Wenn Du das nicht kannst, schade, aber ich kann damit leben. Von meiner Seite besteht kein Bedürfnis, noch irgend etwas mit Dir zu besprechen. Ich möchte mich so weit wie möglich von Dir distanzieren.«

So vielfältig und unterschiedlich die Trennungen auch verlaufen, der Verlassende hat immer einen oder mehrere Gründe, warum er sich getrennt hat, unabhängig davon, ob der Verlassene diese Gründe akzeptiert oder nicht. Die unterschiedlichen Persönlichkeiten und Charaktere und daraus folgend die Art und Weise, mit Problemen und Konflikten umzugehen, machen es uns oft unmöglich, Verständnis für die Handlungsweise des anderen zu haben.

Grundsätzlich kommt keine Trennung aus heiterem Himmel. Es geht immer eine längere Zeit der tiefen Unzufriedenheit voraus – nur ist sie oft auch dem Verlassenden bis zu einem bestimmten Zeitpunkt nicht bewußt. So ist häufig das fehlende Bewußtsein – beziehungsweise bei Bewußtwerdung eventuell die mangelnde Bereitschaft, mit dem Partner darüber zu reden – der Grund für die scheinbar plötzliche Trennung.

Solche Trennungen geben dem Verlassenen *keine Chance*, etwas zur Erhaltung der Beziehung zu tun: Bereitschaft zur Veränderung zu zeigen, auf bisher vernachlässigte Bedürfnisse des Partners einzugehen. Der Verlassene steht vor *unveränderbaren* Tatsachen, und dies macht seine Situation besonders schwer. »Wir haben oft über unsere Meinungsverschiedenheiten gesprochen und sie in Kompromißform geregelt. Es gab also keinen Grund zu der Annahme, daß etwas nicht in Ordnung wäre. Dann eröffnete Monika mir eines Tages beim Abendessen, daß sie sich von mir trennen wolle. Zwei Stunden später war sie weg und ließ nichts mehr von sich hören. Konkrete Gründe hatte sie nicht, nur fadenscheinige wie ›Du wolltest ja nicht heiraten‹, was aber nicht stimmte. Ich hatte weder die Chance, mit ihr darüber zu reden, noch, mein Verhalten zu ändern. Ich hatte überhaupt keine Chance, das war das Schlimmste.«

In der Art und Weise, wie sich ein Partner von dem anderen trennt, spiegelt sich viel von seinem Charakter wider. Eine Trennung ist viel schwerer zu bewältigen, wenn man nicht nur den geliebten Partner verliert, sondern darüber hinaus feststellen muß, daß man sich jahrelang in ihm getäuscht hat und er auf einmal Charaktereigenschaften zeigt, die man bei anderen immer verachtet hat. Damit ist das Vertrauen zu diesem Menschen zutiefst gestört und eine zukünftige – auch rein freundschaftliche – Beziehung in Frage gestellt.

Trotz allen Schmerzes und seelischer Verletzungen sollte man sich auch als Verlassener bemühen – sofern es der andere einem ermöglicht –, die Gründe für die Trennung zu *verstehen*, auch wenn man sie nicht *akzeptieren* kann.

Für den Verlassenen ist es völlig unverständlich, daß es dem Partner oft auch nicht gut geht. So hat dieser möglicherweise Zweifel, ob seine Entscheidung richtig war. Er fühlt sich vielleicht verantwortlich für den anderen. Er will ihm eigentlich nicht weh tun, aber je mehr er sich bemüht, dies zu vermeiden, und sich um ihn kümmert, mit ihm redet, um so mehr verletzt er ihn schließlich doch. Diese Erkenntnis ist sehr schmerzlich.

Oft möchte der Verlassene die aufgegebene Liebesbeziehung in eine Freundschaft umwandeln. In der Regel jedoch scheitert dieser Versuch so kurz nach der Trennung, da noch zu viele Hoffnungen und Erwartungen von seiten des Verlassenen daran geknüpft sind. Das Vertrauen – die wichtigste Grundlage für jede Freundschaft – ist zunächst einmal sehr gestört.

Meist ist der beste Weg für beide Partner ein sofortiger – wenn auch nicht unbedingt endgültiger – *Abbruch* des Kontaktes.

Sicher leidet auch der Verlassende unter diesem Abbruch; er muß gezwungenermaßen auf gewohnte Ratschläge, Meinungen und Gespräche, aber auch Lebensgewohnheiten mit dem bisherigen Partner verzichten.

Über eines sollte man sich aber bei allem Verständnis für den Verlassenden im klaren sein: Unabhängig von den Gründen der Trennung und ihrer Art und Weise bleibt beim Verlassenen in jedem Fall ein tiefer Schmerz über den Verlust des Partners.

Der Schmerz

Das große Heulen

Die Traurigkeit ist die Nachbarin
des Wahnsinns.

Antiphanes

Der Verlust eines nahestehenden Menschen gehört zu den
schmerzlichsten Erfahrungen im Leben.

Wenn wir die Unabänderlichkeit der Trennung erkannt haben, überkommt uns ein tiefer Schmerz. Wir fühlen uns verletzt und alleingelassen. Wir haben den Eindruck, den größten
Schmerz der Welt zu empfinden, niemand kann sich so erbärm-
lich fühlen wie wir. Das eigene Schicksal erscheint uns als das
schlimmste überhaupt. Das Alleingelassenwordensein stellt sich
wie eine tödliche Bedrohung dar. Wir verkriechen uns in unseren Schmerz. Es gibt nichts auf der Welt, was uns davon befreien
kann – außer der Rückkehr des Partners. Wir können uns an
nichts mehr erfreuen.

»Ich war völlig unfähig, etwas zu tun. Ich heulte nur noch,
tagelang. Ich empfand einen unendlich tiefen Schmerz, der viel
schlimmer als jeder körperliche Schmerz war.« Weinen ist eine
körperliche Reaktion auf unser Gefühl des Schmerzes. Gefühle
sind immer durch körperliche Veränderungen gekennzeichnet.
Wichtig ist die gedankliche Bewertung dieser Reaktionen. Weinen wird in der Situation der Trennung als Ausdruck des
Schmerzes, der Trauer, des Verletztseins interpretiert. Das Erkennen des Gefühls, das Sich-darauf-Einlassen können wiederum zu einer Verstärkung der körperlichen Reaktionen führen:
Wir weinen endlos und können nicht mehr aufhören.

Weinen bedeutet aber auch eine gewisse Erleichterung. Wir
drücken unseren Schmerz aus und fressen ihn nicht in uns hinein. Es ist genau so, wie wenn wir uns über eine Sache furchtbar
ärgern. Wenn wir unserem Ärger sofort Luft machen können

(zum Beispiel beim Autofahren durch Schimpfen), führt das zu einer Entspannung. Wir müssen den Ärger nicht weiter mit uns herumschleppen, bis er uns auf den Magen schlägt.

Alle seelischen Spannungen, die wir nicht lösen können, schlagen sich auf unseren Körper nieder und können auf die Dauer zu ernsthaften Gesundheitsschäden führen. Weinen hat also durchaus eine sinnvolle und lindernde Funktion, auch, wenn es nur für den Augenblick ist.

Aufgrund unserer eigenen Lebensgeschichte und unserer Erziehung haben wir oft eine negative Einstellung dem Weinen gegenüber aufgebaut: So etwas zeigt man nicht. Man muß sich beherrschen können. Wenn, dann weint man höchstens allein, aber nicht vor anderen. Was sollen denn die anderen denken?

Weinen wird vielfach gleichgesetzt mit Schwäche und fehlender Selbstbeherrschung. Dabei gibt es jedoch starke geschlechtsspezifische Unterschiede. Während kleine Mädchen ruhig weinen dürfen, wird kleinen Jungen meist erklärt, daß sie stark sein müssen und daher keine Tränen zeigen dürfen. So ist es heute vielen Männern unmöglich zu weinen – nicht einmal für sich allein. Damit ist aber ein Kanal, über den man sein Gefühl des Schmerzes ausdrücken kann, blockiert.

Manchmal ist der Schmerz durch die Trennung so groß, daß Männer wieder lernen, hemmungslos zu weinen. »Ich hatte jahrelang nicht geweint, obwohl ich manchmal zum Beispiel bei erschütternden Szenen im Fernsehen den Tränen nahe war. Um das zu vertuschen, bin ich dann in die Küche gegangen und habe etwas geholt. Selbst wenn ich allein war, habe ich das Weinen unterdrückt.

Nach der Trennung habe ich dann meinen Gefühlen freien Lauf gelassen und auch geweint, ich mußte ja nicht mehr stark sein. Egal, ob im Auto oder beim Telefonieren, beim Spazierengehen oder bei Gesprächen mit anderen, da habe ich zum erstenmal erlebt, daß Weinen auch hilft.«

Sicher muß nicht jeder weinen, aber Tränen sind nun einmal der gebräuchlichste Ausdruck für Traurigkeit und Schmerz. Gefühle – auch und ganz besonders die für uns negativen – können wir nur überwinden, indem wir sie zulassen. Zurückhalten und Verdrängen führt nur zu einer Fixierung. Wenn wir ständig darauf bedacht sind, nicht traurig zu sein, nicht zu weinen, uns zu beherrschen, dann verbrauchen wir eine Menge Energie, unsere Gefühle in Schach zu halten oder gar nicht aufkommen zu lassen.

Wir trauern um den Verlust unseres Partners. Das Trauern ist ein innerliches Abschiednehmen von einer für uns wichtigen Person. Es ist ein Prozeß, den wir durchlaufen müssen, um wieder frei und unabhängig zu werden.

In der Psychologie wird dieser Prozeß »Trauerarbeit« genannt. Man nimmt an, daß der Trauernde sich dabei zunächst vollkommen mit der verlorenen Person identifiziert, d. h. ihre Einstellungen übernimmt – gewissermaßen, um den Verlust ungeschehen zu machen. Er nimmt die geliebte Person »in sich auf«, übernimmt ihre Haltungen und emotionalen Reaktionen.

Gleichzeitig hat er auch negative Gefühle gegenüber der verlorenen Person: Wut, Haß, Enttäuschung, Aggressionen, die sich nun gegen ihn selbst richten.

Der eigentliche Prozeß der Trauerarbeit setzt dann ein, wenn es zu einer allmählichen Absonderung von der geliebten Person, d. h. zu einer zunehmenden Trennung zwischen der eigenen Person und der verlorenen Person kommt.

Erst mit der Lösung der gefühlsmäßigen Bindung ist dieser Prozeß abgeschlossen. Diese Trauerarbeit gelingt allerdings nicht, wenn die ursprünglich gegen die verlorene Person gerichteten negativen Gefühle nicht zugelassen, nicht akzeptiert werden; ist dies der Fall, können sich die Aggressionen gegen die eigene Person wenden: Selbstvorwürfe, Schuldgefühle und Depression können die Folge sein und eben die eigentliche Trauerarbeit verhindern.

Wir trauern um eine Person, die wir verloren haben, ob durch eine Trennung oder durch den Tod. Die Trennung unseres Partners beinhaltet jedoch eine bewußte und *gewollte* Entscheidung von ihm gegen uns. Diese Tatsache macht die Trennung oft besonders schmerzhaft für den Betroffenen, weil sie seiner Meinung nach vermeidbar gewesen wäre.

Im Moment erscheint es uns völlig unvorstellbar, jemals wieder aus dieser Tiefe der Hoffnungslosigkeit herauszukommen. Aufmunterungen von Freunden, daß alles schon wieder vorbeigeht und die Trennung »vielleicht auch ihr Gutes« hat, lassen uns nur noch mehr Schmerz empfinden. Wir fühlen uns nicht verstanden. Gerade in dieser Phase bringt daher der gutgemeinte Trost von Freunden – »es wird schon wieder besser« – keine Hilfe für den Betroffenen und verstärkt nur sein Gefühl, allein zu sein.

Der Verlust des Partners läßt meist ein starkes Gefühl der Verlassenheit und der Einsamkeit entstehen: Wir stehen ab jetzt ganz allein da.

Viele Menschen haben den Zustand des Alleinseins noch nie in ihrem Leben erlebt; sie sind vom Elternhaus lückenlos in eine Partnerschaft hineingegangen oder von einer Zweierbeziehung in die nächste. Sie haben nie erfahren, daß sie fähig sind, das alltägliche Leben allein zu meistern.

Der Partner war für sie notwendig, damit sie den täglichen Anforderungen des Lebens gerecht werden konnten. Er übernahm bestimmte Aufgaben, ihm wurde Verantwortung übertragen, man hat sich auf ihn verlassen.

Mit dem Partner verlieren wir auch diesen Halt und stehen dem Leben hilflos, ängstlich und ausgeliefert gegenüber. Unsere Angst vor dem Alleinsein ist also nicht nur durch den Verlust des Partners verursacht, sondern auch durch die Gefühle der Hilflosigkeit, die wir gegenüber den veränderten Lebensumständen empfinden.

Die bisherige Partnerschaft, das gemeinsame Leben miteinander, die Bezogenheit aufeinander bewahrten uns bisher davor, daß wir uns mit uns selbst beschäftigten.

Alleinsein bedeutet nun auch ein Auf-sich-selbst-konzentriert-Sein. Es tauchen Gedanken auf, die wir sonst nicht zuließen. Gedanken an unangenehme Erlebnisse, an unser bisheriges Leben, an die Zukunft. Ängste werden wach, wir fangen an zu grübeln. Um diesen Gedanken zu entkommen, flüchten sich viele Menschen in Gespräche, Geselligkeit, Aktivitäten oder in die Arbeit.

Die Erfahrung, in dieser Situation jetzt mit unserem ganzen Schmerz allein zu sein, macht vielen zum erstenmal deutlich, daß wir in Wirklichkeit in allen entscheidenden Situationen immer mit unseren Empfindungen allein sind.

Reden vom Schicksal

> Nicht was wir erleben, sondern wie wir empfinden, was wir erleben, macht unser Schicksal aus.
>
> *Marie von Ebner-Eschenbach*

Nehmen wir unseren Schmerz wahr und drücken ihn zum Beispiel durch Weinen aus, dann sind wir meist auch in der Lage, über unsere Situation zu reden – oft allerdings in erster Linie unter dem Aspekt des Selbstmitleids. Wir befinden uns in einer solch bedauernswerten Situation, sind so ungerecht behandelt worden, daß wir Mitleid von allen erwarten. Diese Einstellung ist nur zu natürlich. Weil der Partner uns verlassen hat, ist unser Selbstbild ins Wanken gekommen. Wir scheinen für diese Beziehung untauglich geworden zu sein, wir sind ihm nicht gut genug (»Kannst du mir sagen, was an der besser ist als an mir?«).

Durch das Mitleid und Mitgefühl anderer Personen erhalten wir die so notwendige Zuwendung und Beachtung, das Verständnis für unsere unglückliche Lage und die Bestätigung, daß der Partner uns ungerecht behandelt hat. Wir selbst sind unschuldig, der Leidende, der Bedauernswerte, das Opfer. Wir können uns nicht wehren. Wir müssen unser Schicksal ertragen.

»Das hätte ich nie von ihm erwartet, daß er mir so etwas antut. Gerade jetzt, wo er mit dem Studium fertig ist und eine gute Stelle gefunden hat. Jetzt könnten wir endlich ohne die ewigen finanziellen Probleme leben. Die letzten drei Jahre habe ich nur für ihn gelebt, gearbeitet, sein Studium finanziert und auf ihn Rücksicht genommen. Und das ist der Dank. Jetzt stehe ich allein da.«

Die Art, unsere Geschichte zu erzählen, ist darauf ausgerichtet, Mitgefühl zu bekommen. In dieser Phase braucht man das Bedauertwerden und das Mitleid so nötig wie kaum sonst. Da werden sogar die stärksten Männer zu mimosenhaften Geschöpfen. Das Mitgefühl ist notwendig, um den Betroffenen in seinem Empfinden anzunehmen, ihm zu zeigen, daß man Anteil an seinem Schicksal nimmt, ihn versteht. Freunde sollten von dieser wichtigen Funktion wissen und sich dementsprechend verhalten.

Der Betroffene braucht unser Mitgefühl. Der Versuch, ihm seinen Schmerz auszureden oder ihn damit zu trösten, daß alles schon wieder besser werden wird, scheitert meist und verstärkt nur sein Gefühl, nicht verstanden und ernst genommen zu werden. Wichtig ist aber zu wissen, daß auch diese Phase irgendwann überwunden sein wird, sonst kann es leicht passieren, daß Freunde und Bekannte dem Betroffenen aus dem Weg gehen, weil sie nicht immer das gleiche Klagelied hören wollen.

»Ich habe als Freundin eines von einer Trennung Betroffenen alle Phasen miterlebt. Zunächst kam für mich die Zuhörphase, bei der ich mir nur anhören mußte, wie er sich fühlte. Dann kam Mitleid bei mir auf, und ich versuchte, auf ihn einzugehen. Danach habe ich mich bemüht, ganz sachlich, ohne Emotionen, Ratschläge zu geben.

Am schlimmsten war dann sein Selbstmitleid. Er kam nicht heraus aus seiner Situation, und aufgrund meiner eigenen Partnerschaft hatte ich natürlich auch nicht unbegrenzt Zeit für ihn. Dieses Selbstmitleid ging mir langsam auf die Nerven, es bewegte sich nichts, und man hatte den Eindruck, es dreht sich alles nur im Kreis bei ihm. Er will gar nicht aus der Situation herauskommen, weil es so schön ist, sich bemitleiden zu lassen. Ab einem bestimmten Punkt hatte ich das Gefühl, ihm nicht mehr helfen zu können, und seine Anrufe wurden zur Belastung. Irgendwann mußte ich eingreifen und ihn zur Vernunft rufen, ihn wachrütteln, ihn ermahnen. Meine Geduld wurde manchmal arg strapaziert. Im nachhinein glaube ich, daß durch diese ganze Situation unser Verhältnis intensiver, menschlich enger geworden ist. Es war für mich auch ein gutes Gefühl zu wissen, daß ich von ihm gebraucht werde und ihm helfen kann.

Die ganze Trennungsproblematik hat bei mir bewirkt, daß ich sehr intensiv über meine eigene Beziehung nachgedacht habe. Ich würde – trotz aller Belastung – heute wieder genauso für ihn da sein.«

Gerade in so einem Fall ist es notwendig, daß Freunde und Bekannte mit dem Betroffenen über ihre Schwierigkeit mit dem ständigen Jammern sprechen. Nur so kann er erfahren, daß sie sich nicht von seiner Person, sondern von seinem Verhalten zurückziehen; für manche kann ein solches Gespräch Auslöser für die Überwindung dieser Phase des Mitleidsuchens sein.

Freunde haben gerade in dieser Phase eine große Bedeutung. Sie kennen uns, sie verstehen uns, und durch Gespräche und Erfahrungsaustausch über ähnlich erlebte Situationen bekommt der Betroffene langsam wieder Zugang zur Außenwelt. Er erfährt, daß auch andere Menschen sich schon in einer ähnlich unglücklichen Situation befanden, er hört vielleicht sogar noch viel schlimmere Geschichten und kann *sein eigenes Erleben langsam relativieren.* Manchmal entsteht gerade zu diesem Zeitpunkt eine starke Bindung an Bekannte und Freunde, mit denen man auf einmal ein ähnliches Schicksal teilt.

Anders kann es sich bei neuen Bekannten entwickeln. Wenn ich jemanden neu kennenlerne und ihn gleich mit meiner unglücklichen Liebesgeschichte überschütte, kann das beim anderen schnell einen Rückzug zur Folge haben.

»Ich dachte, ich muß jedem Menschen etwas über meine Situation erzählen. Dann hätte ich doch viel schneller Zugang zu Fremden und umgekehrt; ich dachte, ihr Mitleid verschafft mir Nähe.«

Diese Art von Offenheit signalisiert jedoch auch eine bestimmte Erwartungshaltung: Mir geht es schlecht. Sei nett zu mir und verletze mich nicht. Für viele ist das ein Signal zum Rückzug. Sie wollen nicht mit Menschen näher in Kontakt kommen, die nur bedauert und bemitleidet werden wollen, schließlich haben sie ja selbst genug Probleme.

Für den Betroffenen sind solche Erfahrungen natürlich sehr schmerzlich und verstärken sein Gefühl, nicht akzeptiert und verstanden zu werden. Er befindet sich in einem Teufelskreis: Es geht ihm schlecht, also interessiert sich keiner für ihn. Das bestätigt sein Gefühl des Verlassenseins, des Nicht-gemocht-Werdens, und es geht ihm noch schlechter. Er scheint keinen Platz in dieser Welt mehr zu haben.

Nur die anderen um ihn herum sind alle glücklich.

Alle anderen sind glücklich

> Niemand ist so glücklich oder unglücklich,
> wie man glaubt.
>
> *François de La Rochefoucauld*

In unserem Schmerz, unserer Traurigkeit und Verzweiflung werden wir auch noch ständig damit konfrontiert, wie glücklich und zufrieden doch alle anderen Menschen scheinbar sind. Unsere Wahrnehmung selektiert ständig und überall diese Tatsache. Auf der Straße, im Café, im Kino, im Park, im Schwimmbad, im Kaufhaus – überall sehen wir Paare, sich liebende, umarmende, zärtliche, glückliche Paare.

Im Radio, in Zeitungen und Zeitschriften – ständig wird von Liebespaaren, Hochzeiten, Partnerschaften und dem Glück der Liebe berichtet: Der Schauspieler fand endlich die große Liebe seines Lebens, aus Liebe gab sie ihre Karriere als Fotomodell auf, er heiratete eine alte Jugendfreundin, sie gab seinem Leben wieder einen Sinn.

In allen Zeitschriften werden Tips und Ratschläge für eine glückliche Partnerschaft gegeben: »So führen Sie eine zufriedene Beziehung; was Sie tun können, wenn Ihr Partner eifersüchtig ist; wie Sie offen mit Ihrem Partner sprechen können, wenn es

Probleme gibt; eine glückliche Partnerschaft – trotz unterschiedlicher Interessen; was Sie tun können, damit aus der kleinen Krise keine große wird ...«

Wir haben plötzlich das Gefühl, daß sich alles in dieser Welt nur um glückliche Partnerschaften dreht. Es gibt kaum einen Kinofilm ohne eine Liebesgeschichte, kaum einen Schlager oder ein Musikstück, in dem nicht von Liebe gesungen wird.

Das Glücklichsein der anderen macht uns neidisch, wir meinen, auch ein Recht auf Glück zu haben.

Noch schlimmer ist es manchmal, wenn aus dem Radio »Warum bist du fortgegangen? Warum hast du mich verlassen?« ertönt. Wir können es nicht mehr ertragen, auch noch auf diese Weise an unsere Situation erinnert zu werden. Wir stellen uns selbst in Frage. Warum mußte ausgerechnet uns das passieren? Wir suchen nach Antworten auf die Fragen, die uns die ganze Zeit – am schlimmsten nachts – beschäftigen.

Warum liebt uns keiner mehr? Sind wir es nicht wert? Warum sind nur wir allein und verlassen? Warum sind die anderen alle glücklich? Selbst der Anruf oder Besuch bei unseren Freunden führt uns vor Augen, daß die anderen ja alle eine glückliche Beziehung haben, einen Partner, mit dem sie ihr Leben verbringen. Wir fühlen uns bei Einladungen oft als das fünfte Rad am Wagen.

Wichtig ist, zu begreifen, daß *uns hier unsere Wahrnehmung irreführt*. Wir sehen auf einmal alle diese Dinge – und noch dazu ganz besonders deutlich –, weil sie im Moment für uns so existentiell wichtig sind.

Unsere Wahrnehmung ist wie ein Scheinwerfer: Es steht immer nur eine Sache im Licht, die anderen Dinge geraten in den Hintergrund. Aus der Fülle von Eindrücken, die jede Sekunde auf uns einwirken, filtern wir bestimmte Dinge heraus, Dinge, die im Moment für uns bedeutend sind.

Zum Beispiel auf einer Cocktailparty: Ein Stimmengewirr strömt auf uns ein. Trotzdem gelingt es uns, uns auf einen Gesprächspartner zu konzentrieren und alles andere auszublenden.

Viele Dinge nehmen wir so lange nicht bewußt wahr, bis wir unsere ganze Aufmerksamkeit gezielt darauf richten: Wir haben uns ein neues Auto gekauft und stellen jetzt auf einmal fest, wie viele Autos dieses Typs auf der Straße sind. Wir waren im Urlaub in London und lesen und hören jetzt ständig etwas über diese Stadt.

Tatsache aber ist, daß sich nicht auf einmal alle Menschen ein bestimmtes Auto kaufen oder sich für London interessieren, sondern Tatsache ist, daß wir Dinge plötzlich sehr verstärkt und selektiv wahrnehmen, weil wir nun selbst eine konkrete Beziehung dazu haben.

In unserer Situation spielt auch noch die *Bewertung* eine wichtige Rolle. Zum einen sind alle anderen glücklich, und wir sind neidisch auf sie, zum anderen werden alleinstehende Menschen in unserer Gesellschaft gelegentlich als Versager angesehen, bei denen es der Partner nicht mehr ausgehalten hat.

Bereits seit unserer Kindheit sind wir darauf programmiert, später einen Traumpartner zu finden, zu heiraten und mit ihm bis an unser Lebensende glücklich zusammenzuleben. Alleinstehende werden heute noch oft als Eigenbrötler oder Einsiedler angesehen. Irgend etwas muß ja mit ihnen nicht stimmen, wenn sie verlassen worden sind. Diese Vorurteile machen es uns noch schwerer, mit unserem Schicksal fertig zu werden, und wir denken zurück an die Zeit, wo noch »alles in Ordnung« war.

Die beschönigende Rückblende

So etwas Ideales finde ich nie wieder

> Die Erinnerung malt meist mit goldenem Pinsel.
>
> *Anonymus*

Die Gedanken sind noch bei unserem Partner. Man geht die gemeinsame Zeit gedanklich noch einmal durch. Man erinnert sich, wie alles angefangen hat, an die ersten Probleme und Schwierigkeiten – und an die vielen gemeinsamen Erlebnisse. Man bemerkt, wie viele Gemeinsamkeiten man hatte, wie man sich in bestimmten Bereichen ergänzte und unterstützte.

»Unsere Beziehung war absolut harmonisch. Wir hatten dieselbe Lebenseinstellung, denselben Geschmack, sei es bei Musik oder Kleidung, wir hatten dieselbe politische Einstellung. Es war eine totale Übereinstimmung.«

Unser ehemaliger Partner ist in der Erinnerung der ideale Partner für uns, und es übersteigt unser Vorstellungsvermögen, noch einmal jemanden zu finden, mit dem man so gut harmoniert. Dabei übersieht man einfach, daß gerade in einer langjährigen Beziehung eine ausgeprägte gegenseitige *Anpassung* erfolgt. Sehr selten werden zwei Menschen, die sich kennenlernen, in vielen oder gar allen Bereichen der gleichen Meinung sein.

Aber besonders in der Phase des Verliebtseins besteht eine große Bereitschaft, auf den anderen einzugehen, seine Nähe zu suchen, die Zeit mit ihm gemeinsam zu verbringen, und damit auch, sich ihm anzupassen.

Es ist immer wieder erstaunlich, wie sich manche Menschen durch eine neue Beziehung verändern. Da trifft man den Partymuffel plötzlich auf allen Festen, weil seine neue Freundin so gern dort hingeht, da mag die entschiedene Hundefeindin plötzlich Hunde, weil ihr neuer Freund einen Schäferhund hat.

Viele solcher Veränderungen – die sich ja erst im Verlauf längerer Zeit eingestellt haben – sind uns nicht mehr bewußt. Wir mögen Fußballspiele und meinen, sie schon immer gemocht zu haben, und haben nur vergessen, daß wir uns eigentlich erst dafür interessiert haben, seit unser Partner uns dazu mitgenommen hat.

Wir haben Meinungen, Einstellungen und Abneigungen vom anderen übernommen. Wir haben neue Dinge kennengelernt, alte Verhaltensweisen abgelegt. Auf einmal lesen wir andere Bücher, interessieren uns für Sport oder legen Wert auf teure Kleidung oder gutes Essen.

Diese Prozesse sind völlig selbstverständlich: In einer Zweierbeziehung sucht man Nähe, diese findet man zum großen Teil durch Gemeinsamkeiten.

Man kennt die Schwächen und Fehler seines Partners und lebt damit. Man übernimmt bestimmte Rollen. Man hat sich gegenseitig angepaßt. Der Partner spiegelt in vielen Bereichen die eigene Person wider. Was er sagt und tut, würde man selbst auch sagen und tun; oft ertappt man sich sogar dabei, die gleichen Redewendungen zu gebrauchen.

Jetzt – nach der Beendigung der Beziehung – neigt man dazu, diese zu idealisieren und sie besser zu machen, als sie tatsächlich war. Man hat vergessen, *wie die Gemeinsamkeiten zustande kamen*, wie oft man selbst auf etwas verzichtet hat, sich dem anderen nur angepaßt hat. Oft hat man das Bewußtsein für seine eigenen Wünsche und Bedürfnisse ganz verloren. Eigentlich wollte man schon immer nach Amerika fliegen, aber die Partnerin wollte das ja nicht. Man hätte sich schon lange einmal gern neue Kleidung gekauft, aber der Partner war dagegen, da man auf ein neues Auto sparen mußte.

Nachteilige und negative Dinge werden meist schnell vergessen und verdrängt. Wir kennen das aus eigener Erfahrung: Schule, Lehrzeit, Prüfungen – die großen Probleme dieser Zeit werden in der Erinnerung belustigend verharmlost.

Das ist auch wichtig, um unbelastet an neue Dinge herangehen zu können. Wenn wir immer wieder über vergangene negative

Dinge grübeln, können wir die positiven Dinge, die im Moment vorhanden sind, nicht mehr wahrnehmen.

»Es ist irgendwie verrückt. Wenn ich an unsere Beziehung denke, erinnere ich mich nur an die schönen Dinge. In Wirklichkeit machten diese Dinge vielleicht 20 Prozent unserer Partnerschaft aus. Aber in meiner Erinnerung sind es jetzt fast hundert Prozent.« Was uns von unserer Beziehung bleibt, sind die schönen Erinnerungen – und diese tun jetzt weh.

Es ist das Bedürfnis jedes Menschen, glücklich und zufrieden zu sein. Wenn wir aber unser Glück total abhängig von unserem Partner machen – der uns ja jetzt nicht mehr glücklich machen kann oder will –, verbauen wir uns selbst den Weg zu einem neuen Glück. Wir dürfen unser Glück nicht in der Vergangenheit suchen, sondern in der Zukunft.

Aber in dieser Phase sind wir nur mit der Vergangenheit beschäftigt. Wir können uns noch nicht von ihr lösen, sie beherrscht unser Denken. Wir vergleichen den ehemaligen Partner mit anderen, neuen Bekannten und stellen immer wieder fest, daß niemand so gut zu uns paßt wie er.

Diese Feststellung ist auch subjektiv durchaus richtig. Jeder Mensch ist anders, hat andere Eigenschaften und Fähigkeiten. Und nur, wenn wir bereit sind, offen auf einen Menschen zuzugehen, diesen als eigenständige Person zu akzeptieren und nicht sofort mit unserem ehemaligen Partner zu vergleichen, können wir mit ihm eine neue, befriedigende Beziehung eingehen. Die Fixierung auf die vergangene Partnerschaft dagegen bestätigt unsere Erkenntnis stets aufs neue: So etwas finde ich nie wieder.

Wir lernen neue Menschen kennen, finden sie ganz sympathisch, und auf einmal zeigen sie eine Verhaltensweise, die uns total abschreckt.

»Alle Frauen, die ich nach der Trennung kennenlernte, zeigten Verhaltensweisen, die mich veranlaßten, den Kontakt abzubrechen. Die eine war Kettenraucherin, die andere wollte jeden Tag in Diskotheken gehen, wieder eine andere interessierte sich überhaupt nicht für kulturelle Dinge, und die nächste taxierte ihre Beziehung zu einem Mann ausschließlich unter dem Aspekt ihres Horoskops. Das waren alles Frauen, bei denen ich mir sofort dachte: Mit der kannst du nicht zusammensein, die kannst du nicht länger ertragen.« Erfahrungen dieser Art führen uns wieder die Harmonie unserer alten Partnerschaft vor Augen und machen uns den Verlust um so schmerzlicher deutlich.

Die beschönigende Rückblende ist eine normale psychische Reaktion. Verhaltenstherapeuten nennen das die »Theorie der kognitiven Dissonanz«: Sie besagt, daß wir bei zwei unvereinbaren Tatsachen uns für eine entscheiden müssen und die andere vergessen oder verleugnen, da ein ständiger Entscheidungskonflikt nicht zu ertragen wäre. Wir kaufen zum Beispiel ein Auto. Ein paar Tage später stellen wir fest, daß wir zuviel dafür bezahlt haben. Wie können wir nun die beiden sich widersprechenden Tatsachen, einmal unser Bestreben, das Auto möglichst günstig zu erwerben, und zum anderen die Feststellung, daß wir zuviel dafür bezahlt haben, unter einen Hut bringen?

Wir bewerten die Sache anders: Wir rechtfertigen den zu hohen Preis mit der Qualität des Autos oder mit der Menge an Zubehör. Wir sind davon überzeugt, daß das Auto schon seinen Preis wert ist. Die Tatsache, daß wir trotzdem zuviel bezahlt haben, wird verleugnet, denn diese Tatsache können wir nicht mehr verändern.

Ebenso verhält es sich bei der Trennung: Die Tatsache der Trennung an sich können wir nicht verändern, aber die Bewertung. Wären wir uns der vielen Streitereien, Disharmonien und Probleme unserer Partnerschaft ständig bewußt, so fiele es uns schwer, vor uns selbst zu rechtfertigen, warum wir mit diesem Menschen eine so lange Zeit verbracht haben und nun so unter der Trennung leiden müssen. Gerade jetzt, wenn wir noch so in unserem Schmerz gefangen sind, erinnern wir uns nur an glückliche Zeiten – dadurch wird unser Leiden gerechtfertigt.

Das zerstörte Ich

Das angegriffene Selbstbewußtsein

> Nichts steigert so sehr das Wertbewußtsein
> des Ich wie die Gewißheit, geliebt zu werden,
> und nichts verunsichert es so wie die Angst,
> nicht geliebt zu werden.
>
> *Anneliese Ude*

Selbstbewußt zu sein bedeutet, eine innere Sicherheit in seinem Denken und Handeln zu haben. Es ist die Fähigkeit, seine Gefühle und Meinungen mit Überlegenheit und Überzeugungen offen zum Ausdruck zu bringen.

Wenn ich selbstbewußt bin, trete ich für mich selbst ein, habe eine gute Meinung von mir und bin mir meiner Fähigkeiten und Qualitäten bewußt. Je größer mein Selbstbewußtsein oder Selbstwertgefühl ist, um so weniger Ängste und Besorgnis habe ich im Leben.

Mein Selbstbewußtsein beeinflußt die Art und Weise, wie ich handle, wie ich andere Menschen behandle und damit auch, wie sie mich behandeln.

Selbstbewußtsein ist aber meist sehr abhängig von äußeren Gegebenheiten und Einflüssen. Wenn wir beispielsweise beruflich zwar von unserer Begabung und unseren Fähigkeiten überzeugt sind, sich aber innerhalb kurzer Zeit eine Reihe von Mißerfolgen und Kritik einstellt, kann unser Selbstbewußtsein schnell ins Wanken kommen, und wir stellen uns die Frage, ob wir denn wirklich so gut sind, wie wir bisher glaubten.

Unser Selbstwertgefühl hat sich im Laufe unseres Lebens entwickelt. Wir werden nicht selbstsicher geboren. Meist werden schon in der frühen Kindheit die Weichen für ein stark oder schwach ausgeprägtes Selbstwertgefühl gestellt. Waren unsere Eltern in der Lage, uns zu lieben und zu akzeptieren, uns zu loben und zu schätzen – auch wenn wir Fehler machten –, so konnten wir ein positives Selbstbild entwickeln.

Wurden wir von den Eltern oft getadelt, beschimpft oder gar geschlagen, weil wir etwas falsch gemacht hatten, so lernten wir, daß wir nur dann liebenswert sind, wenn wir ihren Erwartungen und Vorstellungen entsprechen. Wir wurden ängstlich und angepaßt.

Nicht nur die Eltern, auch andere Bezugspersonen, zum Beispiel in der Schule, im Freundeskreis, in der Berufsausbildung, tragen wesentlich zur Ausbildung unseres Selbstbewußtseins bei. Dieser Prozeß ist nie abgeschlossen. Es finden ständig Veränderungen statt.

Wir suchen uns einen Partner und gehen eine Beziehung mit ihm ein, um mit einem Menschen zusammenzusein, der uns liebt und schätzt, der uns lobt und uns Komplimente macht, der uns versteht und zeigt, wie wichtig und wertvoll wir sind. Die negativen Gedanken und Gefühle über uns selbst verschwinden. Wir fühlen uns stark und sicher.

Dieser Zustand hält in den meisten Partnerschaften nicht sehr lange an. Mit der Zeit beginnt der Partner uns weniger zu bewundern und zu bestätigen, er kritisiert uns und stellt Forderungen. Um das Gefühl, geliebt und akzeptiert zu werden, nicht zu verlieren, bemühen wir uns ganz besonders um ihn, verzichten auf eigene Bedürfnisse und gehen Konflikten aus dem Weg. Das funktioniert auch meist eine Zeitlang.

Es gibt Partnerschaften, in denen die beiden Partner nahezu miteinander verschmelzen. Man macht alles zusammen, hat die gleichen Interessen, die gleichen Freunde, die gleichen Hobbys, die gleichen Meinungen. Außenstehenden fällt es manchmal schwer, Kontakt zu einer dieser beiden Personen zu bekommen. Man tritt nur als Paar in Erscheinung. In solchen Beziehungen ist das Selbstwertgefühl verständlicherweise besonders abhängig vom Partner. Er dient gewissermaßen als Spiegel der eigenen Verhaltensweisen, und solange er dieselben Dinge tut wie man selbst, kann man ja nicht »falsch liegen«.

In anderen Partnerschaften findet eine Ergänzung statt. Der eine ergänzt die Fehler und Schwächen des anderen mit seinen Stärken. Er ist ein guter Unterhalter, sie hat Schwierigkeiten, mit

Leuten in Kontakt zu kommen. Sie kann gut organisieren, er kommt mit seiner Zeiteinteilung nicht klar. Sie kann gut mit Geld umgehen, ihm fehlt der richtige Bezug zum Geld. Auch hier ist unser Selbstbild in Ordnung, solange der andere uns akzeptiert und unsere Schwächen ausgleicht.

In jedem Fall wird die Trennung einer Zweierbeziehung zunächst zu einer Bedrohung unseres Selbstwertgefühls. Der Partner, mit dem man eine mehr oder weniger lange Zeit verbracht hat, der alle Aspekte unserer Persönlichkeit kennt, der uns bestätigt und ergänzt hat, verschwindet plötzlich aus unserem Leben.

Wir beginnen, an uns selbst zu zweifeln. Wir wissen nicht mehr, wer wir sind. Sind wir es nicht mehr wert, geliebt zu werden? Welche Eigenschaften fehlen uns? Sind wir zu unattraktiv, zu langweilig, zu dumm oder zu unerotisch für den anderen? Was haben wir falsch gemacht? Warum liebt uns der Partner nicht mehr?

Erst jetzt wird uns klar, wie sehr unser Selbstbild von unserem Partner geprägt und aufrechterhalten wurde, wie abhängig es von seinem Verhalten war und auf welch wackligen Beinen unser Selbstbewußtsein jetzt steht.

Selbst Menschen, die nach außen einen sehr selbstsicheren Eindruck machen, die sich durchsetzen können und sehr erfolgreich in ihrem Leben sind, brechen manchmal plötzlich zusammen: »Eigentlich war ich sehr erfolgreich. Ich hatte einen Beruf, der mir viel Spaß machte, in dem ich mit vielen Menschen zusammenkam. Manchmal war es schon hart, sich im Geschäftsleben durchzusetzen, aber es forderte mich auch. Ich glaube, bei meinen Freunden und Bekannten galt ich als ein sehr selbstbewußter und durchsetzungsfähiger Mensch. Aber als sich meine Freundin von mir trennte, stürzte auf einmal alles zusammen. Ich kam mir so klein und bedeutungslos vor. Ich war verunsichert und traute mir nichts mehr zu. Mein ganzes Selbstbewußtsein war wie weggeblasen.«

Ein Zeichen echten Selbstbewußtseins wäre es, möglichst wenig von der Meinung anderer Menschen abhängig zu sein, sondern auf sich selbst zu vertrauen. Dieses Ziel ist jedoch für die meisten Menschen schwer erreichbar. Trotzdem sollte man es nicht ganz aus den Augen verlieren.

»Da gibt es einen Menschen, der mich von allen anderen am besten kennt, und dieser Mensch hat nun die Entscheidung gefällt, mich zu verlassen. Mein Gedanke war dann, ob er vielleicht einfach recht hatte und andere Menschen genauso entscheiden würden, wenn sie mich so gut kennen würden.«

Der Partner trennt sich von uns, weil sich seine Bedürfnisse im Laufe der Zeit verändert haben und unsere Eigenschaften mit seinen Erwartungen und Vorstellungen nicht mehr zusammenpassen. Das ist keine Abwertung des Verlassenen: Der Partner kann letztlich kein Maßstab dafür sein, ob wir nicht gut genug oder unfähig zu einer Partnerschaft sind. Wir entsprechen lediglich seinen veränderten Bedürfnissen und Wunschvorstellungen nicht mehr.

Obwohl Selbstvorwürfe und Selbstzweifel durchaus verständlich sind, bringen sie uns nicht weiter. Wir müssen erkennen, daß eine Zweierbeziehung immer aus zwei verschiedenen Personen besteht, die zwar in vielen Bereichen Gemeinsamkeiten haben und sich gegenseitig unterstützen, aber letzten Endes doch zwei getrennte Wesen bleiben.

Partnerschaften werden eingegangen, wenn die Vorstellungen, Erwartungen und Lebenseinstellungen zweier Menschen in den wichtigsten Punkten übereinstimmen. Dieser Zustand kann sich wandeln, die Wichtigkeiten können sich verschieben, und wenn die Veränderungen nicht bei beiden Partnern in die gleiche Richtung gehen, wird es früher oder später zum Abbruch der Beziehung kommen.

Dann stehen wir wieder allein da und müssen erneut zu uns selbst finden, zu unserer Person, unseren Fähigkeiten und Werten.

Männer leiden anders als Frauen

Offen über ihre Gefühle zu sprechen,
ist für viele Männer eine riesige Grenz-
überschreitung.

Eske Holm

Die Trennung unseres Partners von uns stellt einen massiven Angriff auf unsere Persönlichkeit dar. Unser Selbstwertgefühl und unser Selbstbewußtsein sind angegriffen.

Das Durchleben und die Bewältigung einer Trennung wird neben der Persönlichkeit des Betroffenen von vielen anderen Faktoren wie etwa der Art und Dauer des Zusammenlebens beeinflußt. Daneben gibt es auch generelle Unterschiede in der Verarbeitung einer Trennung bei Männern und Frauen.

Seit einiger Zeit gibt es eine Männerbewegung. Es erscheinen Männerbücher – von Männern für Männer geschrieben –, Männer bilden Gesprächsgruppen, in denen sie ihre persönlichen Erfahrungen austauschen. Frauenzeitschriften berichten über den Mann und seine Gefühle. Der Mann – als das unbekannte Wesen – rückt plötzlich in den Vordergrund des Interesses.

Doch während die Frauenbewegung in erster Linie eine Befreiung von äußerlich aufgezwungener Unterdrückung und Beeinträchtigung als Ziel hatte, findet in der Männerbewegung eine Auseinandersetzung vorwiegend auf der seelisch-geistigen Ebene statt – eine Selbstbefreiung aus den inneren Zwängen der traditionell etablierten und dominierenden Männerwelt.

Männer lernen von Kindheit an, anders mit ihren Gefühlen umzugehen. Sie haben Schwierigkeiten, auf ihre Gefühle zu achten, sie zu verstehen und zu akzeptieren. In unserer Gesellschaft zählen Sachlichkeit, Zweckmäßigkeit und Rationalität weit mehr als Gefühle – und das besonders im Bewußtsein der Männer. Gefühle sind etwas Diffuses, »Unlogisches«, Unkontrollierbares. Sie können einen verunsichern und Angst auslösen. Gefühle zeigen – das paßt auch heute noch nicht zum Selbstbild vieler Männer.

Es ist jedoch ein Irrtum zu glauben, sein Leben ohne das Einbeziehen seiner Gefühle – auch der negativen – führen zu können. Selbst im Berufsleben verbergen sich hinter stundenlangen scheinbar rein sachlichen Diskussionen oft unausgesprochene Gefühle wie Neid, Ärger, Kränkung oder Aggression.

Wir bemerken jede Information anhand unserer im Laufe des Lebens gespeicherten Erfahrungen. So kann ein Satz wie »Das hast Du ja völlig falsch gemacht« bei uns Erinnerungen an sehr negative Erfahrungen, vielleicht sogar aus der Kindheit, wachrufen.

Unsere Reaktion kann daher völlig unangemessen für die momentane Situation sein: Wir sind tief verletzt, fühlen uns ungerecht behandelt und angegriffen, wir verteidigen uns und gehen zum Gegenangriff über. Dabei führt der Trugschluß, Gefühle verdrängen oder gar ganz ausschalten zu können, oft zu einer Reihe von Schwierigkeiten, deren Ursachen den Betroffenen meist nicht bewußt sind.

In seiner Welt aus Logik und Sachlichkeit – und damit der Berechenbarkeit – wird der Mann nun mit der Situation der Trennung konfrontiert. Zunächst kann er noch versuchen, das Problem rational wegzuerklären oder auf objektivierbare Sachprobleme zu reduzieren: »Wir befinden uns durch meine häufigen Geschäftsreisen in einer schwierigen Situation. Da ist ihre Reaktion nur verständlich.« Oder: »Sie braucht eben etwas Abstand zu mir.«

Aber allen Bemühungen zum Trotz brechen die Gefühle langsam durch. Gefühle des Schmerzes, der Angst, der Verzweiflung, der Wut, der Resignation und des Selbstzweifels.

Gefühle lassen sich nicht wegerklären, rationalisieren. Sie bleiben einfach da, und je mehr man versucht, sie zu verleugnen, um so hartnäckiger halten sie sich. Man fühlt sich ihnen ausgeliefert, man hat keinen Einfluß auf sie. Das alles paßt doch nicht zum Selbstbild: Ich lasse mich nicht von Gefühlen überwältigen, und schon gar nicht, weil sie mich verlassen hat.

Männer können ihre eigenen Ängste und Schwächen selten eingestehen. Sie sind davon überzeugt, als Männer allein mit ihren Problemen fertig werden zu müssen. Sie halten sich für unbegrenzt belastbar.

Das führt zur Verleugnung des gefühlsmäßigen Zustandes vor sich selbst und vor den anderen. Man bleibt cool, führt sein Leben – zumindest nach außen – weiter, als wäre nichts geschehen.

Der Versuch, Selbstkontrolle und Haltung zu bewahren und die gesellschaftlichen Anforderungen weiter zu erfüllen, treibt Männer häufig dazu, sich kräftemäßig bis zu ihrem Zusammenbruch zu verausgaben. Die gesundheitlichen Folgen zeigen sich in der höheren Rate von psychosomatischen Organkrankheiten, von Selbstmord und Alkoholismus und nicht zuletzt in der geringeren Lebenserwartung der Männer.

Männern fällt es schwer, anderen zu zeigen, daß es ihnen schlecht geht. Sie klammern sich in dieser Situation lieber noch krampfhafter an das männliche Rollenbild der Überlegenheit und Stärke. Sie haben Angst, sich ihre Gefühle anmerken zu lassen, denn dann halten sie sich endgültig für verloren. Der Partner würde ihre Schwäche nur ausnutzen und sie vernichten. Während es Frauen leichter fällt, ihre Gefühle zu zeigen und auszudrücken und mit anderen darüber zu sprechen, »fressen« Männer mehr »in sich hinein«.

Hilfen von Beratungsstellen oder Therapeuten werden von Männern sehr viel seltener als von Frauen in Anspruch genommen, und Partnertherapien werden in den seltensten Fällen auf Wunsch des Mannes begonnen. Häufig schickt der Mann seine Partnerin in die Therapie, in der Überzeugung, er hätte es nicht nötig.

Auch Freunde und Bekannte lassen sich oft vom äußeren Bild des Mannes täuschen und glauben, daß der Betroffene ganz gut mit der Situation fertig wird. Die Verleugnung seines wahren Gefühlszustandes gegenüber sich selbst und gegenüber anderen führt aber über kurz oder lang zum Zusammenbruch.

Auch hier reagieren Männer oft in äußeren Handlungen: Manche geben überstürzt ihren Arbeitsplatz auf, verschwinden ins Ausland usw.

Der Zusammenprall der existentiell bedrohlichen Gefühle,

die eine Trennung hervorruft, mit dem Versuch, die Rolle als Mann aufrechtzuerhalten, führt dazu, daß Männer bei einer Trennung oft vollkommen durchdrehen.

Sie leiden anders als Frauen – aber sie leiden, auch wenn sie ihr Leiden nicht zeigen. Das bedeutet nicht, daß eine Trennung für eine Frau leichter zu bewältigen ist, aber Männern wurde durch ihre Rolle noch ein zusätzliches Hindernis in den Weg gelegt, das erst überwunden werden muß, bevor der Weg aus der augenblicklichen katastrophalen Situation herausführt.

Frauen leiden anders als Männer

> Die Phantasie der Männer reicht bei weitem nicht aus, die Realität der Frau zu begreifen.
>
> *Anna Magnani*

Frauen sind – ebenso wie Männer – häufig Gefangene ihrer Erziehung und ihrer Rolle.

Frauen werden oft wesentlich stärker von den äußerlichen und materiellen Folgen einer Trennung betroffen. Viele Frauen sind finanziell vollkommen abhängig von ihrem Partner, weil sie es vorgezogen hatten, »nur« den Haushalt zu führen, weil sie ihm zuliebe ihren Beruf aufgaben oder weil Kinder zu versorgen waren. Auch heute noch hindert die traditionelle Frauenrolle viele Frauen an ihrer Selbstverwirklichung.

Das Hauptanliegen der Frauenbewegung war und ist die Befreiung der Frauen aus der menschlichen und gesellschaftlichen Unterdrückung und von der Benachteiligung durch die Männerwelt. Während in diesem Bereich in den letzten Jahren einiges erreicht wurde, haben sich viele Frauen noch nicht von den psychischen Fesseln ihrer Rolle befreit.

So ist es gar nicht selten, daß Frauen heute erfolgreich und selbständig im Berufsleben stehen, zu Hause aber noch die klassische weibliche Rolle übernehmen: Entscheidungen werden dem Mann überlassen, und er bestimmt gern, was zu geschehen hat.

Die weibliche Rolle ist – ebenso wie die männliche – so tief in uns eingeprägt, daß wir beim Eingehen einer Beziehung schnell dazu neigen, diese klassische Rolle wieder zu übernehmen – trotz Emanzipation und Rollenbewußtsein. Auch emanzipierte Frauen fühlen sich daher ihrem Partner oft unterlegen und fallen schnell in ihre weibliche Rolle zurück: Sie sind eher bereit, auf ihre Bedürfnisse zu verzichten, sie nehmen leichter eine Opferrolle ein, sie sind die Weichen, Tröstenden, Erduldenden und Schlichtenden.

Die niedrige Selbsteinschätzung ist für viele Frauen das größte Problem. Wenn sie sich als abhängige, hilflose und ängstliche Wesen ansehen, müssen sie in der ständigen Angst leben, der Mann könne sie verlassen.

Sie machen sich abhängig von ihm, sie unterstützen ihn bei seinem beruflichen Erfolg und sind die Frauen, »die hinter dem erfolgreichen Mann stehen«. Je bedeutender und erfolgreicher er wird, um so mehr verringert sich ihr eigenes Selbstwertgefühl, um so mehr wird sie sein »Anhängsel«, und um so mehr Angst bekommt sie, daß er sie verlassen wird.

Gerade beim Verlauf einer Trennung zeigen sich die Unterschiede in der Psyche von Mann und Frau. Frauen reagieren eher gefühlsmäßig, sie leben ihre Gefühle aus. Der Zusammenprall ihrer emotionalen Reaktionsweise mit der eher sachlich-rationalen Verhaltensweise vieler Männer macht eine Trennung für viele Frauen besonders schmerzvoll. Zu dem Verlust des Partners kommt nun noch die Erfahrung, daß der Partner scheinbar gefühlskalt ist, daß ihn das alles emotional nicht berührt, zumal er sich alle Mühe gibt, seine Gefühle nicht zu zeigen. Er entzieht sich, vermeidet offene Gespräche und gibt nur sachliche Erklärungen ab.

Frauen können mit dieser Situation oft nicht umgehen, dieses Verhalten nimmt ihnen auch noch das letzte bißchen Selbstwertgefühl, das durch die Tatsache der Trennung ohnehin schon sehr gelitten hat. Die Folge davon ist: Sie vergraben sich in ihr Leiden, bekommen schwere Depressionen und machen sich oft vollkommen abhängig von ein bißchen Zuwendung.

»Ich war davon überzeugt, daß nur er mir das geben konnte, was ich wirklich brauchte. Wenn er nicht anrief, obwohl er es versprochen hatte, war das für mich jedesmal wie ein kleiner Tod; wenn ich Ablehnung spürte, war ich wie gelähmt und konnte nichts tun.«

Das Gefühl der Abhängigkeit und der Wunsch nach Beachtung und Bestätigung bringt viele Frauen zur Verzweiflung. Sie kämpfen um ein Minimum an Mitgefühl und Anerkennung, als ob ihr Leben davon abhinge.

Manchmal versuchen sie auch, durch ihr zur Schau getragenes Leiden erneute Zuwendung vom Partner zu erpressen. Das führt meist nur zu Schuldgefühlen beim Partner, und die so erreichte Zuwendung ist im Grunde nicht ehrlich und daher nur von kurzer Dauer. Manche Männer reagieren darauf auch mit totalem Rückzug.

Frauen definieren sich häufiger über ihren Partner: Entzieht er ihnen die Bestätigung und Bewunderung, beginnen sie, an sich selbst zu zweifeln. Sie machen sich abhängig von seinen Bewertungen und verstärken damit nur seine Rolle des starken und überlegenen Mannes.

Daß Männer ihre eigentlichen Gefühle und Ängste verbergen, stürzt viele Frauen in Verzweiflung. »Unsere Beziehung war eigentlich von Anfang an so, daß ich diejenige war, die ihn liebte, mit ihm zusammensein wollte, abhängig von ihm war. Während der ganzen zwei Jahre, die wir zusammen waren, erfuhr ich nie von ihm, was ich für ihn wirklich bedeutete. Erst als ich mich dann von ihm trennte, merkte ich, daß für ihn eine Welt zusammenbrach und daß er mich wirklich geliebt hatte, aber es mir nie zeigen konnte – sonst wäre vieles vielleicht anders gelaufen.«

Die Emotionalität und Offenheit von Frauen macht Männern oft angst. Sie fühlen sich ihnen verpflichtet, verantwortlich und eingeengt. Frauen geraten dagegen leicht in die »Beziehungsfalle« des Mannes: Sei offen und beweise mir deine Liebe – aber mache dich nicht abhängig von mir, und erwarte auch nichts von mir. Die darin zum Ausdruck kommende Unverbindlichkeit, die von Männern gern als Souveränität oder Toleranz ausgelegt wird, ist oft nur ein Zeichen der Unfähigkeit, sich zu binden – und unter diesem Verständnis von Partnerschaft leiden Frauen ganz besonders.

Die depressive Phase

> Das Gefängnis der Liebe – oft ist dies nur unser eigenes Gedächtnis.
>
> *Bernd Nitzschke*

Eine Trennung wird in der Regel zu einer enormen psychischen Belastung – noch dazu, wenn sie nicht von beiden gewollt und schon schrittweise vor sich gegangen ist. Wir sind unglücklich, traurig, verzweifelt und sehen keine Hoffnung mehr – wir werden depressiv.

»Ich bin unendlich müde, es fällt mir schwer, meine Gedanken zu ordnen. Meine Nächte sind schlaflos. Ich liege da, starre vor mich hin. Ich habe Angst vor meinen Alpträumen, Angst davor, alleingelassen zu werden. Die einfachsten Dinge werden zu riesigen, nicht zu bewältigenden Aufgaben. Mein Grundgefühl kann ich mit dem Satz ›Was hat das alles eigentlich noch für einen Sinn?‹ zusammenfassen.«

Die Depression hat unterschiedliche Ausprägungsformen, etwa Traurigkeit, Apathie, Konzentrationsschwierigkeiten, den Wunsch, allein zu sein und sich vor anderen zu verbergen, ein negatives Selbstbild, Selbstvorwürfe, Schlaf- und Appetitmangel, Lethargie, wiederkehrende Todes- und Selbstmordgedanken.

Selten treten alle Aspekte der Depression auf, vorherrschend ist aber immer eine Stimmung tiefer Traurigkeit. Diese Traurigkeit über den Verlust des Partners ist zunächst einmal etwas ganz Natürliches und Verständliches. Sie ist wichtiger Bestandteil der psychischen Verarbeitung der Trennung.

In der Situation der Trennung nehmen wir unser Leben nur noch als trostlos, hoffnungslos und traurig wahr. Unsere Wahrnehmung der Außenwelt ist zu einem Spiegel unserer Innenwelt geworden. In Wirklichkeit nehmen wir die Welt nie objektiv wahr, wir projizieren immer unsere Ängste, Hoffnungen, Phantasien und Wünsche mit hinein: Für den Ängstlichen lauern überall Gefahren, der Verliebte sieht die ganze Welt durch die rosarote Brille, der Hungrige stößt ständig auf Dinge zum Essen, der Aggressive trifft überall auf Menschen, die sich mit ihm anlegen wollen. Unsere innere Einstellung wird nach außen projiziert und färbt so die scheinbar objektive Außenwelt.

Auch in der depressiven Phase ist dieser Mechanismus wirksam: Die Welt ist grau für uns, es gibt nichts, was uns Freude bereiten kann. Nur, wenn wir unsere Sicht von der Welt ändern, ändert sie sich auch in unserer Wahrnehmung. Unser desolater seelischer Zustand und die damit verbundene negativ gefärbte Wahrnehmung der Welt tragen so in verhängnisvoller Weise dazu bei, daß unser Gefühlszustand aufrechterhalten und durch die Außenwelt sogar scheinbar noch bestätigt wird.

Wissenschaftler, die sich mit verschiedenen Theorien der Depression beschäftigen, gehen sogar noch weiter. So lautet die zentrale These des amerikanischen Psychiaters A. T. Beck, daß sich Depressive nur deshalb so niedergeschlagen fühlen, weil sie unlogische Schlüsse bei der Beurteilung ihrer eigenen Person ziehen, gewissermaßen Denkfehler machen. So wird beispielsweise eine Autopanne – ein für eine normale Person störendes und ärgerliches Ereignis – von einem Depressiven als weiterer Beweis für die vollkommene Hoffnungslosigkeit seines Lebens interpretiert. Er wendet bei der Beurteilung verschiedener Ereignisse ein Schema der Selbstherabsetzung und des Selbstvorwurfs an: Das einmalige Versagen in einer Situation, etwa einer Prüfung, wird als Beweis für die eigene Wertlosigkeit und Dummheit betrachtet. Das Mißlingen einer Sache wird nur als eigene Schuld angesehen, auch wenn man gar nichts dafür kann.

Selbst positive Erlebnisse wertet der Depressive ab: Der andere lobt uns ja nur, weil er auf uns angewiesen ist. »Tagelang wartete ich auf einen Anruf von ihm. Er hatte mir versprochen, sich in den nächsten Tagen zu melden. Aber es ist ja wieder klar, wenn es mir schlecht geht, dann will er auch nichts mit mir zu tun haben. Dann bin ich ja nur belastend für ihn. Ich bin's ihm einfach nicht wert, daß er sich um mich kümmert. Als er dann endlich anrief, tat er es sowieso nur aus schlechtem Gewissen und behauptete dann sogar noch, daß er es schon öfter versucht und mich nie erreicht hätte. Er hätte sich schon Sorgen um mich gemacht. Das kann schon sein, aber ich glaube es ihm nicht. Es ist ja nicht das erste Mal, daß ich diese Erfahrung mache.«

Kurz: Was auch passiert, wir sorgen dafür, daß es wieder ein unumstößlicher Beweis dafür wird, wie wertlos und unwichtig wir doch sind, und wir geben unserem Gegenüber keine Chance, uns vom Gegenteil zu überzeugen.

Das Nichtwahrnehmen beziehungsweise Umdeuten von positiven Erlebnissen, Zuwendung und Lob hat zur Folge, daß wir noch weniger Aktivitäten zeigen, uns vollkommen zurückziehen, den Kontakt zu Freunden abbrechen und uns somit auch die Möglichkeit, positive Bestätigung zu erhalten, immer mehr verbauen. Der Teufelskreis ist perfekt. Wir verlieren den Kontakt zur Außenwelt und sind nur noch auf uns selbst und unsere Depression bezogen.

Depression hat auch zur Folge, daß die *Ausdrucksfähigkeit blockiert* ist. Wut, Haß und Aggressionen, die wir in der Situation der Trennung gegenüber dem Partner empfinden, werden nicht ausgedrückt. Sie richten sich gegen uns selbst in Form von anhaltender Selbstverachtung, ständigen Selbstvorwürfen und Minderwertigkeitsgefühlen.

Die Intensität und Dauer der depressiven Phase infolge einer Trennung hängt stark mit der Persönlichkeitsstruktur und dem Selbstbild des Betroffenen zusammen. Nicht selten geraten Menschen in eine schwere Depression, aus der sie ohne die fachkundige Hilfe eines Therapeuten keinen Ausweg mehr finden.

Selbstmordphantasien

Dem Selbstmörder mangelt es bisweilen am
Mut, fast immer aber an der Gelegenheit,
zum Mörder zu werden.

Bernd Nitzschke

Wir fühlen uns depressiv, hilflos und alleingelassen. Wir spüren
eine Leere in uns. Die ganze Welt ist für uns zusammengebrochen. Alle Bereiche unseres bisherigen Lebens waren doch irgendwie mit dem Partner verbunden. Jetzt erscheint alles sinnlos.
Alle unsere Lebenskräfte sind erlahmt, und manchmal fehlt sogar
jeglicher Lebenswille. Gedanken an Selbstmord kommen uns in
den Sinn: Warum sollen wir überhaupt noch weiterleben?

»Als ich an diesem Punkt angekommen war, war für mich das
Leben so sinnlos, daß ich nicht mehr weiterleben wollte. Mir war
alles egal – allerdings mit meinem Handeln wollte ich sie strafen:
Sie sollte ihr ganzes Leben lang ein schlechtes Gewissen haben.
Daß ich es nicht getan habe, liegt nicht daran, daß ich es nicht
wirklich tun wollte, sondern daran, daß ich nicht wußte, wie ich
das mit ›tödlicher Sicherheit‹ anstellen sollte.«

Die Motive, unser Leben selbst beenden zu wollen, können
verschiedene sein: der Wunsch oder das Bedürfnis, der emotionalen Belastung und der Angst vor der Zukunft zu entgehen; der
Wunsch nach Rache durch das Erzeugen von Schuldgefühlen
beim Partner nach dem Motto »Der soll sich sein Leben lang
Vorwürfe machen, daß er mich verlassen hat«; der Versuch,
Liebe bzw. die Rückkehr des anderen zu erzwingen. Darüber
hinaus ist bei den Selbstmordabsichten die gegen uns selbst gerichtete Aggression (»Ich bin ja an allem schuld«) ein entscheidender Faktor. Der Selbstmordversuch ist schließlich ein letzter,
verzweifelter Hilferuf.

»Es ist Vatertag. Da steht es ihm ja zu, zum Saufen zu gehen.
Das ist wichtiger, als unsere Beziehung in Ordnung zu bringen.
Meine kleine Tochter ist zur Zeit bei der Oma, ich bin allein,
wirklich allein.

Nach einer Nacht mit wenig Schlaf und quälenden Gedanken sitze ich in der neuen Wohnung in der Bauernstube – direkt vor dem Waffenschrank. Durch das Glas sehe ich die Gewehre. Soll ich ... mich braucht ja keiner ..., nicht mal meine kleine Tochter. Sie wird vielleicht ein wenig weinen, aber sie wird mich vergessen, sie ist ja noch so klein.

Und ein Witwer mit Kind – der wird doch bedauert und von allen Seiten unterstützt, besonders wenn die Ehefrau und Mutter so ›tragisch‹ endete. Und niemand wird verstehen, warum sie ihr Leben ›wegwarf‹. Wegwerfen – ja, das tut man mit nutzlosen Dingen, mit Abfall – wie ich ... Ich gehe zum Waffenschrank – aber der ist verschlossen. Er rechnet also doch damit, daß ich meine Drohung wahrmache, wenn er mich verlassen sollte.

Gut, ich gebe euch noch eine Chance. Vielleicht gibt es doch noch Menschen – fremde Menschen –, die mich verstehen, ich verstehe mich schon lange nicht mehr, alles ist wirr in meinem Kopf. Die in der Telefonseelsorge, die müssen mir helfen, es ist deren Beruf.

Ich wähle die Nummer – besetzt. Na ja, dann eben nicht. Wenn ich jemanden brauche, ist nie einer für mich da. Mein Blick wandert zwischen Waffenschrank und Telefon hin und her. Es wäre ein Kinderspiel, das billige Schloß des Schrankes aufzubrechen. Das weiß er auch, aber er braucht ein Alibi, sonst hätte er die Waffen besser verschlossen. Es ist ihm also recht, wenn ich mich umbringe.

Meine Gedanken gehen durcheinander. Es fällt ja sowieso nicht auf, wenn es mich nicht mehr gibt. Und er kann dann seine Freundin heiraten, und sie kann die liebe, aufopferungsvolle Ersatzmutter spielen – von aller Welt bewundert.

Noch eine letzte Chance gebe ich euch, wenn das Telefon wieder besetzt ist, dann zeige ich euch, daß ich mutig bin – nicht das kleine, dumme Mädchen, das nichts kann und nichts taugt. Mutig? Nein, Mut brauche ich nicht mehr, meine Qualen werden endlich vorbei sein.

Ich hebe den Hörer ab und wähle ...

Ich höre eine ruhige Stimme am anderen Ende – ich kann

nichts sagen … Was und wie lange diese ruhige Stimme zu mir spricht, weiß ich nicht … Nach einer Weile kann ich endlich weinen, das erste, erlösende Weinen seit Jahren …«

Die plötzliche Veränderung vieler Lebensbereiche durch die Trennung versetzt uns in einen Zustand der Desorientierung, dem wir oft hilflos ausgeliefert sind. Das einzige, was unsere Situation verbessern würde, wäre die Rückkehr des Partners, und darauf haben wir keinen Einfluß. Zu glauben, keine Kontrolle mehr über unsere eigenen Gefühle zu haben, und unsere ganze Verzweiflung als nur durch den Partner verursacht zu betrachten kann zu Selbstmordgedanken oder -absichten führen.

Selbstmord gehört auch heute noch zu den Tabuthemen in unserer Gesellschaft. Es kursiert eine Vielzahl von falschen Vorstellungen und Ansichten über Selbstmord, die oft eine rechtzeitige Hilfe verhindern. Einige davon sind:

– Personen, die von Selbstmord sprechen, werden ihn nicht begehen.
  Aber: Drei Viertel der Personen, die sich das Leben nehmen, haben ihre Absicht vorher mitgeteilt.
– Selbstmord kann ohne Vorwarnungen begangen werden.
  Aber: Vorwarnungen sind sehr häufig, werden jedoch oft nicht als solche erkannt und bewertet.
– Die meisten Menschen, die Selbstmord begehen, sind depressiv.
  Aber: Viele Menschen, die Selbstmord begehen, sind nicht depressiv, deshalb werden die Vorboten eines Selbstmords oft übersehen.
– Nur Verrückte begehen Selbstmord. Denen ist sowieso nicht mehr zu helfen.
  Aber: Die meisten selbstmordgefährdeten Personen sind in ihrem Denken durchaus vernünftig und realitätsbezogen, aber im Moment sehr unglücklich.
– Eine Verbesserung des emotionalen Befindens verringert die Selbstmordgefahr.
  Aber: Tatsächlich begehen Personen oft dann Selbstmord,

wenn sich ihre Stimmung etwas gehoben hat. Dies trifft besonders auf depressive Personen zu, die dann wieder mehr Energie haben und aus ihrer oftmals völligen Apathie erwachen.

– Menschen, die Selbstmord begehen, haben den eindeutigen Wunsch zu sterben.

Aber: Die meisten haben gegenüber dem Tod eine sehr widersprüchliche Einstellung, viele wollen mit dem Selbstmordversuch nur eindringlich drohen.

Die Forschung über Selbstmord hat bis heute zu keinen eindeutigen Erkenntnissen geführt. Weder gibt es eine bestimmte selbstmordgefährdete Persönlichkeit, noch steht Selbstmord häufig im Zusammenhang mit einer Depression. Zu berücksichtigen ist immer der Einzelfall.

Freunde und Bekannte sollten Selbtmordankündigungen immer ernst nehmen und auch ihre eigene Schwierigkeit, darüber zu sprechen, zu überwinden versuchen. Gespräche und Kontakt mit der gefährdeten Person und letztlich der Aufbau einer tragfähigen zwischenmenschlichen Beziehung können noch am ehesten zu einer Stabilisierung des verletzten Selbstwertgefühls des Betroffenen führen. Es ist wichtiger und wirkungsvoller, den Betroffenen zu verstehen und anzunehmen, als ihn zu »bekehren«. Das Gefühl von Geborgenheit und geliebt zu werden kann Selbstmordgedanken vertreiben.

Die Angst vor dem Leben in der Zukunft

Ich denke niemals an die Zukunft.
Die kommt von selber und früh genug.

Albert Einstein

Unsere Partnerschaft gab uns Sicherheit – Sicherheit im Hinblick auf unser zukünftiges Leben, das auf ein Leben mit dem Partner ausgerichtet war. Wir hatten mehr oder weniger konkrete Zukunftspläne: Bau eines Hauses oder Kauf einer Eigentumswohnung, berufliche Veränderungen, eine Familie gründen und Kinder haben oder einfach nur die nächste Urlaubsreise. Auch den Problemen unseres Lebens sahen wir gelassen entgegen, denn wir hätten sie gemeinsam schon gelöst.

Der Mensch hat ein großes Bedürfnis nach Sicherheit; Unsicherheit ist für die meisten belastend. Wir suchen Sicherheit, wollen alles vorausplanen und im voraus abwägen. Wir möchten einen gesicherten Arbeitsplatz, einen gesicherten Lebensunterhalt und ein gesichertes persönliches Glück. Wir schließen für alles eine Versicherung ab, unvorhergesehene Ereignisse sollen uns möglichst wenig antun können. Solange es um Bereiche geht, die mit Rationalität und Logik faßbar sind, haben wir damit auch oft Erfolg.

Auch eine Partnerschaft gehen wir ein, um Sicherheit zu haben. Die Sicherheit, geliebt zu werden, nicht allein zu sein, gemeinsam den Alltag zu bewältigen.

Was aber passiert, wenn der Partner uns eines Tages nicht mehr liebt? Auf Gefühle können wir uns nicht verlassen. Sie können sich von heute auf morgen ändern. Sie unterliegen nicht den Gesetzen der Logik und damit der Vorhersagbarkeit. Sie sind nicht objektiv und planbar. Aber sie sind etwas Lebendiges. In der Sicherheit liegt immer etwas Starres und Blockierendes.

Wir haben Erwartungen, an die wir uns klammern. Die Enttäuschung unserer Erwartungen an unser zukünftiges Leben wird uns jetzt schmerzlich bewußt.

Gedanken an unsere Zukunft erfüllen uns plötzlich mit Angst. Wie sollen wir jemals wieder einen Partner finden, der so gut zu uns paßt, mit dem wir so glücklich werden? Wie können wir unsere Lebensziele ohne diesen Partner verwirklichen?

Haben wir uns vielleicht während der Beziehung gar nicht so viele Gedanken über unsere Zukunft gemacht, so werden wir jetzt direkt darauf gestoßen, uns mit ihr auseinanderzusetzen – und zwar allein.

Wir empfinden eine gewisse Orientierungslosigkeit. Der

Partner und damit der wichtigste Bezugspunkt in unserem Leben fällt weg. Dieser Zustand der Ungewißheit, was auf uns zukommt, und die Befürchtung, alles allein nicht bewältigen zu können, macht uns angst.

Die grundlegenden äußeren Veränderungen zwingen uns dazu, auch unsere inneren Einstellungen und Ideale neu zu überdenken. Durch die Trennung wird unser bisheriger Lebensplan in Frage gestellt – damit müssen wir uns abfinden, auch wenn es uns im Moment angst macht.

Der Körper

Gesundheitliche Auswirkungen

> Jede Krankheit ist das Resultat einer Kette
> von Kränkungen.
>
> *Bernd Nitzschke*

Die psychische Situation, in der wir uns durch die Trennung befinden, spiegelt sich auch in unserer körperlichen Verfassung wider, der Körper reagiert auf die seelische Belastung.

Viele sprachliche Redewendungen machen uns auf diese Zusammenhänge aufmerksam:

Etwas »schlägt uns auf den Magen«, es »bleibt einem die Luft weg«, es »geht einem an die Nieren«, es »kommt einem die Galle hoch«, man hat »die Nase voll«, oder es »bleibt einem das Herz stehen«.

Die Situation, in der wir uns befinden, bedeutet Streß für uns. Wir stehen unter Anspannung und Druck. Es werden Anforderungen an uns gestellt: Anforderungen, die Trennung zu bewältigen auf der psychischen Ebene und im alltäglichen Leben.

Die ganzheitliche Betrachtung des Menschen bezieht sich auf die drei Komponenten Körper, Seele und Geist und leitet daraus auch seine Bedürfnisse ab: biologische (zum Beispiel Nahrung), psychische (zum Beispiel Geborgenheit) und geistige (zum Beispiel Wissen).

Bei einem gesunden und ausgeglichenen Menschen sollte keine der drei Komponenten zu kurz kommen. Ein Ungleichgewicht zwischen ihnen wirkt sich auf die gesamte Persönlichkeit aus und bedeutet gleichzeitig Streß für den Betroffenen: Er muß nun versuchen, wieder in einen ausgeglichenen Zustand zurückzukommen. Ein Mensch, der tagelang unfreiwillig hungern muß, wird gereizt, nervös, aggressiv oder apathisch und ist auch zu keinen größeren geistigen Leistungen in der Lage. Sein einziges Bestreben ist es, diesen Zustand des Hungerns zu beenden.

Die ganzheitliche Betrachtungsweise des Menschen – die Einheit von Körper, Seele und Geist – findet sich schon in vielen alten Kulturen und Philosophien. Erst mit der Entwicklung der modernen Medizin begann man, bei gesundheitlichen Störungen den Körper allein zu behandeln. In letzter Zeit findet jedoch mehr und mehr eine Rückbesinnung auf die Zusammenhänge – besonders von Körper und Psyche – statt. Mit dem Begriff »Psychosomatik« beschreibt man heute alle gesundheitlichen Auswirkungen der Seele auf den Körper.

Die Trennung bedeutet seelischen Streß für uns. Dabei sind emotionale Spannungen, Konflikte und Verluste besonders starke Streßauslöser. Dazu kommt, daß wir gewissermaßen unter einem Dauerstreß stehen, da sich die Situation ja nicht so schnell ändern wird.

Die Streßsituation kann zu Reaktionen auf drei Ebenen führen: im geistig-seelischen Bereich, der unser Erleben, unsere Gefühle und unsere Gedanken umfaßt. Wir empfinden zum Beispiel Trauer oder Wut. Auf der vegetativen Ebene verändern sich die körperlichen Vorgänge im Bereich der Eingeweide und Drüsen. Wir bekommen etwa Magenbeschwerden oder Verdauungsstörungen. Im motorischen Bereich reagieren unsere Muskeln, die normalerweise unserer willkürlichen Kontrolle unterliegen. Wir bekommen beispielsweise Spannungskopfschmerzen oder Rückenbeschwerden. Alle diese drei Reaktionsweisen laufen natürlich nie isoliert voneinander ab, sondern beeinflussen sich gegenseitig.

Informationen, die wir über unsere Sinnesorgane aufnehmen, werden in einem Teil unseres Gehirns bewertet. Diese Bewertung erfolgt gemäß gespeicherten Erfahrungen, die wir bisher in unserem Leben gemacht haben. Dementsprechend wird eine Information als »nicht von Bedeutung«, »positiv« oder als »gefährlich« eingestuft. Anschließend erfolgt die Weiterleitung zu einem anderen Teil des Gehirns, dem »Limbischen System«, das für unsere Gefühle zuständig ist und konkrete Anweisungen an den Körper weitergibt.

Wurde das äußere Ereignis als »gefährlich« eingestuft, reagiert der Körper mit dem entsprechenden Erregungszustand. Er wird in Alarmbereitschaft versetzt: Der Blutdruck steigt, Atmung und Herzschlag sind beschleunigt, die Muskelspannung nimmt zu. Dieser Vorgang ist bei tatsächlichen Gefahren durchaus sinnvoll und wichtig für das Überleben.

Unser Gehirn verfügt über eine Besonderheit: Wir können Gefühle und damit auch körperliche Reaktionen erzeugen, ohne daß eine konkrete Sinneswahrnehmung die Grundlage dafür ist. Jeder Gedanke, jede Vorstellung, jede Erinnerung wird genauso verarbeitet wie eine tatsächliche Sinneswahrnehmung. Wir kennen das vom Essen: Schon die Vorstellung von einem guten Essen führt zu einer vermehrten Speichelabsonderung und läßt uns »das Wasser im Mund« zusammenlaufen.

So steigen uns jetzt bereits beim Gedanken an unseren Partner Tränen in die Augen. Unser Körper zeigt Reaktionen, unabhängig davon, ob das zugrundeliegende Ereignis nun tatsächlich stattgefunden hat oder ob wir es uns nur ausgedacht haben.

Dieser enge Zusammenhang zwischen psychischen und körperlichen Prozessen macht deutlich, daß ein so schwerwiegender Einschnitt wie eine Trennung nicht ohne gesundheitliche Folgen bleiben kann. Die Stärke und die Art der gesundheitlichen Beschwerden ist dabei individuell sehr verschieden. Jeder wird zunächst mit Symptomen an seinem schwächsten Punkt reagieren: Wer schon immer einen empfindlichen Magen hatte, kann Sodbrennen oder Magendrücken bekommen, wer öfter Herz- und Kreislaufbeschwerden hat, kann diese Symptome verstärkt zeigen, wer häufig unter Kopfschmerzen leidet, wird jetzt vielleicht noch häufiger damit zu tun haben. Natürlich können auch völlig neue Beschwerden auftreten.

Die körperlichen Symptome sind ein Ausdruck der Gefühle. Demzufolge werden sie bei Menschen, die ihre Gefühle unterdrücken und nicht nach außen zeigen, noch stärker auftreten. Die Anspannung bleibt gewissermaßen im Körper, und die körperlichen Störungen werden zum Ventil. Daher werden auch Menschen, die zwar nach außen stark und gelassen erscheinen, im Innern dagegen ängstlich und unsicher sind, nicht von gesundheitlichen Beschwerden verschont. Das trifft in unserer Gesellschaft insbesondere auf Männer zu.

Unsere gesundheitlichen Probleme zeigen uns, wie wir die Trennung bewerten. Unser Körper wird zum Spiegelbild unserer Seele. Grundsätzlich können alle möglichen gesundheitlichen Störungen als Folge der Trennungskrise auftreten. Die häufigsten sind: Kopfschmerzen, Verdauungsbeschwerden, Magenschmerzen, Appetitverlust, Gewichtsabnahme, Schlafstörungen, Herzrasen, Rückenschmerzen, Freßsucht, Infektionsanfälligkeit, Schwindel, Beklemmung, Apathie, Verlust des sexuellen Verlangens, Verspannungen, Allergien, Sehstörungen, Atembeschwerden. Viele Beschwerden verschwinden von allein wieder, wenn wir die Krise überwunden haben.

Häufig versuchen wir, unsere Beschwerden durch Tabletten oder Alkohol zu betäuben. Damit wird bestenfalls eine kurzfristige Linderung erreicht. Die ursächlichen Probleme bleiben bestehen, und es droht die Gefahr einer neuen Abhängigkeit. Verspürt man ein oder mehrere Symptome, sollte man vorsichtshalber zum Arzt gehen und sich untersuchen lassen. Manchmal sind die Beschwerden auch so ernsthaft, daß eine ärztliche Behandlung unbedingt erforderlich ist. Wichtig ist, den Arzt über den augenblicklichen Krisenzustand, in dem wir uns befinden, zu informieren, damit die Behandlung darauf abgestimmt werden kann.

Auch wenn die Krankheiten psychische Ursachen haben, sind sie doch tatsächliche Störungen unserer Gesundheit. Psychosomatische Krankheiten sind keine eingebildeten Krankheiten, und man sollte sie nicht »auf die leichte Schulter« nehmen.

Die sexuelle Situation

Warum es den meisten Menschen so schwer
fällt, mit der Sexualität zurechtzukommen?
Weil sie nicht wissen, wie mit Macht und
Ohnmacht umzugehen ist.

Bernd Nitzschke

Sexualität ist ein wichtiger Bestandteil jeder Partnerschaft. Die Art der sexuellen Beziehung spiegelt dabei viel von der Art der Beziehung insgesamt wider.

In manchen Partnerschaften gab es zwar zu Beginn der Beziehung ein für beide Partner befriedigendes Sexualleben, das hat sich aber vielleicht schon seit längerer Zeit »totgelaufen«. Viele Paare haben seit Jahren keinen oder nur noch selten sexuellen Kontakt gehabt. Sexualität wird ausgeklammert und von einem oder beiden Partnern als nicht so wichtig angesehen. Damit hat man sich mehr oder weniger abgefunden.

Um so schmerzlicher ist es für den Verlassenen, wenn sein Partner plötzlich sexuelle Kontakte zu einer anderen Person aufnimmt und sich vielleicht deshalb von ihm trennt. In anderen Partnerschaften wird die Sexualität zum Schlachtfeld: Man verweigert sich dem anderen, um ihn zu strafen und zu verletzen oder um etwas zu erzwingen. Man betrügt ihn, macht ihn eifersüchtig, um wieder mehr beachtet zu werden. Sexualität wird hier zum Austragungsort der verschiedenen Konflikte und Probleme innerhalb der gesamten Beziehung.

Die beiderseitig befriedigende sexuelle Beziehung kann auch das eigentlich Bindende zwischen zwei Partnern sein: Man streitet ständig, hat verschiedene Vorstellungen und Meinungen – aber im Bett versteht man sich einfach prächtig. Eine Trennung bedeutet in diesem Fall den Verzicht auf diese schönen Stunden; gerade das erscheint vielen unerträglich, und sie klammern sich nahezu verzweifelt daran fest. Die in der Beziehung angestaute Angst und Anspannung kann sich in der Sexualität entladen, und die darin erlebte Intensität wird allzu leicht mit Leidenschaft verwechselt.

Die Probleme mit der Sexualität, die bei einer Trennung entstehen, sind also abhängig vom Stellenwert, den die Sexualität in der Zweierbeziehung hatte. So kann es für manche zunächst eine Erleichterung sein, nicht mehr den sexuellen Wünschen und Bedürfnissen des Partners »nachkommen« zu müssen. Sie fühlen sich befreit, und der fehlende sexuelle Kontakt ist zunächst kein Problem für sie; vielleicht sogar eine Chance, aus den eingefahrenen Mechanismen herauszukommen und langsam wieder Freude an der eigenen Sexualität zu entdecken.

Bei den meisten Beziehungen kommt es infolge der Trennung zu Problemen und Schwierigkeiten im sexuellen Bereich. Unmittelbar nach der Trennung kommt es zunächst oft zu einem völligen Nachlassen der sexuellen Bedürfnisse, da diese auch abhängig vom seelischen Zustand sind. Schmerz, Ärger und Trauer lassen sich meist nicht mit dem Wunsch nach sexuellen Kontakten vereinbaren. Manche Männer werden vorübergehend impotent, Frauen verlieren das Interesse am Sex. Man sollte diese Phase der freiwilligen Enthaltsamkeit als etwas ganz Natürliches akzeptieren.

Das Fehlen des sexuellen Kontaktes ist für die meisten eine besonders schmerzliche Erinnerung an den Verlust des Partners. Dieser Verlust ist um so schwerwiegender, je höher der Stellenwert war, den die Sexualität in der Beziehung einnahm; sei es als Austragungsort für Konflikte oder als das einzig Verbindende zwischen zwei Partnern. Nun wird uns auch diese Möglichkeit genommen; dabei war für uns vielleicht die Tatsache des sexuellen Kontaktes Beweis dafür, daß der Partner noch Interesse an uns hatte und wir noch attraktiv für ihn waren.

Um der Einsamkeit zu entfliehen, stürzen sich manche in mehrere nur kurz andauernde sexuelle Beziehungen. Sie haben den Wunsch, sich selbst zu beweisen, daß sie noch attraktiv sind, daß sie jederzeit einen anderen Sexualpartner finden und damit nicht abhängig vom ehemaligen Partner sind. Das angegriffene Selbstwertgefühl soll wieder aufgebaut werden.

Hier unterliegen sie aber einem Trugschluß. Im sexuellen Beisammensein mit einem neuen Partner erinnert man sich wieder an seinen »Ex-Partner«. Der Verlust wird einem wieder bewußt. Man beginnt zu vergleichen, kann sich nicht auf den neuen Partner einstellen und verliert dabei die Lust. Innerlich hat man sich noch nicht von seinem alten Partner gelöst, und der Körper reagiert entsprechend.

Man sollte das akzeptieren und sich nicht selbst verurteilen; Selbstvorwürfe helfen hier nicht weiter. Sexuelle Probleme, die in dieser Situation auftreten, sind verständlich und lassen sich auch bei größter willentlicher Anstrengung im Moment nicht beheben.

Eine wichtige Hilfe ist es, mit dem neuen Partner über die augenblickliche Situation zu sprechen. Offenheit – auch auf die Gefahr hin, verletzt zu werden – ist sicher besser, als sich in seine Ängste und Befürchtungen, als Versager betrachtet zu werden, hineinzusteigern. Andernfalls ist man beim nächsten sexuellen Kontakt noch gehemmter und verkrampfter und hat so nur noch Mißerfolgserlebnisse. Damit finden manche auch die Befürchtung, einen befriedigenden sexuellen Kontakt nur mit dem Ex-Partner haben zu können, bestätigt.

Häufig steht hinter dem Wunsch nach sexuellem Kontakt auch nur das Bedürfnis nach Zärtlichkeit und körperlicher Nähe. Mancher macht die Erfahrung, daß das rein sexuelle Erlebnis für ihn keine umfassende Befriedigung bringt und Verständnis, Vertrauen, Geborgenheit und Wärme weitaus wesentlicher sind. Für andere ist die Erfahrung wichtig, daß sie auch auf andere Menschen anziehend wirken und mit ihnen sexuelle Beziehungen eingehen können. Oft relativiert sich dabei die Meinung, daß der Ex-Partner »ja so toll im Bett« war.

Nicht selten hat der ›Ex-Partner‹ uns immer wieder und besonders bei der Trennung vorgehalten, wir seien nicht mehr sexuell attraktiv für ihn. Die daraus resultierenden Ängste, den Anforderungen und Wünschen eines neuen Partners nicht zu genügen, können zu einem Versagen führen.

Gerade auf dem Gebiet der Sexualität sind wir sehr verletzbar. Es ist der intimste Kontakt, den wir zu einem anderen Menschen haben, und es gibt keine allgemeingültigen Regeln und Normen, an denen wir uns orientieren können: Eine befriedigende sexuelle Beziehung ist einzig und allein abhängig von den Persönlichkeiten der beiden Partner und ihren Wünschen, Bedürfnissen und Erfahrungen. Bücher und Veröffentlichungen über besondere sexuelle Techniken und Tricks können zwar Anregungen geben, sind aber keine Garantie für ein erfülltes Sexualleben und führen uns oft weg von unseren eigenen Bedürfnissen.

Gerade nach einer Trennung sind wir verunsichert. Viele Frauen haben die Befürchtung, als frigide, unweiblich und gefühlskalt angesehen zu werden, wenn sie auf sexuelle Angebote von neuen Bekannten und Freunden nicht eingehen.

Wichtig ist es, auf seine eigenen Bedürfnisse zu achten und ihnen zu vertrauen. Sexuelle Bedürfnisse lassen sich nicht auf Knopfdruck einschalten, und wenn man keine Lust verspürt, stimmt irgend etwas nicht mit der eigenen momentanen Stimmung, dem Partner oder der Situation. Das sollte man akzeptieren und auch dem Partner mitteilen, selbst wenn dieser dann enttäuscht ist.

Wir sind in erster Linie dafür zuständig, daß es *uns selbst gut geht*, und *nicht* dafür, daß wir die Wünsche des *anderen* erfüllen. Kann er das nicht akzeptieren, kann er auch unsere Person nicht akzeptieren, und das ist – besonders für eine längere Beziehung – keine gute Ausgangsbasis.

Aus der Art und Weise, wie wir mit unserer Sexualität umgehen, können wir viel über unsere eigene Persönlichkeit erfahren. Nach einer Trennung kann es zu Schwierigkeiten und Problemen verschiedener Art kommen. Alle diese Störungen haben ihre Ursache primär in dem Verlust unserer bisherigen Bezugsperson und den damit verbundenen psychischen Belastungen. Auch unser »sexuelles Selbstwertgefühl« ist erschüttert worden.

Sexualität kann als Experimentierfeld dienen und uns helfen, unsere eigenen Bedürfnisse zu entdecken oder wiederzuentdecken. Eines sollte man jedoch bedenken: Die Lösung der sexuellen Probleme bringt keineswegs die Lösung der anderen Probleme automatisch mit sich.

Das Feindbild

Der Aufbau des Feindbildes

> Nach der Trennung der Liebenden beginnt
> die Zeit der gegenseitigen Abwertung; nur
> selten bemerken die Beteiligten, wie sehr sie
> sich dabei selbst abwerten.
>
> *Bernd Nitzschke*

»Als er sich von mir getrennt hat, war ich auf einmal zu Gefühlen fähig, die ich noch nie in meinem Leben empfunden habe. Anscheinend habe ich die ganze Zeit meinen Verstand dazu benützt, alles, was mir nicht gefallen hat, zu unterdrücken. Jetzt hasse ich ihn. Da ist nur noch Haß, abgrundtiefer Haß.«

Was ist passiert, daß wir den Menschen, der uns lange Zeit sehr nahe war, plötzlich hassen und er zu unserem Feind wird?

Der Partner hat sich von uns getrennt, er hat sich gegen uns entschieden. Er hat unsere Erwartungen und unsere Zukunftspläne zerstört. Wir empfinden Ohnmacht und Wut, daß er uns so etwas antut. Wir fühlen uns abhängig von ihm.

»Das kann er mir doch nicht antun, nach all dem, was ich für ihn getan habe.« – »So kann er nicht mit mir umgehen.« –»Der wird noch reumütig an mich zurückdenken.«

Wir sind zutiefst davon überzeugt, daß der Partner uns unrecht tut und daß er uns das nicht antun darf – gleichzeitig werden wir uns unserer Ohnmacht und Hilflosigkeit bewußt. Wir haben keine Kontrolle mehr über den Partner. Er hat sich entschieden, uns zu verlassen.

Wir müssen uns gegen diesen Angriff auf unsere Person verteidigen. Je labiler unser Selbstbewußtsein ist, um so härter trifft uns die Entscheidung des Partners. Wir müssen uns wehren. An irgendeinem Punkt verkehren sich die Gefühle von Ohnmacht und Ausgeliefertsein in Wut und Haß.

Das Entstehen dieser Gefühle ist eine natürliche und in gewisser Weise auch notwendige Reaktion. Wir sind enttäuscht und verletzt. Unsere Vorstellungen und Hoffnungen, die wir in die Partnerschaft und damit auch in unsere Zukunft gesetzt haben, sind zerstört, und wir können nichts an der Situation ändern. Also behelfen wir uns mit einem Trick: Was ich nicht haben kann, will ich ja eigentlich auch gar nicht mehr.

Wir bauen ein Feindbild auf. Plötzlich erkennen wir zahlreiche negative Eigenschaften beim Partner. Dinge, die uns zwar schon während der Beziehung gestört haben, uns damals aber nicht so wichtig waren, werden jetzt hochgespielt. Dazu kommt sein Verhalten während der Trennung.

Schließlich wird der Partner zu einem Menschen, der uns ja schon immer nur Schaden zufügen wollte, der uns eingeschränkt hat, der immer nur egoistisch gehandelt hat, der uns ausgenützt hat; eigentlich hätte man das bereits früher merken müssen.

Die schmerzliche Erkenntnis, für den Partner nichts mehr wert zu sein, wird umgedreht: Er ist es nicht mehr wert, daß er mit uns zusammen ist.

Das Aufleben von oftmals jahrelang aufgestautem Ärger und Aggressionen festigt nach und nach unsere Überzeugung, den Partner als Feind anzusehen. Unsere ganze positive Zuwendung hat sich in negative Gefühle umgewandelt. Aber auch Wut und Haß zeigen nur an, daß wir noch eine starke gefühlsmäßige Bindung an unseren Partner haben.

Diese Reaktionsweise beinhaltet aber durchaus positive Aspekte und befördert unsere seelische Gesundung. Zum einen tun wir aktiv etwas; wir verteidigen uns und gewinnen wieder Kontrolle über die Situation. Verteidigen können wir uns nur, wenn wir auch von uns selbst überzeugt sind. Wir lernen wieder, Achtung und Respekt vor uns selbst zu haben. Unsere Wut und unser Ärger gehen nach außen und richten sich nicht mehr gegen uns selbst.

Zum anderen hilft uns der Aufbau eines Feindbildes, uns innerlich vom Partner zu lösen. Jemanden, den ich als Feind betrachte und behandle, kann ich nicht gleichzeitig lieben, da beide Gefühle unvereinbar sind.

Wenn wir wütend sind oder Haß gegen unseren Partner empfinden, sind wir wieder Herr über unsere eigenen Gefühle, wir gewinnen wieder an Stärke. »Vielleicht bin ich auf dem Weg zu einer Lösung. Ich kann dich nicht lieben. Du versperrst mir jeden Weg, also muß ich Haß empfinden, und ich kann es auch. Ich verspürte heute das erste Mal Haß, als ich deine Fotos an der Wand sah, zwei davon hängen seit fünf Minuten nicht mehr dort. Ich muß mein Gefühl genießen, endlich etwas Neues, etwas anderes, eine Lösung.«

Anders verhält es sich, wenn der Partner uns verlassen hat, um mit einem anderen Menschen zusammenzusein. Oft wird dann der neue Partner zum eigentlichen Feind. Wäre er nicht aufgetaucht und hätte unseren Partner verführt, wäre jetzt alles wie früher. Diese Sichtweise erschwert die Loslösung von unserem Ex-Partner. Wir sehen keine Schuld bei ihm, fühlen uns nicht von ihm in unserem Selbstwertgefühl verletzt, und wir können ihn weiterlieben und auf seine Rückkehr hoffen. Unsere ganze Wut und unser Haß fallen auf den neuen Partner des Verlassenden, der dieser Situation oft völlig hilflos gegenübersteht.

»Langsam fühle ich mich richtig schuldig. Seine ehemalige Freundin ruft fast täglich bei mir an. Am Anfang habe ich gedacht, daß ich auf sie eingehen und Rücksicht auf sie nehmen muß, da es ihr schlecht geht. Mittlerweile beschimpft sie mich am Telefon und wirft mir vor, ihr den Partner auf eine ganz hinterlistige Art und Weise weggenommen zu haben. Ich weiß gar nicht mehr, wie ich darauf reagieren soll. Er hätte sich sowieso von ihr getrennt, auch wenn er mich nicht kennengelernt hätte, aber das kann sie nicht begreifen. Sie schiebt mir einfach die ganze Schuld in die Schuhe.«

Bei unserem Haß gegen den neuen Partner unseres Ex-Partners vergessen wir, daß zum Eingehen einer neuen Beziehung immer der Wille zweier Menschen gehört. Wäre unser Ex-Partner wirklich zufrieden gewesen, wäre er auch nicht bereit gewesen, sich auf eine neue Zweierbeziehung einzulassen.

Aber das paßt nicht in unser mühsam aufgebautes Feindbild.

Schuldzuweisung an den Verlassenen

Die Hölle – das sind die anderen.

Jean-Paul Sartre

Nachdem uns immer klarer wird, mit welchem Menschen wir eigentlich die letzte Zeit zusammen waren, machen wir eine Generalabrechnung.

Schuld daran, daß es so gekommen ist, hat nur der andere. Wir haben uns ja immer bemüht, seinen Wünschen entgegenzukommen, Rücksicht zu nehmen, Kompromisse zu machen, unsere eigenen Bedürfnisse zurückzustellen.

»Monika hat noch studiert. Mit Rücksicht auf ihr Studium sind wir an den Wochenenden oft nur deshalb weggefahren, damit sie in Ruhe lernen konnte. Zu Hause habe ich das Essen gemacht und ihr alle organisatorischen Arbeiten abgenommen, damit sie genug Zeit zum Lernen hatte. Ich habe sie zu vielen Kongressen gefahren und damit selbst auf ein erholsames Wochenende verzichtet. Den größten Teil ihrer Doktorarbeit habe ich geschrieben, ein Buch und einen Film gemacht, die unter ihrem Namen erschienen sind, Zeitungsartikel verfaßt, die sie bezahlt bekommen hat, und ihr eine Diaproduktion erstellt, aufgrund derer sie ihre Stelle bekommen hat.

Drei Wochen, bevor sie sich von mir getrennt hat, haben wir noch einen Urlaub voller Harmonie verbracht. Als sie dann einen anderen kennenlernte, der ihr eine von ihr angestrebte Anstellung versprach, ist sie – ohne daß wir irgendeinen Streit oder irgendeine Meinungsverschiedenheit hatten – innerhalb von einem Tag ausgezogen und sofort bei dem anderen eingezogen. Ich fühle mich rücksichtslos ausgenützt – der einzige Trost ist, daß sie den anderen jetzt genauso ausbeutet.

Wir hatten nie eine ernsthafte Auseinandersetzung, jedenfalls hat sie nie mit mir über irgendein Problem im Hinblick auf unsere Partnerschaft gesprochen. Ihr Weggehen hatte solch egoistische Gründe, daß ich mir heute belogen und betrogen vorkomme.«

Indem wir dem anderen die Schuld an der Trennung zuweisen, geben wir ihm auch die Verantwortung dafür und befreien uns damit von Selbstzweifeln und Selbstvorwürfen. Wir fühlen uns nicht mehr als Versager oder Schuldige und sind damit auf dem besten Weg, unser angegriffenes Selbstwertgefühl wieder zu stabilisieren und zu stärken.

In Wirklichkeit läßt sich die Schuldfrage sicher nie so einfach lösen. Für das Auseinanderbrechen einer Zweierbeziehung ist nie ein Partner allein schuld, auch wenn es oft auf den ersten Blick so aussieht.

Die Erwartungen und Vorstellungen unseres Partners ließen sich nicht mehr mit unserer Person und mit unserer gegenseitigen Beziehung vereinbaren. Dafür kann es eine Reihe von Ursachen und Gründen geben, unabhängig davon, ob wir diese Gründe kennen oder akzeptieren.

Jeder Mensch macht im Laufe seines Lebens eine Entwicklung durch, die wesentlich durch Faktoren wie Alter, Beruf und soziale Kontakte bedingt wird. Wenn wir einmal daran denken, wie wir als Kinder oder Jugendliche waren, werden wir feststellen, daß wir uns in dem einen oder anderen Bereich völlig verändert haben, in manchen Dingen aber auch immer noch die alten sind. Der schüchterne Schüler von damals ist heute zum erfolgreichen Manager geworden. Die Musterschülerin, die nie aufmuckte, tritt heute öffentlich und energisch für den Umweltschutz ein.

Nur wenn in einer Partnerschaft diese Entwicklungen beider in die gleiche Richtung gehen, kann eine Partnerschaft von Dauer sein. Sicher kann man Kompromisse eingehen, aber wenn die Auseinanderentwicklung zu groß ist und zu wichtige Bereiche betrifft, ist ein befriedigendes Zusammenleben meist nicht mehr möglich.

Es ist dabei schwierig, Ursache und Wirkung auseinanderzuhalten: Verändert sich der eine Partner aufgrund des Verhaltens des anderen, oder fördert der andere durch seine Entwicklung die Entfremdung des Partners von ihm? Jede Reaktion, jedes Verhalten ist von dem des anderen mehr oder weniger abhängig.

Nur langwährende Prozesse haben zu der Situation der Trennung geführt. Trennungen haben ihre Ursache nie in einzelnen

Ereignissen wie einem Streit oder Seitensprung. Sie sind der Auslöser, aber nicht die Ursache. Letztere ist immer eine tieferliegende Unzufriedenheit, die durch verschiedene Faktoren – sei es durch die eigene Person, die des Partners oder durch äußere Umstände – bedingt sein kann.

Die Schuldzuweisung an den Partner ist in dieser Phase für uns selbst nützlich: Wenn wir keine Schuld an der Trennung haben, sind wir auch nicht schuld an unserem eigenen Unglück; ausschließlich der andere hat uns in diese Lage gebracht. Wir sind nur das Opfer, das sich wehren und nicht Opfer bleiben will und daher oft zum Täter wird.

Rachegedanken und -handlungen

> Wenn der Geliebte vergessen werden soll und zu diesem Zweck im Gedächtnis ermordet wird, so erinnert der Gestank der Verwesung um so mehr an ihn.
>
> *Bernd Nitzschke*

Nachdem ich im Ex-Partner meinen Feind erkannt und ihm die alleinige Schuld an der Trennung zugewiesen habe, möchte ich meiner Wut, meinem Haß auch Ausdruck verleihen. Dieser Mensch hat es schließlich verdient, daß er schlecht behandelt wird: Er braucht seine Strafe.

Wir können das, was er uns angetan hat, nicht einfach so hinnehmen. Wir sinnen auf Rache. Wir überlegen, wie und womit wir ihn am besten treffen können, womit wir ihm den größten Schaden zufügen und ihm das Leben schwer machen können. Wir entwickeln eine ungeheure Kreativität im Ausdenken und Planen von Racheakten. Die Palette reicht von harmlosen Scherzen, die ihm nur einen Schreck einjagen sollen, bis hin zu Mordplänen, Mordphantasien, -drohungen. Und tatsächlich sind Mordanschläge, in denen der ehemalige Partner das Opfer ist, leider nicht gerade selten.

Andere haben zwar keine offenen Mordabsichten, stellen aber oft bestürzt fest, daß sie den Wunsch haben, ihrem Partner möge etwas zustoßen, sei es ein Unfall oder eine schwere Krankheit.

Unsere Gefühle und Rachegelüste sind durchaus berechtigt, und wir sollten unsere negativen Gedanken nicht verurteilen. Es ist auch nicht sinnvoll, diese Gedanken zu unterdrücken. Wir haben ein Recht darauf, so zu empfinden.

Wir sollten uns jedoch davor hüten, unsere Rachegedanken in die Tat umzusetzen. Damit würden wir nur unser Unvermögen eingestehen, mit der Situation fertig zu werden.

Der Nutzen von Racheakten ist meist gering und der Schaden oft zu groß – für beide. Wir schüren nur den Haß, und es kann zu einer Eskalation gegenseitiger Rachehandlungen kommen. Man wird gefangen darin, sich nur noch Bosheiten auszudenken.

»Gerädert wache ich auf. Ich ziehe mir den Morgenmantel über, schließe die versperrte Schlafzimmertüre auf und gehe ins Wohnzimmer. Dort bietet sich mir ein wüstes Bild: volle Aschenbecher, Gläser mit Bier, Whisky, Wein, alles voll Schmutz. Er und sie sind nicht mehr da. Gestern habe ich sie kennengelernt und die ›tolerante‹ Ehefrau gespielt, die mit der Scheidung ›einverstanden‹ ist. Mein Kopf tut weh, kein Wunder – meine Mahlzeiten bestehen derzeit überwiegend aus Beruhigungstabletten und Alkohol. Als ich gestern abend schlafen ging, habe ich ihn gebeten, sie nach Hause zu bringen. Das Sofa zeigt mir jedenfalls, daß beide hier im Wohnzimmer genächtigt (und sonst noch was?) haben.

Maßlose Wut überfällt mich: Können die nicht warten, bis ich ausgezogen bin, oder will er mich tatsächlich in die Nervenklinik bringen? Bebend vor Zorn und Wut auf mich und die Welt, nehme ich die halbvolle Rotweinflasche und werfe sie gegen die frisch tapezierte Wand. Nach einer Schrecksekunde muß ich weitermachen. Gläser, Aschenbecher, Knabbergebäck fliegen durch die Gegend, doch meine Wut läßt nicht nach. Ich zittere und heule – ich weiß nicht, was ich tue, mache aber weiter wie unter Zwang. Ich renne in die Küche – Schränke auf, alles raus.

Stapelweise nehme ich Teller und Schüsseln und werfe sie zu Boden. Die Scherben splittern gegen meine nackten Beine, aber ich spüre keinen Schmerz. Den Lärm, den ich mache, höre ich nicht. Wenn er und sie jetzt hier wären, würde ich wahllos mit dem Messer auf beide einstechen – ich würde Amok laufen. Erst das Weinen meiner Tochter, die von dem Lärm aufgewacht ist, bringt mich aus der fremden Welt, in der ich mich befinde, zurück. Meine blinde Zerstörungswut ist jedoch nicht verschwunden, ich habe mich noch nicht abreagiert, nur wieder ›zusammengerissen‹, wie man das von mir erwartet.«

Wenn man keine anderen Möglichkeiten sieht als Rache, um seine Wut und seinen Haß auszudrücken, sollte man, bevor man tatsächlich Handlungen vollzieht, die man später bereut, zu anderen Hilfestellungen greifen: Man kann seine aufgestaute Energie in körperlichen Aktivitäten ausleben oder seine Rachegelüste in der Phantasie aufarbeiten. Man kann zum Beispiel Briefe an seinen Partner schreiben, in denen man ihn beschimpft und bestraft – aber man sollte diese Briefe natürlich niemals abschicken.

Man kann sich vorstellen, welche Folgen verschiedene Racheakte auf den Partner hätten und wie er reagieren würde. Auch aus solchen Vorstellungsübungen erfährt man eine Befriedigung seiner Rachegelüste, denn Untersuchungen haben gezeigt, daß unser Körper auf Vorstellungen genauso reagiert wie auf tatsächlich stattgefundene Ereignisse.

Solange wir uns mit Rachegedanken beschäftigen, befassen wir uns auch noch intensiv mit dem Partner – wenn auch in einer ausschließlich negativen Art. Wir bleiben auf ihn fixiert. Wir verbrauchen unsere Kraft und Energie, um dem anderen zu schaden, obwohl wir sie für uns selbst dringend nötig hätten, um ein eigenes neues Leben aufzubauen.

Die rationale Phase

Das Rollenverständnis

> Dem anderen sein Anderssein zu verzeihen, ist der Anfang von Weisheit.
>
> *Chinesisches Sprichwort*

Eine Trennung schafft neue Lebensumstände.

Einige unserer gewohnten Verhaltensweisen und Rollen müssen wir plötzlich aufgeben. Nicht nur der Verlust des Partners, auch der Verlust der im Laufe der Partnerschaft übernommenen Rollen bereitet Verwirrung und Verunsicherung. Wer sind wir eigentlich, wenn wir nicht mehr der Partner oder die Partnerin des anderen sind? Wir verlieren unsere Rolle als Partner, als Liebhaber, unseren Status als Paar.

Im Verlauf unseres Lebens nehmen wir verschiedene Rollen ein. Die Rolle als Kind, als Schüler, als Berufstätiger, als Freund oder Freundin, als Arbeitskollege, als Mann oder als Frau.

Eine Rolle einnehmen heißt, gegenüber anderen Menschen eine bestimmte Rolle ausfüllen. In dieser Position zeigt man bestimmte Verhaltensweisen, die den Erwartungen der anderen entsprechen. Vom Chef einer Firma zum Beispiel wird eine Vielzahl von Verhaltensweisen gefordert, die ein Vorgesetztenverhältnis zu den Mitarbeitern kennzeichnen.

Wir nehmen nicht nur im Laufe unseres Lebens unterschiedliche Rollen ein, wir haben auch in unserem momentanen Leben verschiedene Rollen: im Berufsleben als Vorgesetzter, als Kollege, als Lehrer, als Selbständiger, als Verkäufer..., im Privatleben als Partner, als Freund, als Verwandter, als Bruder etc. Eine sehr wichtige Funktion und einen breiten Raum nimmt dabei die Rolle ein, die wir in unserer Partnerschaft spielen. Der Partner ist uns vertraut, er kennt uns mit allen unseren Stärken und Schwächen, vor ihm brauchen wir uns nicht zu verstecken, wir können ihm auch nichts vormachen.

Für viele bietet die Partnerschaft daher auch einen Ausgleich. Wer den ganzen Tag im Beruf Entscheidungen fällen und Verantwortung übernehmen muß, läßt sich am Abend vielleicht gern vom Partner verwöhnen. Wer sein Organisationstalent im Arbeitsbereich nicht zur Geltung bringen kann, tut dies in der Partnerschaft.

Bei der Rollenverteilung innerhalb einer Partnerschaft sind viele Faktoren bedeutend: eigene Erfahrungen und Vorstellungen, berufliche Tätigkeit, gesellschaftliche Anforderungen, die individuelle Persönlichkeit und das Rollenverständnis als Mann oder Frau.

Da gibt es einmal die Rollenaufteilung gemäß den eigenen Fähigkeiten und Fertigkeiten: Er kocht lieber und besser als sie, sie organisiert den Urlaub, er kümmert sich um das Auto, sie pflegt den Kontakt zu Freunden und Bekannten. Die Partner ergänzen sich. Mit dem Verlust des Partners verschwindet unser ergänzendes Gegenüber. Wir stellen plötzlich fest, wie hilflos wir manchen Dingen gegenüberstehen oder wir ungern wir bestimmte Sachen tun.

Eine immer noch entscheidende Rolle bei der Aufteilung der Tätigkeiten und Aufgaben innerhalb einer Partnerschaft spielt das Geschlecht. Die strikte Rollenverteilung von Mann und Frau hat in den letzten Jahren mehr und mehr an Bedeutung verloren, die Emanzipationsbewegung der Frauen hat heftig an den Grundfesten der männlichen und weiblichen Rolle gerüttelt, und die klassische Rollenverteilung weicht zunehmend auf. Dennoch ist uns allen im Laufe unserer Erziehung mehr oder weniger detailliert vermittelt worden, wie man sich als Frau oder Mann verhält, was man tut oder nicht tut. Vieles von dem übertragen wir unbewußt auf unseren Partner, und nicht selten ähneln unsere Partnerschaften der unserer Eltern, was die Aufgabenverteilung von Mann und Frau angeht.

Auch heute noch entspricht die Rollenaufteilung in vielen Zweierbeziehungen den traditionellen Vorstellungen: Haushalt und Kinder sind die Domäne der Frau, Beruf und Technik die des Mannes. Dabei ist zu berücksichtigen, daß klar festgelegte

Rollen uns große Sicherheit geben: Wir wissen, was von uns erwartet wird und wie wir uns verhalten sollen. Solange der einzelne mit der ihm zugeteilten Rolle zufrieden ist und sich mit ihr identifizieren kann, ist daran nichts Problematisches.

Eine Trennung vom Partner führt einem aber oft erst vor Augen, wie man sich während der Beziehung verhalten hat: welche Aufgaben man übernommen hat, die man eigentlich nicht mochte, oder welche Tätigkeiten man nicht ausgeübt hat, weil es nicht der eigenen Rolle entsprochen hätte.

Auch heute ist es für viele Frauen sehr schwer, aus ihrer Rolle als Mutter und Hausfrau auszubrechen. Die Berufstätigkeit der Frau ist zwar zur Selbstverständlichkeit geworden, aber damit ist auch das Problem der Doppelbelastung durch Beruf und Haushalt entstanden.

Die durch eine Trennung oft notwendige Aufnahme einer Berufstätigkeit bedeutet für viele Frauen zunächst eine vollkommene Veränderung ihrer Rolle. Es werden neue und andere Fähigkeiten von ihnen gefordert. Sie fühlen sich verunsichert und überfordert, und für manche wird der Eintritt ins Berufsleben zu einer existentiellen Bedrohung.

Ebenso leiden Männer beim Verlust ihrer Partnerin, wenn sie nun vor der Aufgabe stehen, die alltäglichen Angelegenheiten des Haushalts allein erledigen zu müssen: Einkaufen, Wäschewaschen oder Kochen. Diese plötzlich entstandene Hilflosigkeit ist für manche – besonders aufgrund der Unvereinbarkeit mit ihrer männlichen Rolle – sehr belastend.

Eine Trennung bietet immer den Anlaß und die Notwendigkeit, über unser bisheriges Verhalten nachzudenken. Wir verlieren eine unserer wichtigsten Rollen – die Rolle als Partner oder Partnerin. Die auftretende Verunsicherung ist verständlich. Aber wir haben auch eine Chance, unser Verhaltensrepertoire kritisch zu überprüfen und neue Verhaltensweisen zu erlernen und auszuüben.

Auflistung der Fehler und guten Eigenschaften

> Für die eigenen Fehler sind wir Maul-
> würfe, für fremde Luchse.
>
> *Anonymus*

Sind wir erst einmal in der Lage, rational – ohne allzu starke gefühlsmäßige Beteiligung – über unsere vergangene Beziehung nachzudenken, fallen uns verschiedene positive und negative Eigenschaften unseres Partners auf. Viele Verhaltensweisen sind uns im Laufe der Partnerschaft so vertraut geworden, daß wir sie nicht mehr bewußt wahrgenommen haben.

Während uns die positiven Seiten des Partners besonders in Zeiten der Trauer und des Schmerzes über seinen Verlust deutlich wurden und wir seine schlechten Seiten in unserer Wut- und Haßphase überbewerteten, beginnen wir jetzt langsam, eine realistische Bewertung vorzunehmen: wie perfektionistisch und kleinlich der andere doch war, wie schnell er eifersüchtig wurde, wieviel Wert er auf eine aufgeräumte Wohnung legte und wie wenig Interesse er an kulturellen Dingen hatte. Aber auch positive Verhaltensweisen fallen uns ein: wie großzügig er uns mit Geschenken überschüttete, wie er sich um uns kümmerte, wenn wir krank waren, wie oft er Rücksicht auf uns nahm und auf seine eigenen Wünsche verzichtete.

Diese rationale Auflistung der guten und schlechten Eigenschaften kann oft zu erstaunlichen Ergebnissen führen. Manchmal ist die Liste der negativen Eigenschaften sehr lang, positive Eigenschaften fallen kaum ins Gewicht. Aber sie scheinen doch so wichtig für uns gewesen zu sein, daß wir die Beziehung aufrechterhielten. Es kommt weniger auf die rein zahlenmäßige Erfassung der positiven und negativen Seiten an als auf die Bedeutung, die die einzelnen Eigenschaften für uns haben.

Eine solche Auflistung kann uns auch bewußt machen, welche Eigenschaften bei einem Partner für uns sehr wichtig, weniger wichtig oder sogar unwichtig sind. Dieses Wissen kann uns beim Eingehen einer neuen Zweierbeziehung durchaus nützlich sein.

Nachdem viele Verhaltensweisen und Eigenschaften unseres Partners in engem Zusammenhang mit unserem eigenen Verhalten stehen, sollten wir diese Auflistung auch für uns selbst einmal machen. Wenn wir ganz ehrlich uns selbst gegenüber sind, werden wir auch die eigenen Fehler und Schwächen entdecken.

Wir werden feststellen, daß auch wir Menschen sind, mit denen manchmal schwer auszukommen ist und die ihre individuellen Eigenheiten haben. Wenn wir unsere Fehlerseite betrachten, stellen wir vielleicht auch fest, daß unsere Ansprüche, die wir an einen Partner stellen, einfach zu hoch sind.

Vieles erscheint uns in einem neuen Licht, wenn wir anhand der Auflistungen erkennen, wie die Fähigkeiten und Eigenheiten unseres Partners mit unseren Eigenschaften zusammentrafen und sich ergänzt oder gestört haben. Konnten wir unsere Abneigung gegen Haushaltsaufgaben nur deshalb ausleben, weil er das für uns erledigte? War nicht ihr Putzwahn der alleinige Anlaß vieler Streitereien? Oft haben wir auch trotz unserer Verschiedenartigkeit einen Weg des Miteinander-Auskommens gefunden, der für beide zufriedenstellend war.

Es geht hier nicht um eine Frage der Schuld, sondern um das Erkennen der Zusammenhänge, der gegenseitigen Abhängigkeit des Verhaltens.

Wenn wir uns verstandesmäßig mit diesen Dingen beschäftigen können, ohne von Gefühlen der Wut, der Trauer oder der Enttäuschung überwältigt zu werden, sind wir schon ein großes Stück weiter. Die Verarbeitung der Trennung ist vom »Bauch« in den »Kopf« übergegangen.

Rationale Verarbeitung der Beziehung

> Es sind die Weisen, die durch Irrtum zur
> Wahrheit reisen. Die bei dem Irrtum
> verharren, das sind die Narren.
>
> *Georg Rollenhagen*

Eine rationale Verarbeitung kann erst erfolgen, nachdem die emotionale Verarbeitung beendet ist. Solange Gefühle wie Wut, Schmerz, Verzweiflung und Enttäuschung im Vordergrund stehen und unser Handeln bestimmen, sind wir rationalen Überlegungen nicht zugänglich.

Rational – von der Vernunft her – bedeutet in diesem Falle, daß wir den Verlauf und das Ende unserer Beziehung durchdenken. Dabei können uns viele Dinge, die wir zuvor nie berücksichtigt haben, klar werden: Vielleicht erkennen wir, daß bereits zu Beginn der Beziehung das Ende vorprogrammiert war oder daß zu bestimmten Zeitpunkten in der Vergangenheit eine Veränderung hätte stattfinden müssen, gegen die wir uns aber damals mit Erfolg gewehrt haben. Diese Reflexion ist sehr wichtig, um uns in Zukunft davor zu bewahren, die gleichen Fehler noch einmal zu machen.

Eine Vielzahl von Verhaltensweisen in der Partnerschaft ist für uns zur Gewohnheit geworden. Wir sind gewohnt, in einer bestimmten Art und Weise zu denken und zu handeln. Das verläuft automatisch, ohne daß wir jedesmal im Einzelfall darüber nachdenken.

Wenn wir Gewohnheiten ändern wollen, zum Beispiel keinen Alkohol mehr trinken wollen, das Rauchen aufgeben wollen, keine Süßigkeiten mehr essen wollen usw., fühlen wir uns zunächst unwohl. Wir denken ständig an die Dinge, die wir jetzt nicht mehr tun wollen, auf die wir verzichten müssen. Verstandesmäßig wissen wir ganz genau, daß wir auch ohne Alkohol, Zigaretten oder Süßigkeiten leben können. Aber unser Körper zeigt Verlangen nach den »verbotenen« Dingen. Es entsteht ein Mißverhältnis. Erst nach und nach wird sich auch der Körper dem neuen Verhalten – in diesem Fall dem Verzicht auf bestimmte Dinge – anpassen, und das Gefühl des Unbehagens verschwindet: Alkohol, Zigaretten und Süßigkeiten schmecken uns gar nicht mehr.

Auch in der Partnerschaft verhält es sich ähnlich: Viele Gewohnheiten lassen sich durchaus verändern oder verlieren mit der Trennung ihre Bedeutung. Der »Kopf« sieht das oft sehr klar, aber der »Bauch« hängt an den vertrauten Dingen.

Manchmal sind Gewohnheiten auch aus einer gewissen Zwangssituation heraus entstanden. Unser Partner wurde schnell eifersüchtig, wenn wir uns mit unseren Freunden allein trafen. Also verzichteten wir darauf, brachen den Kontakt weitgehend ab oder traten nur noch als Paar auf.

Für viele Verhaltensweisen und Reaktionen des anderen haben wir Strategien entwickelt, um damit bestmöglich umzugehen. So haben wir uns aus Schuldgefühlen heraus oder aus Angst, den Partner zu verlieren, oft angestrengt, besonders nett zu ihm zu sein und ihn zu verwöhnen. Wir haben unseren Unmut lieber heruntergeschluckt, anstatt ihn offen auszusprechen.

Wir haben uns für seinen Sport interessiert, um ihm eine Freude zu machen. Wir haben ihre Freundinnen akzeptiert, obwohl wir nichts mit ihnen anfangen konnten. Alle diese Anpassungen waren zu einem bestimmten Zeitpunkt sicher berechtigt und erfolgten damals auch meist freiwillig. Irgendwann im Verlauf der Beziehung können sie aber zum Anlaß ständiger Streitereien geworden und damit auch ein Faktor sein, der letztlich zur Trennung geführt hat.

Zu Beginn der Zweierbeziehung ist bei uns ein Bild entstanden, was für ein Mensch unser Partner ist, ob er selbstsicher oder schüchtern, stur oder nachgiebig, kleinlich oder großzügig, rücksichtsvoll oder egoistisch ist. Dabei besteht aber immer die Gefahr, daß unser Bild falsch ist.

Oft sind damit schon zu Beginn einer Partnerschaft Schwierigkeiten vorprogrammiert, und der Partner fühlt sich von uns nie richtig verstanden, weil wir ihn falsch einschätzen. So kommt man nicht selten nach einer Trennung zu der Feststellung »Eigentlich haben wir ja überhaupt nicht zusammengepaßt« oder »Ich habe ihr eigentlich noch nie vertraut«.

Das Entscheidende ist, daß sich jeder Mensch im Laufe seines Lebens verändert. Das kann sowohl durch äußere Faktoren wie auch durch die fortschreitenden Jahre bedingt sein. Der Fehler in vielen Beziehungen ist, daß wir unserem Partner nicht die Chance geben, sich zu verändern, wenn diese Veränderung nicht in unser Konzept paßt. Obwohl wir es uns immer gewünscht haben, daß er etwas selbständiger wird, reagieren wir mit Vorwürfen und Sanktionen, wenn der Partner solche Verhaltensweisen tatsächlich zeigt.

Viele Paare haben sich mit der Zeit auseinandergelebt, die anfangs vorhandenen Gemeinsamkeiten sind verschwunden, man ist nur noch aus Gewohnheit zusammen.

Nicht zu unterschätzen ist die Bedeutung äußerer Faktoren für den Zeitpunkt der Trennung: Die Beendigung einer Ausbildung, den Wechsel einer Arbeitsstelle oder einen notwendigen Umzug nehmen wir oft zum Anlaß, auch unsere Beziehung, in der wir nicht zufrieden sind, zu beenden und »ganz neu« anzufangen.

Im nachhinein muß man dann manchmal feststellen: Eigentlich hat uns nur ihre Lernerei und das notwendige Bestehen ihrer Prüfung die letzten Jahre zusammengehalten. Darum drehte sich alles. Das war der Mittelpunkt unseres Zusammenseins.

Manchen wird die verstandesmäßige Aufarbeitung der Beziehung schwerfallen, da sie noch gefühlsmäßig zu stark an den Partner gebunden sind. Für sie können Gespräche mit Freunden hilfreich sein, da diese die Beziehung unter objektiveren Gesichtspunkten beurteilen können.

Die rationale Verarbeitung unserer Partnerschaft bringt uns oft zu neuen – nicht immer angenehmen – Erkenntnissen. Wir ziehen für uns selbst die Konsequenzen und stoßen damit häufig auf die Frage: Was erwarte ich eigentlich von einer Zweierbeziehung? Was ist überhaupt Liebe?

Die Vorsätze

Zweierbeziehung – Was ist Liebe?

> Es gibt keine festen, es gibt nur fließende
> Beziehungen. Der Wunsch nach einer
> »festen« Beziehung ist ein Widerspruch
> in sich.
>
> *Bernd Nitzschke*

Die optimale Beziehung gibt es nicht. Auch ein Rezept für dauerhafte und glückliche Partnerschaften wurde bis heute nicht gefunden.

Zweierbeziehungen werden aus unterschiedlichen Bedürfnissen heraus eingegangen. Sicher gibt es Dinge, die wir alle von einer Partnerschaft erwarten, wie Geborgenheit, Sicherheit und Liebe. Wir wollen geliebt werden und lieben, wir wollen glücklich und nicht allein sein. So allgemeingültig diese Aussagen erscheinen, so ist doch jede Beziehung auf anderen Voraussetzungen aufgebaut.

Unsere unterschiedlichen Erfahrungen, unsere Erziehung, unsere Vorbilder, unsere Persönlichkeit lassen unterschiedliche Vorstellungen über eine Partnerschaft bei uns entstehen.

In den vergangenen Jahrhunderten war die Ehe eine sinnvolle soziale Einrichtung, da sie der gegenseitigen Versorgung diente. Die traditionelle Rollenaufteilung gewährleistete ein meist reibungsloses Funktionieren. Liebe war kein Heiratsgrund. Die romantische Liebe, der wir heute noch hinterherjagen, ist – so behaupten viele – nur eine Erfindung der Minnesänger.

Diese Auffassung von Partnerschaft hat sich heute grundlegend verändert. Die traditionelle Ehe mit dem Versprechen der Unauflösbarkeit und dem Zusammenleben bis zum Lebensende ist für die meisten von uns unrealistisch. Neben der Erleichterung des tagtäglichen Lebens und dem Streben nach Gemeinsamkeiten gewinnt die Erfüllung individueller Bedürfnisse immer mehr an Bedeutung. Damit steigen natürlich auch Probleme und Auseinandersetzungen und das Risiko einer Trennung.

Viele Paare leben heute in getrennten Wohnungen und bewahren sich auch ihre finanzielle Unabhängigkeit. Eine Partnerschaft mit jemandem einzugehen bedeutet nicht mehr automatisch, alles zu teilen und zusammenzuleben. Je geringer die *äußere* Abhängigkeit der beiden Partner voneinander ist, um so leichter fällt es ihnen auch meist, eine gewisse *innere* Unabhängigkeit zu bewahren. Die daraus entstehenden Freiheiten für jeden sind zwar im Sinne einer gleichberechtigten Partnerschaft zu begrüßen, bereiten jedoch auch vielen Paaren Kopfzerbrechen. Diese Art von Partnerschaft setzt ein hohes Maß an Selbstbewußtsein, Vertrauen und Klarheit über seine eigenen Bedürfnisse voraus.

Wer kann schon wirklich die Wünsche und Bedürfnisse des anderen akzeptieren, besonders wenn sie nicht mit den eigenen Interessen übereinstimmen? Und dabei besteht noch ein gewaltiger Unterschied zwischen dem Darüberreden – der Ebene des Intellekts – und dem gefühlsmäßigen Erleben. Oft vergewaltigen wir uns mit unseren Vorstellungen von einer idealen Partnerschaft selbst. Wir möchten etwas leben, was wir nicht leben können – aus welchen Gründen auch immer. Unsere intellektuelle Entwicklung ist der emotionalen voraus. Bei der Frage nach einer für uns persönlich idealen Zweierbeziehung sollten wir das immer bedenken.

Unsere Vorstellungen über eine Partnerschaft ändern sich im Laufe unseres Lebens. Gerade zum Zeitpunkt der Trennung sollten wir einmal ernsthaft darüber nachdenken, wie die vergangene Beziehung gestaltet war: Fühlten wir uns eingeschränkt, überfordert oder nicht gefordert? War es im Grunde genommen eine reine Zweckgemeinschaft etwa zur gemeinsamen Freizeitgestaltung? Was hat mich eigentlich an den Partner gebunden?

Jede Beziehung unterscheidet sich von einer anderen, auch wenn sich gewisse Dinge wiederholen. Was ich in der vergangenen Beziehung erlebt habe und verwirklichen konnte, kann in der nächsten Beziehung vollkommen anders sein.

Eine für beide zufriedenstellende Partnerschaft fordert die ständige Auseinandersetzung mit den Bedürfnissen und Wünschen des Partners. Vollständige Übereinstimmung in einer Partnerschaft ist eine Utopie, sie erzeugt hingegen einen gewissen Stillstand und deutet meist darauf hin, daß einer der beiden Partner oder beide Partner Konflikte vermeiden.

Gibt ein Partner seine Interessen und Bedürfnisse dem anderen zuliebe auf und vermeidet damit auf kurze Sicht Konflikte und Auseinandersetzungen, so wird er doch auf lange Sicht enttäuscht sein, wenn der Partner seine »Opfer« nicht mit der entsprechenden Gegenleistung honoriert.

Wenn wir uns gegenseitig unsere Wünsche und Bedürfnisse eingestehen, müssen wir in Kauf nehmen, daß der Partner unseren Wunsch ablehnt. Ein Recht auf die Erfüllung unserer Bedürfnisse haben wir nicht.

Neben allen diesen vernunftmäßigen Überlegungen befassen wir uns alle mit dem Phänomen Liebe. »Wenn man sich wirklich liebt, gibt es keine Probleme« ist die Auffassung vieler Menschen. Kaum ein Wort wird so häufig für die Beschreibung so vieler unterschiedlicher Dinge gebraucht und mißbraucht wie das Wort »Liebe«.

Über die Frage, was Liebe ist, haben sich schon seit Jahrhunderten Schriftsteller, Philosophen und andere den Kopf zerbrochen. Liebe läßt sich jedoch nur subjektiv beschreiben. Sie läßt sich nicht empirisch-experimentell untersuchen oder messen. Liebe ist keine Sache des Verstandes, wir müssen sie fühlen und erleben. Liebe kann man nicht herbeizaubern und nicht festhalten. Liebe kann sich in den unterschiedlichsten Dingen zeigen.

Um die Liebe herum halten sich viele Mythen: Die große Liebe dauert ewig, Liebe ist Schicksal, es gibt nur eine große Liebe im Leben. Viele unserer Sehnsüchte sind mit dem Phänomen Liebe verbunden. Liebe bedeutet für viele, das Paradies auf Erden zu haben, den Traumprinzen oder die Traumprinzessin, unfehlbar und immer verständnisvoll, zu finden.

Nur in der Phase des Verliebtseins gehen diese Erwartungen kurzfristig in Erfüllung. Schnell holt uns die Realität ein: Wir beginnen an unserem Partner negative Seiten zu entdecken, wir kritisieren ihn, wir sind enttäuscht.

Die »wahre« Liebe ist selbstlos und bedingungslos. Wir dagegen gehen eine Partnerschaft in erster Linie ein, um etwas zu bekommen, und nicht, um etwas zu geben. Der Partner soll uns das geben, was uns fehlt, was wir haben möchten. Er soll unsere Erwartungen erfüllen.

Liebe fordert nicht, sie akzeptiert den Partner in seiner Eigenständigkeit. Das ist nur dann möglich, wenn wir uns selbst akzeptieren und in unserem Wohlbefinden nicht abhängig vom Partner sind, wenn wir wissen, daß wir für unsere Zufriedenheit nur selbst verantwortlich sind. Nur dann können wir unseren Partner als Person akzeptieren und seine Verhaltensweisen tolerieren.

Von dieser Fähigkeit sind die meisten Menschen jedoch weit entfernt. Aber wir alle können in kleinen Schritten lernen, uns selbst und den Partner so zu nehmen, wie wir sind beziehungsweise wie er ist.

Jeder muß für sich persönlich entscheiden, was Liebe für ihn bedeutet. Partner sollten über ihre Vorstellungen sprechen, bevor sie sich Sätze wie »ich liebe dich« sagen. Denn wenn wir eines Tages feststellen, daß der Partner etwas ganz anderes darunter versteht als wir selbst, führt das oft zu großen und tiefen Enttäuschungen, die durch unser eigenes Verhalten, durch unsere subjektive Vorstellung mit verursacht wurden.

Was muß ich an mir ändern?

Der Weg zur Vollkommenheit und zu
jedem Fortschritt ist fortwährende Selbst-
kritik.

Arnold Böcklin

Überlegungen über die Partnerschaft und über unsere letzte Beziehung lassen uns erkennen, daß wir selbst viel zur Gestaltung
und somit vielleicht auch zum Ende der Beziehung beigetragen
haben. Eine Partnerschaft kann *auf Dauer* nur bestehen, wenn
die Bedürfnisse beider Partner *gleichermaßen* erfüllt werden.
Dazu muß ich mir meiner eigenen Wünsche und Bedürfnisse
erst einmal bewußt werden. Gerade in dieser Phase nach einer
Trennung haben wir eine gute Möglichkeit dazu.

Wir sehen uns selbst plötzlich in einem anderen Licht – positiver oder auch negativer. Es geht nicht darum, unsere eigenen
Fehler und Schwächen zu beseitigen und ein vollkommen neuer
Mensch zu werden. Das ist nicht – oder nur über eine lange Zeit
hinweg – möglich. Aber je klarer uns unsere eigenen Schwächen
sind, um so besser können wir in der Regel auch damit umgehen.

Zu Beginn einer neuen Beziehung, in der Phase der Verliebt-
heit, versucht jeder, seine Schwächen zu verbergen, um einen
möglichst guten Eindruck auf den anderen zu machen. »Als ich
sie kennenlernte, versuchte ich möglichst lässig und souverän zu
sein. Dabei kamen meine eigenen Bedürfnisse eigentlich viel zu
kurz. Nach einiger Zeit hatte ich mich auf diese Rolle eingespielt,
aber es war unheimlich schwierig, wieder aus ihr herauszukommen. Für sie war ich einfach der selbstsichere und tolerante
Mensch.«

Oft entsteht zu diesem Zeitpunkt ein falsches Bild von uns
beim Partner, das sehr schwer zu revidieren ist, und manchmal
erfahren Partner erst Jahre nach der Beendigung ihrer Beziehung, welche genauen Vorstellungen und Erwartungen der andere hatte. Die meisten kennen das klassische Beispiel von dem
alten Ehepaar, das sich bei seiner Silberhochzeit darüber unter-

hält, wer welchen Teil von der Frühstückssemmel gewollt hätte. Er sagt: »Eigentlich hätte ich ja viel lieber den unteren Teil gehabt.« Darauf sie: »Warum hast Du das denn nie gesagt, ich hätte nämlich viel lieber den oberen Teil gehabt.«

Wir erleben eine tiefe Enttäuschung, wenn wir uns eingestehen müssen, daß eine Anzahl von Mißverständnissen wesentlich zur Trennung beigetragen hat. Wir können uns daher nur vornehmen, beim Eingehen einer neuen Partnerschaft von Anfang an offen und ehrlich – besonders gegenüber uns selbst – zu sein. Das Eingestehen eigener Schwächen erfordert Selbstbewußtsein und Mut, denn es beinhaltet das Risiko von Kritik und Ablehnung.

Noch sind wir von den Selbstzweifeln und Schuldvorwürfen, die uns die Trennung gebracht hat, nicht vollkommen befreit. Immer noch gibt es Dinge, die uns schnell wieder ein wenig aus der Bahn bringen: Ein Anruf des ehemaligen Partners beschäftigt uns tagelang, wir beginnen wieder über vergangene Zeiten zu grübeln. Eine Erinnerung taucht auf, wir finden ein altes Foto, wir denken an den letzten gemeinsamen Urlaub. Unsere Psyche ist zwar schon wieder stabiler geworden, aber so ganz bewältigt haben wir die Trennung noch nicht.

Manche machen mit sich selbst eine Abrechnung. Wer sich diese Dinge einmal aufschreibt, hat später eine gute Kontrolle, denn selten ist man sich selbst gegenüber so ehrlich wie in dieser Phase. Wir wollen bestimmte Dinge nie mehr tun, andere intensivieren, uns neue Ziele setzen, neue Aufgaben übernehmen – aber eines sollten wir dabei nicht vergessen: Ein neuer Mensch sind wir deshalb noch nicht.

Die Stabilisierung

Wiederaufbau der Psyche

> Lebe heute, vergiß die Sorgen der Vergangenheit.
>
> *Epikur*

Die Trennung von unserem Partner hat uns in seelische Tiefen geworfen. Wir haben Phasen des Schmerzes, der Trauer, der Wut, der Angst und der Verzweiflung erlebt. Wir haben den inneren und äußeren Halt, den uns die Partnerschaft gab, verloren, uns wurde gewissermaßen der Boden unter den Füßen weggezogen. Wir wurden von unseren Gefühlen beherrscht, waren zu nichts mehr fähig. Der Sinn unseres Lebens schien uns genommen worden zu sein. Viele wurden – wie noch nie zuvor in ihrem Leben – mit sehr intensiven Gefühlen konfrontiert: Ausweglosigkeit, Depression, Haß, Schuldgefühle und Selbstzweifel. Unser seelisches Gleichgewicht geriet aus den Fugen.

Wir zweifelten an unserer Person, an unseren Fähigkeiten, an unserer Attraktivität. Erst durch die Trennung wurde uns schmerzlich bewußt, wie abhängig unser psychisches Gleichgewicht von unserem Partner war, wie wenig Selbstvertrauen wir zu uns selbst hatten, wie schnell unser Selbstbild zusammenbrach.

In allen diesen schmerzhaften Erfahrungen steckt aber auch eine große Chance: Wir erfahren mehr über uns selbst, wir erkennen unsere Stärken und Schwächen, und wir können uns weiterentwickeln. Jede Krise oder Schwierigkeit im Leben bringt uns neue Erfahrungen. Wir lernen mit einer Situation umzugehen, lernen Fehler zu vermeiden und das nächste Mal anders oder besser zu reagieren.

Auch in Zukunft sind wir vor Trennungen nicht sicher – es sei denn, wir entschließen uns, allein zu bleiben.

Aber die Erfahrung, diese Trennung weitgehend bewältigt zu

haben, gibt uns Stärke. Wir haben diese tiefe Krise überwunden. Unser Selbstvertrauen ist gewachsen, und obwohl wir in der nächsten Beziehung wieder die schmerzvolle Erfahrung einer Trennung machen können, werden wir dann die Situation anders betrachten – wir wissen, daß und wie wir diese Trennung bewältigt haben, und wissen damit, daß es Wege aus dieser Situation gibt.

Für viele Menschen war die Trennung eines der wichtigsten Ereignisse in ihrem Leben. Sie hat ihnen die Augen für Dinge geöffnet, die sie sich vorher nicht vorstellen konnten.

Wenn wir begreifen, daß die psychischen Abläufe bei einer Trennung etwas ganz Natürliches und Normales sind, können wir auf die vergangene Zeit als eine sehr wichtige Zeit für unser weiteres Leben zurückblicken. Manche sind – sehr viel später – ihrem Partner im nachhinein sogar dankbar, daß er ihnen durch die Trennung die Chance zu einem Neuanfang gegeben hat.

Unsere Psyche hat sich wieder stabilisiert. Wir merken, daß es aufwärts geht, daß wir wieder Freude an verschiedenen Dingen haben, daß wir wieder Energie haben, etwas zu unternehmen. Wir erfahren durch andere, daß wir auch ohne unseren Partner ein liebenswerter Mensch sind, den sie schätzen und mit dem sie gern zusammen sind.

Je mehr positive Erfahrungen wir machen, um so positiver wird auch unsere Ausstrahlung. Wir wirken nicht mehr depressiv, verzweifelt oder verbittert. Wir können wieder offen auf andere Menschen zugehen. Wir sehen die ganze Welt wieder positiver, und genauso zeigt sie sich uns.

Das neue Ich

Die Chance des Neuanfangs

> Niemand ist glücklich, der nicht selbst
> glaubt, es zu sein.
>
> *Marc Aurel*

Unsere Psyche hat sich stabilisiert, und wir sind in der Lage, einen neuen Anfang zu wagen. Die Trennung gibt uns die Chance, aus unserem Trott auszubrechen. Viele Dinge haben wir aus Gewohnheit getan, ohne darüber nachzudenken. Für manche war auch der Partner der eigentliche Antrieb für bestimmte Aktivitäten: Man selbst hat sich noch nie sehr viel aus Theater- und Konzertbesuchen gemacht, aber der andere hat es genossen, man begleitete ihn dabei und fand sogar etwas Gefallen daran.

Nicht selten ist eine Trennung ein wichtiger Anstoß, aus seinem alltäglichen Einerlei aufzuwachen und sich Gedanken über sein Leben zu machen. Zu Beginn verursacht diese neue Anforderung Unbehagen, man ist etwas orientierungslos und verunsichert. Aber manche Menschen sind über die Trennung zu einem neuen Ich gekommen: Die Notwendigkeit wurde zur Chance für tiefgreifende Veränderungen in ihrem Leben.

Die Veränderung hin zu einem anderen und neuen Leben hängt stark von unserer Bereitschaft ab, uns neuen Dingen auszusetzen und damit das Risiko bisher unbekannter Erfahrungen einzugehen. Für manche Menschen kommt jetzt die Zeit, in der sie sich viele, schon lange gehegte Wünsche erfüllen. Man ist nicht mehr gebunden, muß nicht mehr Rücksicht auf den Partner nehmen. Man ist nur für sich selbst verantwortlich.

Der eine gibt seine Stelle auf, in der es ihm schon jahrelang überhaupt nicht mehr gefiel, sucht sich einen völlig anderen Arbeitsplatz oder macht sich selbständig, andere erlernen einen neuen Beruf oder studieren wieder.

Man sucht sich andere Freizeitbeschäftigungen, nimmt Tennisstunden, macht einen Skikurs, geht zur Gymnastik oder lernt Segeln. Man bildet sich weiter, geht in Sprachkurse, Vorträge und Konzerte. Man entdeckt eine Fülle neuer Möglichkeiten, seine Zeit zu verbringen.

Man ist wieder begeisterungsfähig, probiert neue Dinge aus, macht neue Erfahrungen – und lernt dabei eine Reihe netter, interessanter Menschen kennen. Man entdeckt neue Fähigkeiten an sich, neue Talente und Begabungen.

Und jeder kleine Schritt trägt dazu bei, unser Selbstwertgefühl und unser Selbstbewußtsein zu stabilisieren und zu erhöhen. Wir alle brauchen Zuwendung und Bestätigung durch unsere Mitmenschen. Jetzt erfahren wir, daß wir diese auch von anderen Menschen bekommen, nicht nur von einem Partner. Wir fühlen uns unabhängiger und freier. Und dementsprechend gehen wir auf andere Menschen zu. Schon allein durch unsere neuen Aktivitäten lernen wir Menschen kennen. Es entwickeln sich Bekanntschaften, Freundschaften und manchmal sogar Partnerschaften.

Gefühle zeigen?

> Viel Kälte ist unter den Menschen, weil wir nicht wagen, uns so herzlich zu geben, wie wir sind.
>
> *Albert Schweitzer*

Während der Trennung haben sie uns schwer zu schaffen gemacht – unsere Gefühle. Manchmal haben sie regelrecht unser Leben beherrscht. Sie waren meist negativer Art: Verzweiflung, Trauer, Wut und Enttäuschung. Wir wurden mit ihnen konfrontiert, wir mußten mit ihnen leben, und wir haben vermutlich auch eine andere Einstellung zu unseren Gefühlen bekommen. Wir können jetzt besser mit ihnen umgehen: Wir brauchen sie nicht vollkommen zu unterdrücken, aber auch nicht wahl- und ziellos nur nach ihnen zu handeln.

Die Bedeutung des Auslebens – natürlich in bestimmten

Grenzen – und des Zugestehens unserer Gefühle für unsere körperliche und seelische Gesundheit wird immer mehr erkannt. Überzogene Rationalität, Perfektionismus, Sachlichkeit und Gefühlsarmut sind zwar ein Zeichen unserer Zeit, aber man bemerkt ein zunehmendes Bewußtsein für diesen Mangel an Gefühlen und für das Bedürfnis nach Gefühlen.

Gefühle zeigen macht angreifbar, verletzbar, und davor wollen wir uns alle verständlicherweise schützen. Wenn der andere meine Schwachstellen kennt, kann er das ausnützen und mich gezielt treffen und verletzen. Davor haben wir Angst; außerdem haben wir gemerkt, daß wir mit rationalen Argumenten scheinbar einfacher und müheloser weiterkommen – aber nur scheinbar: Ein Konflikt wird zwar im Moment vermieden, aber wir bleiben auch »auf unseren Gefühlen sitzen«, ganz gleich, ob es Ärger, Wut oder Aggression ist.

Zum einen »fressen« wir unseren Ärger »in uns hinein«, was auf Dauer zu psychosomatischen Beschwerden führen kann, zum anderen ist dann unsere Beziehung zu unserem Gesprächspartner negativ gefärbt. Beim nächsten Zusammentreffen verhalten wir uns vielleicht distanziert, trotzig oder abweisend und reagieren damit – meist unbewußt – auf die vorher in uns aufgestauten und unausgesprochenen Gefühle. Unser Gesprächspartner ist über unser Verhalten verwundert, reagiert aber seinerseits auch abweisend. Die Kommunikation ist gestört, und keiner der beiden weiß, warum.

Die meisten Beziehungen wären sehr viel befriedigender und einfacher, wenn jeder offen über seine Gefühle sprechen könnte und damit auch die Verantwortung dafür übernehmen würde. Der frustrierende Kreislauf von gegenseitigen Vorwürfen wie »Es ärgert mich, wenn du mich immer kritisierst«, und »Ich kritisiere dich nur, weil du mich in letzter Zeit so vernachlässigt hast« wäre schnell unterbrochen.

Aber selbst, wenn wir Gefühle offen aussprechen, stoßen wir damit nicht immer auf Verständnis. Viele fühlen sich dadurch verunsichert oder überfordert und wissen nicht, wie sie reagieren sollen. Sie fühlen sich verantwortlich, wenn wir sagen: »Ich bin enttäuscht«, angegriffen in ihrem Selbstwertgefühl. Wir sollten bedenken, daß es für den anderen auch ein Lernprozeß ist und daß er sich erst daran gewöhnen muß, sich etwas über unsere Gefühle anzuhören.

Wenn wir uns entschließen, in Zukunft unsere Gefühle offen auszusprechen, kann es schon passieren, daß wir zu Beginn einige Rückschläge erleiden und vielleicht einige negative Reaktionen bekommen. Davon sollten wir uns aber nicht entmutigen lassen. Offenheit ist etwas unglaublich Entwaffnendes. Der andere braucht nicht mehr nur zu vermuten, was wir denken, er weiß es jetzt – und er braucht keinen Widerstand aufzubauen, denn unser Anliegen ist ja nicht, gegen ihn zu sein, sondern ihm lediglich unsere Gefühle mitzuteilen.

Besonders Männer sollten den Mut haben, ihre Gefühle anderen Menschen, besonders Frauen, mitzuteilen. Natürlich macht das verletzlicher, es bereichert aber auch das gefühlsmäßige Erleben.

Bei der Äußerung der Gefühle müssen wir jedoch einige Dinge beachten. Wir sollten unsere Aussagen immer mit »ich« beginnen: »Ich bin traurig, ich habe erwartet ...« Es geht darum, *unsere eigenen* Gefühle auszusprechen. Bei Sätzen wie »Du hast mich enttäuscht, du hast mich verletzt ...« schieben wir von vornherein dem anderen die Schuld oder die Verantwortung für unser Gefühl zu. Er fühlt sich angegriffen und startet mit seiner Verteidigung oder mit Gegenangriffen.

Wir sparen viel von unserer Energie, wenn wir unseren Gefühlen – in einer geeigneten Form – sofort Luft machen. Wir brauchen nicht mehr über vergangene Ereignisse nachdenken und darauf warten, das bei »passender Gelegenheit« zur Sprache zu bringen. Es ist auch sehr schwierig, dem anderen zu einem späteren Zeitpunkt zu erklären, was man selbst damals empfunden hat; der Zusammenhang mit der Situation fehlt.

Wenn wir es – wenn auch nur teilweise – schaffen, unsere Gefühle direkt auszusprechen, werden wir feststellen, daß unsere Beziehungen offener und ehrlicher werden und daß wir weniger Angst vor anderen Menschen haben.

Ein neuer Lebensplan

> Das Leben eines Menschen ist das, was
> seine Gedanken daraus machen.
>
> *Marc Aurel*

Wir alle haben Erwartungen an unser Leben. Viele dieser Vorstellungen sind uns von Kindheit an vermittelt worden. Wir wollen mit unserem Traumpartner glücklich sein. Wir möchten von allen negativen Dingen wie Probleme und Schwierigkeiten, Krankheit und finanziellen Sorgen verschont bleiben. Für manche liegt der Schlüssel zum Glück immer noch darin, reich zu sein – obwohl die Berichte über die vielen reichen, aber unglücklichen Menschen uns etwas anderes lehren müßten.

Die Trennung hat uns erst einmal einen Strich durch alle Vorstellungen gemacht. Manche müssen nun einen neuen Lebensplan aufstellen. Man hatte Pläne für die nächsten Jahre, alles war durchdacht. Man wollte eine Familie gründen, zwei Kinder haben, eine Eigentumswohnung kaufen ...

Viele Menschen leben nicht in der Gegenwart, sondern beschäftigen sich überwiegend mit der Zukunft: Wenn ich Geld gespart habe, dann leiste ich mir eine tolle Reise ... Es ist wichtig, Pläne zu haben, auf bestimmte Ziele hinzuarbeiten – aber wir sollten immer bedenken, daß es keine Garantie dafür gibt, daß alles so läuft, wie wir es planen. Oft müssen wir unsere Pläne über den Haufen werfen – wie es häufig durch eine Trennung geschieht – und uns notwendigerweise neue Ziele suchen.

In diesem Fall sollten wir uns zunächst an Zielen orientieren, deren Erreichen wir selbst beeinflussen können, beispielsweise eine berufliche Veränderung, eine Anschaffung, eine Reise.

Viele Menschen beschäftigen sich ihr Leben lang damit, sich zu beklagen, was sie alles nicht verwirklichen können. Oft fehlt ihnen nur der Mut, ein gewisses Risiko einzugehen und den ihnen auferlegten Zwängen zu entfliehen.

Häufig stößt man auf Kritik bei seinen Mitmenschen, wenn man aus seinem bisherigen Rahmen ausbricht: »Nach der Trennung habe ich alles hingeschmissen und mir meinen Jugendtraum verwirklicht: eine Weltreise.«

Kein anderer Mensch kennt uns so gut *wie wir selbst*. Keiner weiß, was für uns wirklich wichtig ist. Wir müssen zwar einsehen, daß wir unser Leben nicht detailliert vorausplanen können, aber die Pläne, die uns ernsthaft am Herzen liegen, können wir mit Energie und Optimismus meist realisieren.

Natürlich beschäftigen wir uns auch mit den Gedanken an einen zukünftigen Partner, mit dem wir unser Leben verbringen und diese Dinge gemeinsam tun können. Aber einen geeigneten Partner zu finden, kann man nicht erzwingen. Je mehr Energie ich darauf verwende, um so weniger bin ich frei für mich und für andere Aktivitäten. Ein mit sich zufriedener und ausgeglichener Mensch wirkt auf andere wesentlich attraktiver als ein »zwanghaft« suchender Mensch.

Letztlich liegt unser Glück doch wieder allein in unserer Hand: Denn wie ich auf meine Umwelt wirke und was ich von ihr bekomme, ist lediglich ein Spiegel dessen, wie ich mich selbst fühle und gebe.

Eine neue Partnerschaft

> Liebe zerstört, was wir gewesen sind, damit wir sein können, was wir nicht waren.
>
> *Augustin*

Wenn wir die Tiefen der Trennung überwunden haben, ist uns vermutlich während dieser Zeit auch deutlich geworden, welche Erwartungen wir an eine neue Partnerschaft haben. Zu hohe Erwartungen von dauerhaftem Glück und anhaltendem Verständnis des Partners für uns führen wahrscheinlich über kurz oder lang zum Ende einer Partnerschaft.

In den Phasen der Trennung mußten wir lernen, daß wir selbst verantwortlich sind für unser Glück und für unsere Zufriedenheit. Schlecht geht es uns besonders immer dann, wenn wir die Verantwortung für unser Wohlergehen dem Partner übertragen und dieser unsere Erwartungen nicht erfüllt. Wir sollten aus unserer Vergangenheit lernen und nicht erneut den Fehler machen, mit dem Beginn einer neuen Partnerschaft unsere Selbstverantwortung wieder aufzugeben.

In einer idealen Partnerschaft akzeptieren beide Partner sich in ihrer Eigenständigkeit und tolerieren das Verhalten des anderen. Das geht jedoch nur, wenn ich mich selbst als Person akzeptiere und das Verhalten des anderen – zum Beispiel eine Absage – *nicht als Angriff auf meine Person* sehe. In einer solchen Beziehung werden keine Forderungen an den anderen gestellt – was er tut, tut er freiwillig.

Für die meisten Menschen bedeutet eine Beziehung, daß sie einen Partner haben, der sie liebt und ihre Bedürfnisse erfüllt. Viele werden sich gegen den Vorwurf wehren, nur auf sie träfe das zu. Sie meinen, sie seien selbst doch immer so aufopferungsvoll und würden alles nur für den anderen tun.

Wenn man genau hinsieht, erwarten solche Menschen immer eine Gegenleistung dafür: »Wenn ich schon so viel für dich tue, kannst du doch wenigstens...« Sie fühlen sich in der Position des Unterdrückten – doch dazu gehört immer einer, der sich unterdrücken läßt. Wir haben auf so vieles verzichtet und Rücksicht genommen – aber hat der andere es wirklich von uns verlangt oder uns dazu gezwungen? Wie oft haben wir uns in einer bestimmten Art und Weise verhalten, nur um etwas Anerkennung oder Liebe zu bekommen oder um Auseinandersetzungen und Kritik zu vermeiden?

Ein ständiges »Zurückstecken« ist kein Erfolgsrezept für eine glückliche Beziehung. Harmonie ist nicht gleichzusetzen mit dem Totschweigen von Konflikten. Aber der Partner ist kein Hellseher. Er kann unsere Bedürfnisse nur erfüllen, wenn er sie kennt. Viele gehen dabei von der Vorstellung aus, daß derjenige, der uns wirklich liebt, auch genau weiß, was wir brauchen, und uns »jeden Wunsch von den Augen abliest«. Weiß er es nicht, so ist es scheinbar nur ein Beweis dafür, daß er uns nicht liebt.

Diese Vorstellung ist unrealistisch. Jeder Mensch ist verschieden. Für den einen sind Dinge sehr wichtig, die für seinen Partner völlig nebensächlich sind. Er legt Wert auf Pünktlichkeit und Zuverlässigkeit, sie legt besonderen Wert auf ein gepflegtes Äußeres und kommt daher oft zu spät. Je länger wir unseren Partner kennen, um so eher kennen wir auch seine Einstellungen und Wünsche, und oft handeln wir intuitiv richtig.

Wenn wir eine Partnerschaft eingehen, den neuen Partner kritisch betrachten und dann meinen: »Das wird sich mit der Zeit schon noch geben – wenn er sich hier und dort noch ändert, dann kann ich ihn lieben«, werden wir später zu der Einsicht kommen, daß die Veränderungen niemals ausreichen, um uns wirklich zufriedenzustellen. Wir wollen nicht mit unserem Partner, wie er ist, zusammensein, sondern mit einem Partner, wie wir ihn uns wünschen.

Nicht selten werden die verlorenen Partner einfach durch »gleichartige« Partner ersetzt, und es findet im Grunde genommen nur eine Wiederholung der vergangenen Beziehung statt. Viele Menschen geraten immer wieder an den gleichen Persönlichkeitstyp. Dagegen ist an sich nichts einzuwenden, da diese Menschen ja etwas verkörpern, was für den anderen anziehend und auch wichtig ist. Dabei sollte man jedoch darauf achten, sich nicht zu sehr an der Vergangenheit zu orientieren. Der neue Partner mag zwar dem ehemaligen Partner in vielen Dingen ähnlich sein, aber er ist ein anderer Mensch und nicht einfach ein Ersatz.

Ein neuer Partner bedeutet ein Sich-Einlassen auf einen völlig anderen Menschen – und man selbst ist für ihn auch ein anderer, völlig neuer Mensch.

Teil II
Verhaltensweisen gegenüber der Umwelt

Einleitung

Das tägliche Leben besteht zum großen Teil aus einer Aneinanderreihung von Banalitäten; so werden in diesem Teil des Buches auch Alltäglichkeiten geschildert.

Eine Trennung betrifft in der Regel alle Bereiche des täglichen Lebens, manchmal entstehen daraus sogar existentielle Probleme. Die starke Beeinflussung unseres Handelns durch unseren psychischen Zustand sollte uns stets bewußt sein. Eigentlich müßten diese Kapitel im Zusammenhang mit der jeweiligen Phase des psychischen Erlebens gelesen werden.

Die geschilderten Beispiele aus dem Erleben von Betroffenen machen uns manches bewußt, das wir selbst erlebt haben; wir können uns wiedererkennen. Darin mag eine persönliche Hilfe liegen; das Verstehen unserer Situation führt allerdings noch nicht zu einer Bewältigung unserer alltäglichen Probleme.

Dieser Teil soll für Betroffene und deren Freunde Anregungen und Hilfestellungen bieten.

Der veränderte Alltag

Die Decke fällt einem auf den Kopf

> Allein sein können ist das Schönste, allein
> sein müssen das Schwerste.
>
> *Anonymus*

Das Schlimmste sind die Wochenenden. Während der Woche geht es noch einigermaßen; die Arbeit hält einen vom Grübeln ab, danach trifft man sich mit Freunden, geht abends weg. Wenn man dann nach Hause kommt, macht man dort nur das Nötigste, telefoniert stundenlang oder grübelt in einer Ecke.

So geht die Woche herum, aber dann kommen Tage, die zu einer äußersten Belastungsprobe werden. Zwei volle Tage soll man die Wohnung ertragen, in der man mit dem Partner Tag und Nacht gelebt hat. Alles in der Wohnung erinnert uns noch an ihn. Die Möbel, die man zusammen gekauft hat und die man nach seinem Geschmack ausgesucht hat. Die Vase, die der andere »zur Erinnerung an einen gemeinsamen Urlaub« auf dem Schreibtisch plaziert hat. Die schöne Muschel, die man bei einer stundenlangen Wanderung am Meer gefunden und über die man sich riesig gefreut hat. Der große Spiegel im Bad, den man für sie gekauft hat, weil sie sich so gern zurechtmachte, und die gestreifte Bettwäsche, die sie so hübsch fand, die Lieblingsplatte von ihr.

Im Kühlschrank ist noch der Wein, den er so gern mochte, auf dem Nachtkästchen liegen noch seine Zigaretten, unter dem Sofa stehen noch seine Hausschuhe, und im Flur hängt ein Foto von beiden vom letzten Urlaub in Norwegen.

Aber es sind nicht nur die sichtbaren Dinge, die uns in jeder Minute, bei jedem Blick an den Partner erinnern. Die ganze Wohnung erinnert uns an den Partner, weil er nicht da ist. Die Wohnung ist leer und tot, wenn außer mir kein Mensch anwesend ist oder nicht wenigstens jemand erwartet wird. Darüber kann auch der akustische Klangteppich des Plattenspielers nicht hinwegtäuschen. Sonst war der andere da, mit dem man sich auf dem Weg vom Wohnzimmer zur Küche unterhielt, der schon früher aufstand und den Kaffee machte, der einen mit etwas Leckerem überraschte und der nachts aufstand, um einen heißen Tee gegen den Husten zu machen. Die Wohnung, Symbol für das äußere Beisammensein, ist plötzlich zu einem Feind geworden, in der einem die Leere bedrohlich vorkommt und das Gefühl des Alleinseins noch verstärkt.

Dies und die Erinnerung eines jeden Gegenstandes an den Partner wird schließlich so unerträglich, daß man die Wohnung meiden möchte, abends am liebsten aus ihr flüchtet, und trotz allem ist da die anhaltende Angst davor, doch unausweichlich wieder an diesen Ort der Konfrontation mit all den Erinnerungen zurückkehren zu müssen.

»Daß eine Trennung immer Probleme mit sich bringt, war mir klar, aber daß man über Monate hinweg glaubt, kein vollwertiger Mensch mehr zu sein, war mir neu.

Ich zweifelte an mir selbst, machte mir Vorwürfe, daß ich nicht fähig bin, eine Partnerschaft aufrechtzuerhalten. Ich hatte das Gefühl, alles – aber auch alles – in meinem Leben verpatzt zu haben, erinnerte mich dabei an alle Tiefschläge meines Lebens und war zum Schluß davon überzeugt, daß ich einfach unfähig war.

Und dann kam die Ohnmacht, das ›Durchhängen‹, das Nicht-mehr-fähig-Sein, etwas zu tun. Ich saß in meiner Wohnung und wußte nicht mehr, was ich mit mir und meinem Leben anfangen sollte. Hatte einfach Angst davor, irgend etwas zu tun, um nicht wieder etwas falsch zu machen. Die Decke kam immer näher..., und manchmal glaubte ich, sie erdrückt mich.«

Verhalten im Berufsleben

Was ich über das Leben gelernt habe,
kann ich in drei Wörtern zusammenfassen:
Es geht weiter.

Robert Frost

Manche Menschen stürzen sich in dieser Phase in die Arbeit. Arbeit ist für sie Ablenkung, Ausgleich, Nicht-daran-denken-Müssen. Es ist aber eine Scheinenergie, die nicht von der Substanz einer ausgeglichenen Persönlichkeit oder von einer positiven Motivation getragen wird, sondern ihr Anlaß ist die Flucht aus der Realität.

Bei den meisten Menschen hat die Trennung katastrophale Folgen auf die Arbeit. Es fehlt die Motivation, die ganze Arbeit erscheint einem sinnlos, man weiß nicht, warum oder für wen man überhaupt arbeitet. Der Beruf wird unwichtig, der Erfolg wird unwichtig, die Anerkennung wird einem unwichtig.

Man kommt unausgeschlafen und lustlos, man grübelt vor sich hin, führt Selbstgespräche und nimmt seine Umwelt gar nicht mehr wahr. Für Ideen und produktives Arbeiten fehlt die Energie, Termine und Besprechungen werden bedeutungslos (»es ist ja alles so sinnlos«), und die Tatsache, daß man sich damit an den Rand der Existenz bringt, interessiert einen noch nicht einmal. Schließlich werden die Arbeitskollegen aufmerksam, der Chef kritisiert die zurückgehende Leistung oder offenkundige Fehler; es kommt der Punkt, an dem alle die Geduld verlieren und offen Rechenschaft gefordert wird.

»Ich bin bei einer großen Firma. Nach der plötzlichen Trennung ging es mir unglaublich schlecht. Als ich jeden Tag übermüdet und bald auch abgemagert in die Firma kam, scherzten die Kollegen über meinen ›unsoliden Lebenswandel‹. Schlimmer aber war, daß ich zu nichts mehr fähig war. Ich vergaß vieles, habe Termine versäumt, qualitativ schlechte Arbeit geleistet.

Ich habe den halben Tag mit Freunden telefoniert, Kollegen nicht in mein Büro gelassen und mit meinem Zimmerkollegen statt über die Arbeit nur noch über meine Situation gesprochen. Die Beschwerden der Auftraggeber über die schlechte Arbeit waren mir völlig egal. Schließlich wollte ich sogar kündigen. Dabei habe ich etwas Eigenartiges erlebt: Ich wollte alles hinwerfen und nur noch sagen, warum. Ich bin also zu den Kolleginnen und Kollegen meiner Abteilung gegangen und auch zu meinem Chef und habe ihnen alles erzählt und mich dabei auch meiner Tränen nicht geschämt.

Das Überraschende und für mich Schöne dabei war, daß alle Kollegen und auch der Chef Verständnis für mich hatten, mir Ratschläge gaben, mich vor anderen in Schutz nahmen und in Zukunft manches Auge zudrückten.

Soviel Verständnis, besonders vom Chef, hätte ich nicht erwartet. Es hat mir sehr geholfen, ich fühlte mich in dieser Gemeinschaft geborgen; das hat mir alle menschlich näher gebracht. Heute bin ich diesen Menschen sehr dankbar, und ich würde auch vieles für sie tun.«

Sicher hat das Miteinanderreden eine wichtige, klärende und damit auch tragende Funktion gehabt, wenn es auch nicht bei allen so gut ausgeht.

»Aus meiner Erfahrung, die ich vor einigen Jahren bei der Trennung von meinem Partner machen mußte, würde ich in keinem Fall mehr über private Probleme im Kreis der Kollegen und Kolleginnen sprechen. Wie ich damals feststellen mußte, wurde aus dem angeblichen Mitgefühl sehr schnell Spott und dummes Gerede.

Später, bei einer ähnlichen Situation, habe ich mir demzufolge nichts anmerken lassen. Ich gebe zu, daß dies nicht einfach ist. Es bedarf einer enormen Kraft, seine Gefühlsregungen stets mit guter Laune zu überspielen. Auch das Arbeitspensum ist in dieser Zeit nur mit größter Konzentration zu bewältigen, ist man doch ständig versucht, sich von Tagträumen verleiten zu lassen.«

Oft kommt es auch vor, daß ein von der Trennung Betroffener kurz vor einer wichtigen Prüfung steht. Er kann sich dann nicht mehr auf das Lernen konzentrieren, schläft kaum, zur Prüfungsangst kommt der Psychostreß der Trennung hinzu, kurz, er könnte die Prüfung gar nicht durchstehen. Außerdem hat er keine Motivation mehr, die Prüfung überhaupt zu machen.

Hier genügt oft ein Antrag auf Verschiebung, ein ärztliches Attest über Prüfungsunfähigkeit, um vor langfristigen nachteiligen Auswirkungen zu bewahren. Freunde des Betroffenen tun gut daran, hier zu helfen, die notwendigen äußeren Angelegenheiten zu regeln.

Manche fühlen sich, wenn sie verlassen werden, so elend, daß sie einfach nicht mehr zur Arbeit gehen können. Auf das Verlangen des Arbeitgebers nach einer ärztlichen Bescheinigung reagieren sie nicht, weil ihnen alles egal ist. Sicher ist dieses Verhalten verständlich, aber der eine Gang zum Arzt bewahrt oft vor größerem Schaden und viel Ärger und schafft zunächst einmal einen zeitlichen Aufschub.

Nicht selten geschieht es, daß der Betroffene überhaupt nicht mehr an seinem Arbeitsplatz erscheint, ihm gekündigt wird und er durch sein provokatives Verhalten auch noch seinen Arbeitslosengeldanspruch verliert. Oder er geht ins Ausland, ohne sich um seine arbeitsrechtlichen Belange zu kümmern, verliert Renten- und Krankenversicherungsanspruch und wird finanziell vollkommen aus der Bahn geworfen.

Ein Problem anderer Art taucht auf, wenn beide ehemaligen Partner in derselben Firma tätig sind oder gar beruflich zusammengearbeitet haben. In der Regel sind beide nicht so stark, es seelisch durchzuhalten, daß man den anderen weiterhin jeden Tag sieht oder im Betrieb auf den anderen angesprochen wird. Wenn sich die beiden nicht ohnehin schon auseinandergelebt haben und eigene Wege gegangen sind, ist es meist besser, daß sich einer aus der Firma zurückzieht. Dieses kann keiner vom anderen verlangen, die Entscheidung kann nur freiwillig getroffen werden.

Im Fall beruflichen Zusammenarbeitens ist es naheliegend, daß der Verlassene dem anderen beruflich schaden will oder daß der Verlassende den anderen mit der Arbeit, bei der sich sonst niemand auskennt, sitzenläßt.

»An dem Tag, als sie mir mitteilte, daß sie mich verlassen wollte, hat sie sich vergewissert, daß ich ihr noch ihren Film fertig drehe. Natürlich habe ich das zugesagt, weil ich sie – trotz ihres rücksichtslosenVerhaltens mir gegenüber – nicht hängenlassen wollte. Ihr Dank war dann allerdings – sie ist Ärztin –, daß sie eine schon lange geplante kleine Operation mit mir nicht mehr machen wollte.«

So verständlich dieses Handeln aus dem Affekt heraus sein kann – es schadet letztendlich beiden und belastet alle anderen Gespräche, Verhaltensweisen und das spätere Verhältnis zueinander.

Vernachlässigung der eigenen Person

> Die Kleidung des Menschen spiegelt sein Inneres.
>
> *Persische Weisheit*

Unser Ordnungs- und Hygienesinn ist sehr vom übrigen Wohlbefinden abhängig: Könnte uns normalerweise ein Papierschnipsel auf dem Boden ärgern oder schmutzige Wäsche ein Gefühl des Unbehagens auslösen – jetzt ist uns alles egal.

Da wird die Wohnung nicht einmal vom Nötigsten gesäubert, die Lebensmittel verderben im Kühlschrank, das benutzte Geschirr stapelt sich, die verwelkten Blumen stehen noch auf dem Tisch, der Abfalleimer quillt über: alles Zeichen des Desinteresses an einer äußeren Ordnung, die nur Sinn zu haben schien, wenn sie *für einen anderen* war.

Falls Freunde zu Besuch kommen, räumt man nur das Gröbste weg und entschuldigt sich damit, daß man dafür keine Zeit hat.

Gut ist, wenn Freunde in dieser Situation helfen. Sie sind Bezugspersonen und Sinngeber einer Ordnung, an deren Bedeutung für uns selbst wir auch unseren Zustand ablesen können.

Wenn sie zu uns kommen und sagen: »Ich räume mal ein

bißchen auf, hilfst Du mir etwas dabei«, dann helfen wir ihnen, aber eigentlich letztendlich uns selbst. Wenn man nicht auf diese Weise motiviert wird, sich um äußere Dinge zu kümmern, kann das für manchen die Vorstufe der äußeren Verwahrlosung sein. Selbst Nachbarn merken, »daß er vernachlässigt aussieht, seit ihn seine Frau verlassen hat«. Der Verlust des Ordnungssinnes erstreckt sich auch auf die eigene Person. Männer rasieren sich nicht mehr, Frauen lassen ihre Haare ungepflegt, man geht nicht mehr zum Einkaufen und ißt nicht mehr regelmäßig, die Kleidung wird unordentlich, kurz: Der ganze desolate Zustand wird auch äußerlich sichtbar.

»Unser Nachbar wurde von seiner Frau verlassen, und man konnte seinen Verfall direkt verfolgen. Er war unrasiert, abgemagert und richtig schmuddelig. Er grüßte kaum noch, war furchtbar mürrisch und sah auch manchmal verheult aus. Einerseits tat er uns leid, aber andererseits machte er sich mit solchem Verhalten bei uns unbeliebt, denn schließlich waren wir ja nicht schuld an seinem Schicksal. Wenn er mal mit uns geredet hätte, hätten wir ihm sicher auch irgendwie geholfen, mit dem Einkauf, Kochen oder seinem Haushalt. Aber er ist förmlich in sich hineingekrochen.«

Das Bezeichnendste daran ist, daß man selbst diesen Zustand für »normal« hält, weil sich das ganze Denken – und damit auch das Handeln – nur an der Vergangenheit mit dem Partner orientiert.

Auch Dinge, an denen man sonst viel Freude hatte, werden nicht mehr getan. Weder der allabendliche Spaziergang oder der regelmäßige Saunabesuch, weder das Fußballspiel noch die Wochenendausflüge sind jetzt noch interessant. Gerade aber solche Dinge, die schon normalerweise vom Alltag ablenken, wären nun erst recht nötig. Doch einerseits fehlt die Energie dazu, andererseits hat man diese Dinge ja immer mit dem Partner gemacht und würde jetzt bei jedem Schritt des gleichen Wegs oder an jedem vertrauten Ort an ihn erinnert werden.

So sitzt man zu Hause, und gerade, weil man die Möglichkeit nicht nutzt, verstärkt sich an diesem Punkt wieder das Gefühl des Alleinseins, der Sinnlosigkeit allen Tuns, auch hinsichtlich der Wohnung und der eigenen Person.

Wenn man aber merkt, daß man von allein wieder mal die Wohnung aufräumt, sich etwa Schönes anzieht, ist dies schon ein äußeres Zeichen dafür, daß man aus dem tiefsten Tief langsam herauskommt.

Die finanzielle Situation

> Einigkeit spart Geld und Nerven.
>
> *Anonymus*

Eine Trennung hat häufig für die beiden Partner auch finanzielle Folgen, die zwar in ihrer Art sehr verschieden sein können, in den meisten Fällen aber eine Menge Zündstoff liefern. Da ist der eine, der von dem gemeinsamen Bankkonto noch schnell das ganze Geld abhebt, der andere, der noch eine größere Anschaffung bezahlt hat und nun das Geld zurückhaben möchte.

Der Zurückgebliebene muß nun oft die Miete allein tragen und weiß nicht, wovon; der Weggehende, der das gemeinsam bezahlte Auto zurückläßt, will dafür vielleicht eine Entschädigung haben. Da sind die gemeinsamen Anschaffungen, auf die beide Anspruch zu haben glauben und deren Besitzverhältnisse man nicht klären kann. Manchem ist in dieser Situation alles egal, er gibt bedingungslos her, was der andere verlangt.

Häufig jedoch führen die finanziellen Aspekte zu lautstarken Auseinandersetzungen oder gar rechtlichen Konsequenzen. Gerade die finanzielle Abhängigkeit des anderen wird oft als Druckmittel zur Durchsetzung eigener Absichten eingesetzt, notfalls auch mittels der Kinder.

Eine Rechtsanwältin, die oft bei Trennungsfällen tätig ist, schildert ihre Erfahrungen:

Bei der Vorbereitung der Trennung muß der Trennungswillige natürlich seine finanziellen Möglichkeiten ausloten. Meist ohne den Partner zu informieren, wird eine Wohnung gesucht, der

Umzug vorbereitet. Sehr häufig erscheint dann der Verlassene in der Kanzlei und berichtet tief erschüttert: »Ich komme heim, die Wohnung ist leer; die Kinder sind weg, die Frau ist nicht mehr da. Zwei Tage später bekomme ich den Kontoauszug, das Konto ist mit 2000 DM im Minus. Meine Frau hat alles abgehoben und den Dispokredit ausgenützt. Unser gemeinsames Sparbuch ist nicht mehr auffindbar.«

Hinter solchen Verhaltensweisen des Verlassenden stehen entweder viel Wut und Rachegefühle oder ein völliges Unverständnis für die Lage des Partners. Diese Situation ist für den Verlassenen zwar juristisch korrigierbar in Form von Rückforderungsansprüchen; dies hat in der Praxis aber wenig Aussicht auf Erfolg.

Korrektes Verhalten des Trennungswilligen bedeutet, daß er den Partner informiert und auf die veränderte Lage vorbereitet. Korrektes Verhalten des Verlassenen muß aber auch bedeuten, daß er seinem Partner zugesteht, bestimmte Geldmittel aus dem gemeinsamen Etat abzuziehen. Andere, unkorrekte Verhaltensweisen kosten beide Partner viel Geld, das für Anwälte und Gerichte aufgewandt werden muß.

Die Wut, Ohnmacht und Abhängigkeit, die sich aus der finanziellen Lage ergeben, verstärken oft die in diesem Moment ohnehin schon sehr gespannte Atmosphäre zwischen beiden Partnern. Wenn der Verlassende unter Druck gesetzt wird, bestätigt sich damit für ihn nur die Richtigkeit seiner Entscheidung, diesen »egoistischen und rücksichtslosen Menschen« zu verlassen. Wenn der Verlassene finanziell vom anderen abhängig ist, wird bei ihm die Enttäuschung, die Bitternis, das Gefühl der Ohnmacht gegenüber dem Partner noch größer. Wenn man diese Verhaltensweisen Freunden gegenüber erwähnt, erweckt man durch die sicher einseitig gefärbte Darstellungsweise Mitleid. Dieses aber verstärkt bei dem Betroffenen nur das Bewußtsein, daß sich der andere nun außer der Bösartigkeit des Verlassens auch noch das – zum negativen Charakterbild passende – Verhalten der finanziellen Ausbeutung zuschulden kommen läßt.

Natürlich gibt es auch Menschen, die so froh sind, aus einer für sie unerträglichen Partnerschaft herauszukommen, daß sie für die Freiheit alle materiellen Ansprüche aufgeben. »Als mir bewußt war, daß meine Ehe ein totaler Fehler war, nachdem mein Mann sein ›wahres Ich‹ zeigte, wollte ich nur noch eines: weg. Obwohl wir erst sechs Wochen verheiratet waren, konnte ich innerhalb von vier Wochen eine Scheidung erreichen, da die Tatsache der ›Unzumutbarkeit‹ vorlag.

Schon in Gesprächen mit meinem Anwalt machte ich deutlich, auf sämtliche Ansprüche gegenüber meinem Mann zu verzichten, da ich so schnell wie möglich nichts mehr mit ihm zu tun haben wollte. Mein Anwalt versuchte mich davon zu überzeugen, daß ich Ansprüche geltend machen sollte, die sicherlich nicht gering gewesen wären, da mein Mann ein gutgehendes Restaurant besitzt, doch ich beharrte darauf, auf alles zu verzichten. Diesen ›Stolz‹ habe ich noch heute zu büßen, denn es entstanden immense Kosten: für die Scheidung, für die neue Wohnung und neue Möbel, ich mußte einen Kredit aufnehmen, den ich noch jahrelang abzuzahlen habe, weshalb ich mir nichts gönnen kann. Mich erwartet auch noch in den nächsten Jahren nur das eine: arbeiten, arbeiten, arbeiten, jeden Pfennig dreimal umdrehen und Angst davor haben, daß mir die Bank den Kredit kündigt.

Das hätte ich einfacher und billiger haben können, doch trotz allem sage ich mir heute: Du bist niemandem etwas schuldig geblieben und mußt nicht danke sagen. Das ist in finanzieller Hinsicht zwar absolut dumm von mir gewesen, doch ich glaube trotzdem, daß es für mich selbst so richtig war.«

Für viele, die nun allein leben müssen, steht die materielle Zukunftssicherung im Vordergrund. Sie müssen sich jetzt um viele Probleme kümmern, bei deren Bewältigung sie oft die Hilfe von Freunden benötigen. Da muß aus Kostengründen zunächst ein möglichst billiges Appartement gefunden werden – viele der Appartementhäuser in den Großstädten beherbergen Menschen, die sich in solchen Situationen befinden. Man muß sich vielleicht einen anderen Beruf oder eine Aushilfstätigkeit suchen, um überhaupt finanziell »über die Runden« zu kommen, und im Extremfall von Freunden Geld leihen oder beim Sozialamt um Hilfe nachsuchen.

In jedem Fall bringen die finanziellen Probleme immer mit sich, daß man ständig daran erinnert wird, wer an der Misere schuld ist: der Verlassende und sein Verhalten.

Die Verhaltensweisen

Rückholversuche

> Es liegt eben in der menschlichen Natur,
> vernünftig zu denken und unlogisch zu
> handeln.
>
> *Anatole France*

Irgendwann wird einem klar, daß das wichtigste Ziel die Wiederherstellung des alten Zustands ist, daß der Partner zumindest zurückkehrt.

In der Regel hofft man ja, daß der andere sich nach einigen Tagen oder Wochen wieder auf seine »bessere« Hälfte besinnt und freiwillig, reumütig oder mit dem Bekenntnis der eigenen Dummheit zurückkehrt. Dafür hat man sich auch schon einen entsprechenden Empfang überlegt: etwas hochmütig (»Ich hab's ja gewußt, daß du deine Dummheit einsiehst.«) oder etwas gönnerhaft (»Na ja, ich hab' ja auch meine Fehler gemacht.«).

Das Dumme ist nur, daß der andere sich nicht an diese unsere Vorstellung hält und deshalb unsere Erwartungshaltung langsam in Panik umschlägt. Also versucht man es selbst, zunächst mit Hilfe des Telefons. Der andere wird nicht wollen, aber man macht ihm klar, wie wichtig und nötig das für einen und auch für ihn ist.

Der eine wird versuchen, dem Partner dessen Schuld bewußt zu machen, um damit seine eigene Schuld zu verkleinern und dem anderen durch dessen »Mitverschulden« die Berechtigung zur Trennung zu nehmen. Der andere wird dem Partner gut zureden, die eigene Schuld und seine Fehler eingestehen und Besserung geloben, wenn der Partner zurückkommt. Er würde auch nie wieder Grund haben, diese oder jene Eigenschaften kritisieren zu müssen, weil man sich ja ändern wird.

Beim Anrufer kommt in solchen Gesprächen wieder Hoffnung auf, nicht zuletzt deshalb, weil der andere, der die Trennung innerlich und äußerlich schon vorher vollzogen hat, aus dieser Position heraus etwas toleranter ist. Selten jedoch ist das Ergebnis eines solchen Gespräches die Rückkehr des Partners. Oft versucht man, den anderen unter einem sachlichen Vorwand wieder in die Wohnung zu locken. Da ist die Rede von Post für den anderen, von Gegenständen von ihm, die man noch gefunden hat, oder von der Unfähigkeit, mit der Waschmaschine oder dem Videogerät zurechtzukommen. Hintergedanke ist dabei, in der vertrauten Umgebung doch noch Erfolg zu haben, aber unbewußt keimt auch die Hoffnung, daß die momentane sichtbare Anwesenheit ein Zeichen für die Rückkehrbereitschaft des Partners ist.

Nicht selten jedoch weigert sich der Angesprochene, sich in seiner jetzigen oder der vorher gemeinsamen Wohnung mit dem anderen zu treffen. Man vereinbart ein Café oder ein Restaurant als neutralen Ort. Derjenige, der den Partner verlassen hat, geht dabei auch kein Risiko ein, da er jederzeit »flüchten« oder aufgrund des äußeren Rahmens erwarten kann, daß der andere nicht verbal ausfallend oder gar handgreiflich wird.

Wenn alle diese Versuche nicht zum Ziel führen, versucht man schließlich noch, Verwandte oder gemeinsame Freunde mit einzubeziehen. Man schildert ihnen das eigene Schicksal und die Hilflosigkeit so eindrucksvoll, daß sie schließlich Mitleid bekommen und selbst versuchen, mit dem anderen zu reden.

Sie haben als Neutrale, aber auch als solche, die es sich leisten können, auf den anderen – auch aus ihrer eigenen Beobachtung des Verhältnisses heraus – etwas nachhaltiger Einfluß zu nehmen, mehr Möglichkeiten als der Betroffene selbst. Hat man dann einen Verwandten oder Freund gefunden, der bereit ist, mit dem anderen zu reden, knüpfen sich daran neue Hoffnungen. Man kann es kaum erwarten, bis dieser sich wieder meldet und von dem Gespräch berichtet. Hat er auch nichts erreicht, sind für den Verlassenen erst einmal alle friedlichen Versöhnungsversuche erschöpft.

Frauen versuchen es häufig noch mit einer List. Sie machen sich besonders hübsch und begehrenswert und tauchen in Sichtnähe des Mannes auf – zum Beispiel in seinem Stammlokal –, vermeiden aber jede direkte Kontaktaufnahme. Man führt ihm vor, wie begehrenswert man ist, wie sich andere um einen reißen.

»Ich habe mich ganz schick angezogen, war beim Friseur und habe mich so geschminkt, wie er es immer gern hatte. Dann habe ich Männer angerufen, die mich verehren. Mit denen bin ich dann da hingegangen, wo er immer verkehrt. Dort habe ich mit mehreren Verehrern heftig herumgeflirtet, so daß denen Hören und Sehen verging – meinem ›Ex-Partner‹ auch. Das habe ich öfter gemacht, und mein ehemaliger Partner hat mehr als dumm geschaut. Wenn er mich ansprach, habe ich ihn abblitzen lassen und noch heftiger mit meinem Begleiter geflirtet. Genützt hat es letztendlich aber doch nichts. Irgendwie haben mir auch die anderen Männer leid getan. Manchmal kam ich mir ganz schäbig vor, denn ich habe sie nur benutzt, um meinen Partner zurückzugewinnen.«

Diese Methode nützt nur manchmal; aber selbst, wenn sie funktioniert, muß das kein Zeichen für das Erreichen des eigentlichen Zieles sein. Meist werden diese Methoden versagen, und je mehr Hoffnung man daran knüpft, um so größer wird die Enttäuschung sein.

So greift man schließlich zum allerletzten Mittel, um den anderen doch noch zur Umkehr zu bewegen. »Ich habe ihn hergebeten, weil ich etwas Wichtiges mit ihm zu bereden hatte. Er will die Scheidung, warum, verstehe ich nicht. Er gibt mir ›Erklärungen‹, die ich nicht verstehe. Nein, Erklärungen sind das nicht, sondern Vorwürfe. Ich will sachlich mit ihm reden. Nur nicht hysterisch werden, das mögen die Männer nicht. Er sitzt mir nervös gegenüber, es ist ihm unangenehm. Alle Fragen (sachliche natürlich, denn lautstarke Streitereien gehören sich nicht) weiß er zu umgehen.

Ich kann mit *ihr* nicht konkurrieren, sie ist schöner, besser im Bett, einfach alles an ihr ist optimal. ›Wenn sie so toll ist, kann sie doch einen anderen haben, ich aber bin hilflos ohne dich, ich brauche dich, bitte verlaß mich nicht.‹ Hilflos werfe ich mich ihm zu Füßen, ich klammere mich an ihn, ich küsse seine Füße. Er schubst mich weg…«

Auch das gegenteilige Verhalten wird angewandt, um den Partner zurückzugewinnen. Man entzieht sich, ist nicht mehr erreichbar und meldet sich nicht mehr. Dahinter steht die Hoffnung, daß der andere von sich aus den Kontakt wieder aufnimmt, da er wissen möchte, was man tut und wie es einem geht.

Man verunsichert den Verlassenden damit, daß man nicht dem üblichen Verhalten eines Verlassenen entspricht, der normalerweise versucht, mit allen Mitteln in Kontakt mit seinem Partner zu bleiben. Dieses Vorgehen funktioniert auch häufig: Man wird wieder interessant für den anderen, und er überlegt sich, ob seine Entscheidung richtig war. Die Erfolge sind aber meist nur kurzfristig, denn dem Entschluß zu einer Trennung gehen vielfältige Ursachen und Überlegungen voraus.

Belagern des Partners

Wohl dem Menschen, wenn er gelernt hat zu ertragen, was er nicht ändern kann, und preiszugeben mit Würde, was er nicht retten kann.

Friedrich Schiller

Nachdem der Partner nicht oder nicht mehr zu einem Gespräch oder Treffen bereit ist, bleibt nur noch die Möglichkeit, den anderen mit der eigenen Anwesenheit zu konfrontieren. Dies kann dadurch geschehen, daß man sich per Telefon gegenwärtig macht. Unter den nichtigsten Vorwänden (»Hast du noch einen Kellerschlüssel?«) versucht man, mit dem anderen wenigstens in Kontakt zu kommen, um dann vielleicht auch über andere Dinge reden zu können. Geht der andere nicht darauf ein, oder legt er sogar den Telefonhörer immer gleich auf, wenn er den Anrufenden erkennt, versuchen es einige sogar mit Telefon-Terror.

Da wird zu den unmöglichsten Zeiten, besonders gern spätabends, angerufen und möglicherweise sofort wieder aufgelegt.

Obwohl man sich nicht zu erkennen gibt, hofft man doch, daß der Partner ahnt, wer angerufen hat, und vielleicht zurückruft, um sich über die Belästigung zu beschweren. Ruft er dann tatsächlich an, so bestreitet man natürlich, es bei ihm versucht zu haben.

Wenn man weiß, daß der andere einen neuen Partner hat, ruft man dort, bevorzugt nachts, an. Oft wird damit der neue Partner in die Trennungsproblematik mit einbezogen. Nicht selten passiert es dann, daß es diesem zuviel wird und er sich eine neue Telefonnummer geben läßt.

Sind die Möglichkeiten per Telefon erschöpft, so versucht man es persönlich. Man sieht nach, ob beim anderen noch Licht brennt und er demzufolge zu Hause ist. Man holt die Post aus seinem Briefkasten, um daraus Schlüsse über sein jetziges Leben zu ziehen. Man wartet stundenlang im Auto vor der Haustür, um zu sehen, wann oder gar mit wem der andere nach Hause kommt. Gelegentlich macht man sich dabei auch bemerkbar. Der andere fühlt sich verfolgt und ergreift die Flucht, verschwindet manchmal sogar für eine Zeit zu Freunden.

Oft genügt dem Verlassenen die Feststellung, daß der andere ein ganz »normales« Leben führt und er keinen Grund zur Eifersucht hat.

So versucht man auch, über Freunde und Verwandte etwas aus dem jetzigen Leben des Partners zu erfahren. Wo er hingeht, ob er bei einem Fest ist, wohin oder mit wem er in Urlaub fährt, was er am Wochenende gemacht hat, ob er seinen Kursus noch besucht – und was man sonst noch gerne wissen möchte, um sich ein »Bild« zu machen und sich das Leben des Partners vorstellen zu können.

Häufig taucht man auch an den gewohnten Plätzen des anderen – wie in bestimmten Lokalen oder Cafés, bei Vereinen oder seinen Freunden – auf, um nach ihm zu fragen oder ihn zur Rede zu stellen. Dabei versucht man meist, das so zu arrangieren, daß die Begegnung zufällig aussieht, auch wenn man eine halbe Stunde dort auf ihn gewartet hat.

Da man die berechtigte Hoffnung hat, daß der andere in der

Öffentlichkeit einen Skandal vermeiden möchte – den man häufig androht –, kann man davon ausgehen, ihn an diesen Orten »stellen« zu können. Bei solchen »Gesprächen« werden ihm aus einem vermeintlichen Recht heraus Vorhaltungen gemacht, was er hier und dort getan oder gesagt hat. Doch letztendlich erfolgt dadurch keine Annäherung. Es ist der letzte verzweifelte Versuch des Verlassenen – und die meist deutliche Abfuhr durch den Verlassenden, der nicht mehr weiß, wie er den Nachstellungen des ehemaligen Partners entgehen soll.

Schließlich weiß der Verlassene kein Mittel mehr, seinen ehemaligen Partner zurückzuholen. Die Wirkungslosigkeit seiner letzten Versuche hat ihm gezeigt, daß er keine Chance mehr hat, ihn zurückzugewinnen. Die empfundene Ohnmacht macht ihn aggressiv; nachdem er alles »im Guten« versucht hat, ist er wütend auf den anderen, der ihn nicht mehr braucht, dem es besser geht, der sich über ihn lustig macht und dem der Zustand seines ehemaligen Partners völlig egal ist. Er sinnt auf Rache.

Racheakte

Nichts ist so häßlich wie die Rache.

Mozart
Entführung aus dem Serail

Selten sind normale Menschen so »kreativ« und phantasievoll wie beim Erfinden von Racheakten nach einer Trennung. Die ganze Ohnmacht der eigenen Handlungsmöglichkeit, den Partner zurückzugewinnen, schlägt in Haß um. Frauen können – am liebsten mit einer Freundin – Taten aushecken, zu denen sie sich unter normalen Umständen nie hinreißen lassen würden.

Das fängt manchmal ganz harmlos an. Da gibt man die Post für den anderen nicht weiter oder öffnet sie und wirft sie weg. Sachen des anderen werden in einer Kiste in den Keller gestellt, egal, ob sie verstauben oder wegkommen, und manche Dinge wirft man einfach weg oder verkauft und verschenkt sie. Als erstes kommt ein neues Schloß an die Tür, das gemeinsame Konto wird gesperrt, das Auto versteckt.

Dann geht man zum Angriff über. Soll man die Autoreifen des anderen zerstechen oder die Fensterscheiben einwerfen oder jemanden anheuern, der ihn mal ordentlich verprügelt? Auch anonyme Briefe, Drohungen und das Verbreiten von Gerüchten sind beliebte Mittel. Natürlich werden auch Freunde und Verwandte eingeschaltet. Da vermittelt man ein besonders schlechtes Bild von dem anderen, damit er sich dort nicht mehr sehen lassen kann. Auch die Arbeitsstelle wird nicht ausgenommen. Nicht selten gehen enttäuschte Partner – überwiegend Frauen – zum Vorgesetzten ihres ehemaligen Partners und »packen aus«. Ähnliches gilt gegenüber Behörden oder dem Finanzamt. Man nutzt jede Gelegenheit, um dem anderen zu schaden.

Im Laufe einer Partnerschaft hat sich viel Information und Wissen über den anderen angesammelt, das sich nun gut verwenden läßt, den Partner an Dritte auszuspielen, und das als Druckmittel wirksam ist. »Wenn du nicht zurückkommst, zeige ich dich beim Finanzamt an.« Viele Strafverfahren werden nach der Trennung von einem Partner aus Rache in Gang gesetzt.

Rechtsanwälte kenne viele Fälle dieser Art. Der Wunsch, dem Partner weh zu tun, treibt böse Blüten: Weil der Partner sich nicht in gewünschter Weise finanziell erkenntlich zeigte, wurde auf Betreiben der Partnerin das Arbeitsamt über seine Schwarzarbeit informiert. Die Folge war, daß der Mann sein Arbeitslosengeld teilweise zurückzahlen mußte. Oder: Weil der Mann das Haus und die Ehe verlassen wollte, zeigte die Frau ihn bei der Staatsanwaltschaft wegen Mordversuchs (Giftmord) an. Die Ermittlungen ergaben, daß es sich bei dem angeblichen Gift im Kaffee um den Rest einer Schmerztablette handelte, die sie selbst genommen hatte.

Es ist erstaunlich, wieviel Energie für solche Racheakte aufgebracht wird, immer nach dem Motto: Der andere hat mein Leben zerstört, also kann ich auch seines zerstören. Das ist mir alles egal. Diese Haltung ist aus der Situation heraus verständlich, aber sie macht deutlich, daß der Handelnde aus seinem subjektiven Rechtsbewußtsein heraus überhaupt nicht mehr in der Lage ist – oder es teilweise bewußt unterläßt –, zwischen Recht und Unrecht zu unterscheiden.

Dazu ein Rechtsanwalt: Die Partnerin eines selbständigen Handwerkers setzte sich nach der Trennung mit der Kundschaft in Verbindung und machte ihn sowohl in persönlicher Hinsicht – er zahlt keinen Unterhalt – als auch in seiner fachlichen Kompetenz – verschlampter Betrieb, unzuverlässige Auftragsausführung – so schlecht, daß sich seine Auftragslage erheblich verschlechterte und sein Einkommen auf fünfzehn Prozent der Vorjahre sank.

Oft wartet man nur darauf, daß der andere einen Fehler macht, sich provozieren läßt, um dann bei einer offensichtlich unrechtmäßigen Reaktion den Rechtsanwalt einschalten zu können, um damit den anderen an die Wand zu spielen beziehungsweise auszuschalten.

Das Kapitel der Rache ist das unerfreulichste bei einer Trennung. Da verbaut man dem anderen Menschen vielleicht die Zukunft – und oft auch noch die eigene.

Viele würden später gern ungeschehen machen, was sie in dieser Phase gesagt oder getan haben. So sollte alles, was man tut oder tun will, bedacht werden unter dem Aspekt, ob einem dieses Handeln später einmal leid tun könnte – auch wenn es im Moment sehr schwer fällt, auf die Umsetzung der eigenen Rachegelüste zu verzichten.

Racheakte können auch in sehr subtilen Formen erfolgen und setzen nicht unbedingt Handlungen voraus. Mit bestimmten Sätzen und Aussagen kann man den anderen verletzen und treffen. »Eigentlich habe ich dir ja noch nie so richtig vertraut.« – »Du warst mir von Anfang an zu langweilig.« – »Ich wollte schon immer einen Mann, der gut aussieht, da warst du ja sowieso nicht der Richtige.« Solche Äußerungen können den Partner tiefer treffen als andere Rachehandlungen, da sie direkt auf die Person, ihr Verhalten und ihr Erleben zielen.

Freunde solcher Rachedurstigen sollten sich nicht dafür hergeben, dabei mitzuwirken. Abgesehen von der Konsequenz der rechtlichen Folgen haben sie die Aufgabe, dem Betroffenen das Unsinnige seines Handelns vor Augen zu halten, ihm abzuraten, ihn zu beruhigen, ihn abzulenken.

Wenn dieser dann wieder bei klarem Verstand ist, wird er den Freunden dafür sehr dankbar sein müssen.

Schreiben: Tagebuch oder Briefe

> Der Schreiber setzt seine Seele ins Tinten-
> faß.
>
> *Sprichwort*

Es gibt Briefe und Tagebücher, die in der Literatur einen hohen Stellenwert haben. Nicht unbedingt wegen ihres literarischen Niveaus, sondern vielmehr, weil der Inhalt Menschen in einer Situation oder Phase der Lebensbewältigung zeigt, die uns als Leser beeindruckt, bewegt, fasziniert. Eigenartigerweise zeigen sich die Größe eines Menschen, die Tiefe seiner Empfindungen, das Spektrum seiner Gefühle häufig erst in der Situation der Krise, der Bedrohung, der Herausforderung. In der Situation der Trennung entdecken wir uns selbst dabei, wie wir – neben dem vordergründigen Schmerz – Gespräche führen, die sehr viel Substanz haben.

Unsere tiefe Erschütterung befähigt uns dazu, jetzt Gedanken und Worte hervorzubringen, die weit über das Alltägliche hinausgehen. Für viele, die von einer Trennung betroffen sind, kann es eine innerliche und äußerliche Hilfe sein, die Gedanken, die in jedem Moment der Trennung aufkommen, niederzuschreiben.

Das Schreiben befreit uns und zwingt uns in gewisser Weise, unsere Gedanken zu ordnen. Da wir uns ja ohnehin mit nichts anderem beschäftigen, kann jeder Gedanke auf einem Zettel, einer Serviette oder in einem Notizbüchlein auch sofort festgehalten werden. Man kann etwas ausdrücken, das sonst nur im Kopf bleibt und nicht mit anderen Menschen besprochen werden kann. Das Aufschreiben entlastet, und die Gedanken gehen nun nicht mehr im Kopf herum, sie sind optisch reproduzierbar, überprüfbar. Bei manchen mögen sich auf diese Weise viele Blätter sammeln; für viele ist das später ein wichtiger Einblick in ihre damalige Situation, auch eventuell für Freunde, denen man das Aufgeschriebene zeigen kann.

»Eigentlich schon komisch, daß man Zweierbeziehungen als so unzerreißbar ansieht. Mir fallen gerade Deine Sätze über die vier Jahre Zusammenleben ein. Sicherlich, wir gaben uns gegenseitig Vertrauen, einen festen Halt etc., aber frustrierend daran ist doch, daß keiner von uns fähig war, sich selbst Vertrauen und einen festen Halt zu geben. Da brauchten wir erst den Partner, ohne ihn waren wir nichts, absolut nichts. Jegliche spontane Handlungen waren abgestumpft, wurden ersetzt durch Sicherheitsdenken und Klischeevorstellungen. Der große Knall kam von Dir, vielleicht wäre er ein halbes Jahr später von mir gekommen, ich weiß es nicht. Eigentlich habe ich erst sieben Monate nach unserer Trennung begonnen, mir klare Vorstellungen von meiner Zukunft als Mensch, der auch allein zurechtkommt, zu machen.

Aber ich merke auch, daß es Dir noch immer sehr schwer fällt, meine neue Persönlichkeit zu akzeptieren, Du drängst mich immer in meine alte Rolle zurück und erkennst nicht, daß ich mich verändert habe. Über eines müssen wir uns doch klar sein: Unser altes Verhältnis ist kaputt, die Vorwürfe können wir uns sparen. Was ich will, ist ein Vertrauen ohne das Gefühl, ausgenutzt zu werden. Am Schluß will ich Dir noch einen Satz schreiben: Jemanden, den Du geliebt hast, darfst Du nicht verdrängen, behalte ihn, auch wenn es nur Erinnerungen an ihn sind, im Kopf.«

Manche Verlassene raffen sich dann auch auf, Briefe an den Verlassenden zu schreiben. Man versucht, die Beziehung aus der eigenen Sicht zu schildern, man gibt Fehler zu, man gibt dem anderen recht, man macht Vorschläge für ein anderes, besseres Zusammenleben, man drückt Gefühle aus und sagt manches, was man sonst mit Worten nicht auszudrücken wagte.

»Mein erster Brief für Dich.

Schon wieder habe ich es geschafft, mich selbst kaputtzumachen, ich zerfloß jetzt eine Stunde lang vor Selbstmitleid.

Was kettet mich eigentlich so an Dich? Ist es vielleicht doch nur die Gewohnheit?

Irgendwie sehe ich keinen Sinn mehr in meinem Selbstzerstörungstrieb.

Unser Verhalten einander gegenüber macht mir Sorgen. Ich bemühe mich zwar, Dir noch zu beweisen, wie gern ich Dich habe, aber ich fühle mich dabei so leer, so unverstanden.

Ich möchte endlich klare Verhältnisse schaffen, aber allein bin ich dazu noch absolut nicht in der Lage.

Manchmal denke ich darüber nach, ob Du im Moment überhaupt fähig bist, Deine eigenen Gefühle zu bemerken.

Mir fällt es sehr schwer, zu meiner Persönlichkeit, wie sie vor unserer Beziehung war, zurückzufinden. Du hast mich in Deinen Bann gezogen, und ich habe mich ziemlich verändert – angepaßt? Jetzt muß ich erst wieder lernen, wer ich eigentlich bin.

Es ist schade, daß Du uns nicht die geringste Chance gegeben hast, neu zu beginnen – langsam geht's bergab.

Ich glaube, ich bin auf dem Weg zu einer Lösung. Wenn ich Dich nicht mehr lieben kann, dann muß ich Dich hassen. Die Alternative schlechthin! Sicherlich nicht passend zu Deinen Andeutungen von Freundschaft im Sinne einer ›Kameradschaft‹. Aber entweder ganz oder gar nicht. Du hättest es mir ja auch wirklich leichter machen können. Du verdienst nichts anderes.

Ich genieße dieses neue Gefühl, hassen zu können. Ich hoffe, daß auch Du jetzt freier leben kannst als bisher – ich meine, mit der totalen Auflösung unserer Beziehung.

Ich glaube, ich habe so eine Art Schock, bei mir dreht sich alles, ich habe furchtbare Kopfschmerzen. Wieso hast Du keine Ahnung, was Du angerichtet hast? Du bringst mich um den Schlaf, hört denn Dein Herumtrampeln auf mir nie auf? Es gehört schon Mut dazu, mich und meine Gefühle so zu zerstören. Ich bin ein Mensch, ein Mensch, der fühlen und lieben kann, der seine persönliche Freiheit braucht, aber was nützt diese Freiheit, wenn man nichts tun kann und wie ein Affe hinter Gittern nur zum Zuschauen verdammt ist. Warum denn dann noch diese Schläge? Wehe, wenn der Affe wieder frei ist – seine Schläge werden Dich irgendwann treffen!

Zuerst möchte ich mich bei Dir für diese Zeilen entschuldigen, sie sind recht gefühlsbetont, es werden meine letzten Zeilen an Dich sein.

Als wir uns das letzte Mal getroffen haben, hast Du mich mit Deinem Verhalten wieder neu verletzt, Du hast auf mir herumgetreten, wahrscheinlich ohne daß Du es gemerkt hast.

Wann gehst Du endlich auf mich zu – wie auf einen Menschen, nicht wie auf einen Stein?

Ich bin o. k. und steh ganz oben auf dem Berg, lächelnd.«

Solche Briefe haben oft viel Gewicht, aber wenig Wirkung. Manche schreiben voll Wut und Haß alle Vorwürfe auf, die sie dem anderen nicht persönlich machen können. In einen solchen Brief sollte man ruhig seine ganze Wut packen, alles Häßliche schreiben, keine Rücksicht nehmen – nur den Brief auf keinen Fall abschicken. Schon wenn man ihn am nächsten Tag liest, ist man froh, daß man ihn nicht abgeschickt hat, und später ist man sich selbst dankbar für soviel Besonnenheit. Aber solche Briefe haben eine wichtige Funktion: Sie können zur *inneren Entladung* beitragen, unser Inneres offenbaren und in der Rückblende auch zeigen, wie weit wir »genesen« sind.

Männer, die oft auf den Fußballplatz gehen, kennen diese Situation. Man ärgert sich über den Schiedsrichter, gerät außer sich und könnte in diesem Augenblick sogar handgreiflich werden. Nur die Sicherheitsmaßnahmen und die Ordner hindern einen daran. Eine Stunde nach dem Spiel hat man es schon wieder vergessen – schlimm, wenn es so weit gekommen wäre.

Natürlich gibt es noch eine Reihe anderer Möglichkeiten, das Geschehene aufzuarbeiten. Für manche mag es sinnvoll sein, ein Tagebuch zu führen. Alles, was einem in den Sinn kommt, was man erlebt im Zusammenhang mit der Trennung, wie sich der andere verhält, wie man sich fühlt, wie man handeln möchte, wie man die Trennung in diesem Moment erlebt oder sieht, kurz, das tägliche Durchleben der Trennung kann sich darin widerspiegeln: ein Spiegelbild unseres Selbst, das auch für uns in diesem Moment eine Hilfe ist und später eine wichtige Rückblende sein kann.

Auszug aus einem Tagebuch

»... und sitze hier auf einer wunderschönen Terrasse am Gardasee. Habe ich ein schlechtes Gewissen? Nein, wirklich nicht, im Gegenteil, ich fühle mich riesig heute an meinem ›Hochzeitstag‹. Die Situation ist zum Schreien. Was sie wohl alles machen werden?... Gut, daß ich nicht dabei bin bei dem Drama. Leid tut er mir ja eigentlich schon, aber wenn er mir mein letztes Stückchen Freiheit auch noch nehmen will, dann muß ich mir meine Freiheit eben mit Gewalt wieder zurückholen.

Ich fühle mich im Moment unheimlich frei und zum ersten Mal in meinem Leben selbständig und erwachsen. Zwar habe ich noch ein wenig Angst vor dieser Freiheit, aber ich will es jetzt so. Ich freue mich aufs Leben..., auf *mein* Leben...

Heute war ich bei ihm und habe meine Sachen abgeholt. Er hat nur geschwiegen. Seine einzige Frage war immer wieder nur: Warum? Ich habe versucht, es ihm zu erklären, aber er konnte es nicht verstehen. Leider! Er liebt mich noch immer, das weiß ich. Ich ihn eigentlich auch, aber wenn alles nur noch Gewohnheit ist...? Es hätte keinen Sinn mehr. Ich will und ich muß jetzt endlich mein Leben leben...«

Auch im Hinblick darauf, wie wir uns gegenüber einem neuen Partner verhalten – nie wieder sind wir so ehrlich gegen uns selbst, sehen wir so tief auf den Grund unserer Seele und in den Abgrund menschlicher Schwächen wie in den Momenten der Selbstdarstellung und Reflexion in der Situation der Trennung.

Schreiben: Geschichte der Beziehung oder Gedichte

Verstehen kann man das Leben nur rück-
wärts. Leben muß man es aber vorwärts.

Sören Kierkegaard

In den Phasen der Trennung vollzieht man die Beziehung in der Erinnerung bruchstückhaft nach. Man erinnert sich an den letzten Urlaub, an einen Streit, an die gegenseitige Hilfe im Beruf, die erste Krise, die Art der Trennung.

Im Gespräch mit anderen über unsere Partnerschaft wird immer der Teil der Beziehung als Beweis für die Argumentation herangezogen, der für dieses Beispiel gerade geeignet ist. Das verfälscht den Blick für das Ganze, denn eine Partnerschaft kann man erst ganz erfassen, wenn man *alle* Teile von ihr im Blick hat.

Man sollte einmal versuchen, diese Partnerschaft in ihrer Entwicklung, ihrer Art, ihrem Ablauf bis hin zur Trennung zu beschreiben. Nicht als einen Roman, aber offen und ehrlich. Vielleicht entdeckt man dabei Dinge, die im Zusammenhang mit der Trennung stehen. Diese »Geschichte unserer Beziehung« läßt in uns auch schöne Erinnerungen wach werden, die uns selbst durch die Trennung nicht mehr genommen werden können. Dieses Beschreiben kann auch eine Form der Verarbeitung des eigenen Schicksals sein; manche werden dabei Fähigkeiten an sich entdecken, die sie nicht vermutet hätten.

Das gleiche gilt für Gedichteschreiben. Viele haben es in ihrer Jugendzeit einmal getan, dann wieder vergessen und nie wieder praktiziert. In dieser Phase des inneren Aufgewühltseins aber entdecken wir plötzlich wieder diese Möglichkeit, etwas in einer Form auszudrücken, die auch andere Menschen berührt.

Man kann die Gedichte Freunden zeigen, um ihnen damit Einblick in das eigene Innere zu geben, und hat damit schon den Anfang zu etwas Neuem, Eigenschöpferischem auch im Hinblick auf die Zukunft getan.

Das Lob der Freunde und ihr Beeindrucktsein spornt an, gibt Kraft, macht Mut und erzeugt wieder das Gefühl, daß es auch für uns noch andere Dinge gibt als Niedergeschlagenheit. Natürlich muß kein Gedichtband daraus entstehen, es genügen Sätze, Aphorismen, Gedanken.

Wichtig ist das Herausfließen der Gedanken statt des In-sich-Hineinfressens: Man sollte alles sofort spontan aufschreiben, ohne sich von formalen Zwängen beeinflussen zu lassen.

»Meine Gedanken kreisten immer nur um das Eine, die Trennung. Durch Zufall las ich ein Gedicht über Trennung, das mich sehr ansprach, und ich versuchte, meine Gedanken auch in diesem Stil zu formulieren. Als das klappte, habe ich dann bei jeder Gelegenheit wie beim Warten auf das Essen im Restaurant, an der Theke, in der U-Bahn usw. geschrieben. Nachdem eine Menge zusammengekommen war, wurde daraus ein kleiner Gedichtband, den ich jetzt an Freunde verschenke und mich freue, wenn sie noch einen ›nachbestellen‹.«

Einige Beispiele von Betroffenen, die prägnant ihr Empfinden über die Trennungssituation beschreiben:

Befehle
Ich habe gesagt
gib mir
hilf mir
mach mir
sag mir –
Nie habe ich gesagt
Ich liebe Dich

Gespräche
Rechts von mir
Langeweile, Oberflächlichkeit,
Dummheit
links von mir
öde, leer, nichtssagend
wir zwei
würden Gutes, Wichtiges reden
würden wir das wirklich?

Richtungsänderung
Gerade war mein Leben
eine runde Sache
Ich habe Dich umrundet
eingekreist
Du warst in der Mitte
Jetzt gehe ich wieder geradeaus
am Ende des Weges
bin nur ich selbst

Tag
ein neuer Tag
ein Tag ohne Dich
Trotzdem
ein schöner Tag

Die Freunde

Verhalten gegenüber Freunden

> Ohne Freundschaft gibt es kein Leben.
>
> *Cicero*

Der Mensch lebt als soziales Wesen in einer Reihe von Beziehungskreisen, die zwar beim einzelnen verschieden, aber in ihrer Gesamtheit ein wesentlicher Teil seines Lebens sind. Da sind die Sportfreunde, Parteifreunde, Freizeitfreunde, Arbeitskollegen usw., wobei die Art der Beziehung zu diesen Menschen zunächst einmal von einem äußeren Anlaß, vom gemeinsamen Interesse, bestimmt wird, häufig aber auch darüber hinausgeht und zu persönlicher Freundschaft wird.

Wie intensiv das Verhältnis zu diesen Menschen ist, liegt aber auch an unserem eigenen Bemühen, aus der zunächst *sachlichen* Gemeinsamkeit eine Form der persönlichen Freundschaft entstehen zu lassen. In einer Trennungssituation werden solche Freundeskreise in der Regel nicht in das persönliche Schicksal mit einbezogen. Man teilt diesen nur mit, daß man aus »privaten Gründen« in der nächsten Zeit nicht kommen kann.

Anders verhält es sich bei *persönlichen* Freunden. Sie kennen uns und meist auch unseren Partner, die Art des Verhältnisses und vielleicht auch dieses oder jenes Problem der Vergangenheit. Wir können ihnen vertrauen und sind uns ihres Mitgefühls sicher. Wir hoffen auf ihren Rat und ihre Hilfe. Sicher mit Recht, denn wer wirklich Freund oder Freundin ist, erfahren wir in der Situation, in der wir den anderen brauchen.

An diesem Punkt müssen wir uns auch einmal fragen, was wir zur Pflege der Freundschaft getan haben. So verständlich es ist, daß wir den Freund jetzt brauchen – waren wir für ihn da, als er etwas von uns wollte, als er mit uns reden wollte, als er unsere Hilfe und unseren Rat brauchte? Haben wir ihn zum letzten Fest oder zum Geburtstag eingeladen, zu Weihnachten geschrieben, ihn »nur mal so« angerufen, ihm mal ein kleines Geschenk gemacht oder einen Gefallen getan?

Unser eigenes Versäumnis wird uns zu diesem Zeitpunkt deutlich, da wir Hilfe von dem Freund erwarten. Ob er uns trotzdem hilft? Der Griff zum Telefonhörer wird zum Moment der Wahrheit. Wir dürfen uns nicht wundern, wenn der andere zunächst einmal erstaunt fragt: »Ach, du bist es, warum hast du denn so lange nichts mehr von dir hören lassen?« Das schlechte Gewissen mag uns dazu verleiten, sofort zu Belanglosigkeiten überzugehen und das Eigentliche nicht zu sagen.

Andererseits sollten wir so viel Vertrauen in unsere Freunde haben, daß wir uns ihnen auch in diesem Fall anvertrauen können. Dabei müssen wir uns im klaren sein, was wir von unseren Freunden erwarten. Wollen wir sie nur auf unsere Seite ziehen, bevor unser Partner es tut, wollen wir einen objektiven Rat, eine Hilfestellung oder sie als »Verbündete im Kampf gegen den Verlassenden« gewinnen? Letzteres wäre sicher eher ein Mißbrauch der Freundschaft.

»Eine gute Freundin von mir hatte ihren Mann verlassen. Nach ihrer Schilderung war alles aus, und Rückkehr war auf jeden Fall ausgeschlossen. Da ich ihre einzige Freundin war, erzählte sie mir alles und verlangte von mir, daß ich ihr in allem recht gebe. Ich dachte, daß ihr das gut tun würde, und weil sie ja sowieso nicht zu ihrem Partner zurückkehren wollte, habe ich sie auch in dieser Hinsicht bestätigt und ihr sogar angeboten, bei mir zu wohnen. Eines Tages war sie weg, zurück zu ihrem Partner. Dem hat sie erzählt, daß ich ihr geraten hätte, nicht zurückzugehen. Seit dem Tag habe ich auch ihn als Freund verloren. Ich mische mich nie wieder in Partnerschaftsprobleme ein.«

Freunde können uns das Gefühl vermitteln, für uns einfach dazusein, wenn wir sie brauchen, um uns bei ihnen auszusprechen und auszuweinen. Wir sollten uns nicht genieren, sie um ganz konkrete Hilfe zu bitten: Kannst du dich mit mir treffen, kannst du meinen Arbeitgeber anrufen, kannst du meine Urlaubsreise stornieren? Damit gibt man ihnen auch die Gelegenheit, nicht nur seelischer »Mülleimer« zu sein, sondern auch tatsächlich zu helfen.

In dieser Situation, in der es uns so schlecht geht, sollten wir uns nicht scheuen, unsere ganzen Freunde und Bekannten anhand unseres Telefonverzeichnisses durchzutelefonieren und uns mit ihnen zu treffen. Schon die Abwechslung tut gut; das, was der andere erzählt, lenkt unser Interesse auf andere Dinge, auf andere Personen und damit weg vom eigenen Schicksal.

»Als sich meine Partnerin von mir trennte, habe ich wie besessen mit allen Freunden und Freundinnen Verabredungen getroffen. Wochenlang habe ich jeden Abend jemand anderen getroffen, immer in demselben Restaurant. Die Kellner haben schon komisch geschaut, als ich dauernd mit anderen Frauen ankam. Aber seltsamerweise hatten meine weiblichen Freunde für mich mehr Zeit, vielleicht auch deswegen, weil sie als Frauen mehr Einfühlungsvermögen hatten.

Dabei kam es mir gar nicht darauf an, daß sie Frauen waren, sondern für mich waren es eben nur weibliche Personen, die zu meinem umfangreichen Freundeskreis gehörten.

Es war für mich einfach wichtig, wieder einen Abend herumzukriegen und nicht allein zu Hause Trübsal zu blasen. Außerdem habe ich viel Trost und Rat von meinen Freunden bekommen; das hat mir sehr geholfen.«

Gespräche mit Freunden

> Den sicheren Freund erkennt man in unsicherer Lage.
>
> *Ennius*

Für die meisten Betroffenen ist die Phase des inneren Zusammenbruchs das Schlimmste, was sie bisher erlebt haben. Sie kapseln sich ab, wollen nichts und niemanden mehr sehen, weinen stundenlang, werden depressiv und beschäftigen sich mit Selbstmordgedanken. Es ist schon ein positives Zeichen, wenn sie überhaupt bereit und in der Lage sind, mit Freunden darüber zu reden. Wenn man so einen Freund oder eine Freundin hat, mit dem man wirklich über alles sprechen kann, ist das sicher die beste Hilfe.

Gespräche mit mehreren Menschen haben den Vorteil, daß man verschiedene Aspekte ansprechen kann und auch verschiedene Ratschläge bekommt. Auch zum Erkennen unseres Selbst sowie unserer Fehler kann das sehr hilfreich sein.

Wenn verschiedene Freunde unabhängig voneinander immer auf die gleichen Punkte kommen: »Du warst aber auch zu eifersüchtig. Du hast zu oft wegen Kleinigkeiten mit ihr gestritten«, sehen wir vielleicht deutlicher, daß unser Partner mit seinen Vorwürfen recht hatte; es mag auch ein erster Ansatzpunkt für die Bewältigung der eigenen Schuld beziehungsweise Fehler sein.

Wichtige Voraussetzung dafür ist jedoch unsere Bereitschaft, nicht nur Mitleid von den Freunden zu erwarten, sondern auch bereit zu sein, Kritik entgegenzunehmen. Man sollte ruhig den Mut haben, die Freunde auch dazu aufzufordern: »Sag mir doch bitte mal ganz offen, was ich deiner Meinung nach falsch gemacht habe.« Gute Freunde wissen in der Regel richtig zu dosieren zwischen Mitleid, Rat und notwendiger Kritik.

Sicher sollte man nicht mit allen Freunden alles besprechen; man dreht sich sonst im Kreis und läßt keine anderen Gedanken mehr zu als die ständige Konfrontation mit dem eigenen Schicksal. Aber einen Freund sollte man haben, dem man alles sagen kann und den man zu jeder Zeit, auch um Mitternacht, anrufen kann.

»Meine Situation war furchtbar, ich habe noch nie in meinem Leben etwas so Schlimmes erlebt. Meine Partnerin hatte sich von mir auf eine so brutale und rücksichtslose Weise getrennt, daß sogar unsere Freunde fassungslos und schockiert waren. Ich wußte nicht mehr ein noch aus. In dieser Situation war meine langjährige Freundin Michaela meine letzte Rettung. Wochenlang rief sie mich jeden Tag mindestens dreimal an, redete immer fast eine Stunde mit mir, hatte immer Zeit für mich, und zum Glück hatte auch ihr eigener Partner Verständnis dafür.

Sie hat sich mein Jammern und Weinen angehört, sie hat mir Mut gemacht, sie hat mir Ratschläge gegeben und mich vor mancher Dummheit bewahrt, wenn meine Rachegedanken übermächtig wurden.

Ihr Trost und das Wissen darum, wenigstens einen Menschen zu haben, der zu mir hält, der mein Leben und meine Zukunft für lebenswert hält, haben in mir zumindest noch ein Fünkchen Lebenswillen erhalten.«

Gut, wenn man solche Freunde hat.

In der schwierigen Situation nach der Trennung überlegt man sich vielleicht, ob man lieber mit einem gleichgeschlechtlichen oder einem gegengeschlechtlichen Gesprächspartner über alles reden soll. Dafür gibt es keine Regel; sicher kann eine Freundin eine Frau in mancher Hinsicht besser verstehen, sich in ihre Lage versetzen, die Gefühle nachempfinden. Und Männer werden erstaunt sein, daß ein anderer Mann auch über seine Gefühle reden kann, Verständnis hat und zum Beispiel neben seiner Tätigkeit als Agenturboß auch noch Zeit für ein langes Telefongespräch oder einen gemeinsamen Abend hat.

Andererseits hat ein Gespräch mit einem gegengeschlechtlichen Gesprächspartner auch wichtige Aspekte: Zunächst muß man sich hüten, geschlechtsspezifische Vorwürfe zu machen; das zwingt einen zu einer objektiven Darstellung, um aus dieser Glaubwürdigkeit heraus ernst genommen zu werden. Zum anderen gehört der Freund demselben Geschlecht wie der Verlassende an, so daß wir gelegentlich aus dieser Sicht heraus Argumente zum Verständnis des Verlassenden erfahren, zu denen wir sonst keinen Zugang hätten.

»Mein Partner hatte mich nach längeren Auseinandersetzungen verlassen. Sein bester Freund war auch mein bester Freund, mit ihm habe ich einen ganzen Abend über meine Trennung gesprochen. Zu meiner großen Überraschung hatte der Freund in der Beurteilung meiner Verhaltensweisen oft die gleichen Argumente wie mein Partner.

Da habe ich zum ersten Mal bewußt gemerkt, daß diese Argumente ›typisch männliche‹ waren und mein Partner aus seiner

Sicht als Mann ›eigentlich‹ recht hatte. In weiteren Gesprächen mit diesem Freund habe ich dann noch viel über das Seelenleben des Mannes schlechthin erfahren. Es hat mir geholfen, meinen Ex-Partner besser zu verstehen, und hilft mir jetzt, die Verhaltensweisen von Männern richtiger zu beurteilen.«

Gut wäre es, bei beiden Geschlechtern einen solchen Freund zu haben; aber man sollte sich davor hüten, das, was beide sagen, gegeneinander auszuspielen.

Kontakte zu gemeinsamen Freunden?

> Solange du glücklich bist, wirst du viele Freunde zählen: Werden die Zeiten umwölkt, bist du allein.
>
> *Ovid*

Freunde merken oft sehr schnell, wenn eine Partnerschaft zerbrochen ist. Sei es, weil der Verlassene nach seinem Partner sucht und fragt, ob sich der in den letzten Tagen gemeldet hat, oder weil der Verlassende dem anderen zuvorkommen will und im Hinblick auf die Verhaltensweisen gegenüber dem Verlassenen einige »Anweisungen« geben möchte.

Meist hat der erste Anrufer einen kleinen Vorteil: Er sorgt für den Überraschungseffekt und hat die Gelegenheit, durch seine subjektive Darstellungsweise die Freunde zu seinen Gunsten zu beeinflussen.

Das weiß der andere natürlich, und so kann es einen kuriosen Wettlauf um das erste Gespräch mit den gemeinsamen Freunden geben. Es ist verständlich, daß jeder der beiden Beteiligten die bisherigen Freunde auf seine Seite ziehen will. Schließlich waren sie in der Vergangenheit ein Teil des Lebens, des sozialen Umfeldes.

Diesen Teil möchte man behalten – besonders der Verlassene –, damit der andere plötzlich allein dasteht und merkt, daß er mit der Trennung auch seine Freunde verliert. Er soll merken, was für ein schlechter Mensch er ist und daß die gemeinsamen Freunde nur noch zum Verlassenen halten. Dieser versucht entsprechend, ein Feindbild von seinem ehemaligen Partner aufzubauen und damit Mißachtung und den Abbruch der Beziehungen der Freunde zu ihm zu erreichen.

Der Verlassende wiederum versucht, die Freunde davon zu überzeugen, warum er so gehandelt hat und notwendigerweise nur so handeln konnte; zu seiner Rechtfertigung wird er viele Kritikpunkte heranziehen, die den Freunden aufgrund der Kenntnisse der Beziehung einleuchten werden.

Man kann sich die schwierige Situation der Freunde vorstellen, denen meist beide Partner gleich lieb sind und die nun vor eine schwierige Entscheidung gestellt werden – denn jeder der beiden erwartet eine Entscheidung zu seinen Gunsten, egal, ob ausgesprochen oder nicht. Man sollte so eine Entscheidung nicht erzwingen wollen und zumindest dies den Freunden überlassen. Man muß ihnen Zeit dazu lassen, erst beide Seiten anzuhören und die ganze Sache abzuwägen und zu bedenken. Freunde haben oft schon schlechte Erfahrungen mit solchen Situationen gemacht.

Die Betroffenen sollten es dabei bewenden lassen, in den Freunden weiterhin Gesprächspartner zu haben, und den Partner bei allem Weiteren aus dem Spiel lassen. Auch zukünftige Einladungen werden taktvollerweise mal den einen Partner, mal den anderen berücksichtigen; wie sich das in Zukunft entwickeln wird, sollte man abwarten.

»Nach unserer Trennung haben mich unsere Freunde zu einem Fest eingeladen. Meine gerade von mir getrennte Partnerin war auch da. Wohl um mich zu ärgern, hatte sie einen Freund mitgebracht, den ich noch nie leiden konnte, und flirtete mit dem. Mir hat das sehr weh getan. Hätte ich gewußt, daß sie auch kommt, hätte ich die Einladung nicht angenommen. Meine Freunde haben mir mit dieser Einladung keinen Gefallen getan.«

Manche Betroffene möchten gerne ihre Freunde als Informationsquelle benutzen beziehungsweise mißbrauchen. Sicher kann man über Freunde gelegentlich Nachrichten an den anderen weitergeben, aber dabei sollte es bleiben. Manche bitten auch ihre

Freunde, ihnen nichts über den ehemaligen Partner zu erzählen, da sie das unnötig belasten würde. Diese Haltung ist sicher manchmal sehr nützlich, um mit den Freunden weiterhin ein gutes Verhältnis zu haben.

Analyse und Wegweisung durch Freunde

> Die eigenen Fehler erkennt man am besten mit den Augen anderer.
>
> *Chinesisches Sprichwort*

Die häufigste Form des Gesprächs mit Freunden ist über das Telefon, die beste sicher das persönliche Gespräch miteinander.

So ist es schön und sinnvoll, vielleicht in den ersten Wochen nach der Trennung an Wochenenden häufiger ein kleines Treffen mit einem gemeinsamen Essen zu machen. Vielleicht können wir jetzt das nachholen, was wir eigentlich schon lange machen wollten: Freunde einladen, mit ihnen essen und trinken, reden, nett zusammensein.

Es lenkt auch von den eigenen Problemen ab: Schon die Vorbereitung kann unser ganzes Denken gefangennehmen; wenn wir uns noch dazu bemühen, alles ein wenig festlich mit Blumen, Servietten, Kerzen und netter Musik zu arrangieren, werden uns die Eingeladenen loben und uns damit schon ein bißchen aufbauen.

Vielleicht gelingt es, immer einige alte Freunde und neue Bekannte gemeinsam einzuladen, so daß auch die Gesprächsinhalte nicht von vornherein nur auf unser Problem fixiert sind. Wenn dann am Schluß ein oder zwei Freunde dableiben und mit uns den Abend noch ein wenig reflektieren, kann so ein Abend uns das Gefühl geben, daß ein so schönes Beisammensein mit netten Menschen ein Beweis dafür ist, daß das Leben doch noch lebenswerte Seiten bieten kann.

Die Anwesenheit der Freunde prägt sich visuell ein, ihre aufmunternden, lieben Worte vergißt man nicht so schnell. »Schön, daß ich dich kenne«, und die Wohnung ist auf einmal nicht mehr so leer und tot: Angenehme Menschen haben wieder eine menschliche Atmosphäre hereingeweht.

»Ich war völlig am Boden zerstört und wußte, daß ich allein nur über mein Problem grübeln, es aber nicht allein lösen würde. Meine Freunde hatten mir alle gesagt, daß ich mich nicht verkriechen sollte, sondern ausgehen oder Freunde einladen sollte.

Das habe ich zwar eingesehen, aber ich war nicht in der Lage, das zu tun, solange ich nicht meine Partnerschaft, die Trennung, die jetzige Situation aufgearbeitet hatte. Und das konnte ich nicht allein.

So habe ich eines Tages meine vier besten Freunde in meine Wohnung eingeladen, zwei Frauen und zwei Männer. Wir haben nachmittags Kaffee getrunken, und dann habe ich ihnen – sie wußten, daß ich das vorhatte – meine Geschichte erzählt. Ich habe ihnen geschildert, wie ich meine Partnerin kennengelernt hatte, wie unser Zusammensein war, wo wir Probleme oder keine hatten und wie sie mich schließlich verlassen hat; was sie dann gesagt hat und wie ich die Sache sehe, was nach meiner Meinung ihre Schuld daran war oder wo ich meine Schuld sah.

Dann habe ich versucht, meine Lebensperspektive zu entwickeln: wie das mit der Partnerin war, wie es heute ist, wie ich es für die Zukunft sehe.

Alle Freunde kannten uns beide und unser Verhältnis gut, ich mußte mich also um größtmögliche Objektivität und Sachlichkeit bemühen. Dann habe ich ihnen gesagt, daß ich von ihnen als Freunden nur erwarte, daß sie das von mir Gesagte kritisch überprüfen, mir notwendige Kritik an meinem Verhalten deutlich sagen und mir einige Ratschläge geben sollten, die ich beherzigen wollte. Danach verließ ich meine Freunde für eine Stunde, um ihnen untereinander Gelegenheit zu einem unbefangenen Gespräch zu geben. Nach meinem Spaziergang hat mir jeder aus seiner Sicht gesagt, wie er meine Situation, meine Fehler, das Verhalten meiner Partnerin sieht; daraufhin hat mir jeder noch Ratschläge gegeben, auch kritische Dinge zu meinem Verhalten gesagt, und alle haben mir ihre Mithilfe bei der Suche nach einem neuen Leben angeboten.

Da wußte ich, daß ich es mit diesen Freunden zusammen schaffen werde, eine neue Lebensperspektive zu finden.

Anschließend haben wir ein schönes Fondue gemacht, nette Gespräche geführt und den Abend spät ausklingen lassen. Nach diesem Gespräch mit meinen Freunden ging es mit mir bergauf.«

Die anderen

Gespräche mit Verwandten, Arbeitskollegen

> Rat sucht man, wenn man die einzige
> Lösung schon kennt, aber nichts davon
> wissen will.
>
> *Erica Jong*

War es uns nicht schwergefallen, mit Freunden zu reden, ist es meist bei Verwandten und Arbeitskollegen anders.

Die Verwandten stehen uns gelegentlich näher und wollen auch wissen, was da vorgefallen ist. Vielleicht auch nur, um ihre eigene Voreingenommenheit, die sie schon immer hatten, zu bestätigen. »Ich habe dir doch immer gesagt, daß die nicht zu dir paßt.« Bei ihnen würden wir ein offenes Ohr finden. Auf der anderen Seite gibt es Verwandte, die unser Verhalten schon immer kritisiert haben und bei denen wir wissen, daß die Schilderung unserer Situation nur eine Bestätigung ihrer bisherigen Ansichten über uns ist. Von ihnen können wir kein Verständnis erwarten.

So ist es menschlich verständlich, daß wir zunächst bei denen Trost suchen, die uns bemitleiden beziehungsweise ihr Mitgefühl ausdrücken, und die anderen meiden. »Die verstehen mich ja doch nicht, die waren schon immer gegen mich.«

Ähnlich problematisch verhält es sich in der Regel mit den Verwandten des Partners, zumal man auch nicht weiß, wie dieser sie bereits »vorprogrammiert« hat.

Für manchen ist die Trennung ein Anlaß, sich von den Verwandten, die er eigentlich noch nie so richtig mochte, loszusagen und den Kontakt abzubrechen. Für andere ist es erstaunlich und tröstlich, daß gerade die Verwandten des Partners zu ihm halten und ihm helfen.

Wer seine Verwandten zu sehr in seine Partnerschaftsprobleme einbezieht, läuft Gefahr, bei der nächsten Partnerschaft auf noch größeres Mißtrauen und entsprechende Zurückhaltung der Verwandten zu stoßen.

»Ich bin gut damit gefahren, daß ich bei der Trennung alle Verwandten nur kurz informiert und gesagt habe, daß ich allein mit der Situation fertig werden will. So brauchte ich mir nicht Dinge sagen lassen, die diese schon immer über meinen Partner sagen wollten, und ich habe niemanden dazu gezwungen, sich auf eine der beiden Seiten zu schlagen. So habe ich heute noch ein gutes Verhältnis zu meinen und seinen Verwandten. Ich besuche seine Verwandten gelegentlich, und seine Tante nimmt regen Anteil an meiner Zukunft und freut sich, daß ich wieder einen netten Partner gefunden habe.«

Auch die Arbeitskollegen, mit denen wir unmittelbar zu tun haben, haben meist etwas über unser Privatleben erfahren, sei es durch Gespräche oder Telefonate, sei es durch Berichte über den Urlaub. Sie bekommen auch jetzt schnell mit, daß etwas nicht stimmt. Sie müssen unsere gedrückte Stimmung ertragen und manchmal auch unsere Arbeit miterledigen, weil wir dazu nicht in der Lage sind.

Die meisten sind auch bereit, mit uns darüber zu reden – wer hat nicht selbst schon so etwas erlebt. Sie können daher unsere Gefühle gut nachvollziehen, und viele zeigen Verständnis. Wir können auch die Kollegen um Zurückhaltung bitten oder darum, uns gegen unangenehme Dinge abzuschirmen und uns so das Gefühl zu geben, nicht den ganzen Tag in einer »gefühlskalten Arbeitswelt« unserem Schicksal ausgeliefert zu sein.

Durch solche Gespräche haben wir die Möglichkeit, unsere aufgestauten Gefühle auszusprechen und damit auch die Situation an unserem Arbeitsplatz zu entspannen.

Wenn wir die Trennung einmal überwunden haben, sind wir diesen Kollegen oft menschlich sehr viel näher gekommen, sicher näher als auf einem Betriebsfest. Vielleicht haben wir sogar neue Freunde gewonnen.

Reden von der Trennung

Mitleid kann töten – wie jedes andere
Leiden auch.

Bernd Nitzschke

Im Gespräch, einem der wichtigsten zwischenmenschlichen Kommunikationsmittel, versuchen wir, Kontakt mit einer anderen Person aufzunehmen, uns mitzuteilen, an uns Anteil haben zu lassen.

Die Inhalte können sich nach gemeinsamen Wahrnehmungen richten, zum Beispiel spricht man über den Eindruck einer eben erlebten Veranstaltung, über einen gerade vorbeigehenden Menschen. Den, der sich seit kurzer Zeit in der Trennungssituation befindet, drängt es aber innerlich immer wieder, über sein Schicksal, sein Empfinden zu reden.

Viele glauben, neuen Bekannten recht bald die Geschichte ihrer vergangenen Beziehung und vor allem die eben erlebte Trennung erzählen zu müssen. Sie erwarten Interesse dafür, menschliches Näherkommen, Mitleid. Diese Erwartungen werden jedoch oft enttäuscht.

»Ich war nach der Trennung ganz wild darauf, neue Leute, möglichst Frauen, kennenzulernen. Zu Beginn verlief das Gespräch unverbindlich, aber bald veranlaßte meine gedrückte Stimmung mein Gegenüber, nach dem Grund meiner Traurigkeit zu fragen. Das war dann für mich die willkommene Aufforderung, jetzt meine Geschichte zu erzählen. Dabei überraschte es mich immer wieder, daß die Frauen kein sonderliches Mitleid zeigten, aber vor allem, daß ich von diesen Frauen selten wieder etwas hörte.«

Der Grund dafür wird einem erst später klar: Die anderen gehen nicht aus, um Seelentröster zu spielen, sie wollen sich unterhalten, fröhlich sein, sich ablenken lassen und interessante Menschen kennenlernen.

Eigenartigerweise merkt man einem Menschen den psychischen Zustand, in dem er sich aufgrund der Trennung befindet, meist sofort an; auch wenn er sich noch so bemüht, diesen Eindruck zu vertuschen, und im Gespräch krampfhaft nach anderen Themen sucht. Es fehlt einfach die positive Ausstrahlung.

So entmutigend es klingen mag: In dieser Situation sind wir einfach nicht fähig, neue Bekannte kennenzulernen. Erst wenn wir innerlich wieder so stabilisiert sind, daß man uns unser Schicksal nicht mehr sofort ansieht, sind wir wieder offen für neue Beziehungen, denn dann sind wir auch wieder in der Lage, von anderen Dingen zu reden.

Wir sollten uns daher nicht ständig selbst enttäuschen, indem wir in dieser Phase immer wieder Versuche machen, neue Menschen kennenzulernen, um dann letztlich feststellen zu müssen, daß die anderen sich nicht im erwünschten Maß für uns interessieren.

Neue Kontakte sollten wir im Sinne von netter Unterhaltung sehen. Für manche ist es vielleicht auch besser, in dieser Phase eher Bekannte unter Gleichgeschlechtlichen zu suchen. Auch beim neuen Partner ist Behutsamkeit angebracht, wenn Gespräche über die Trennung geführt werden. Sicher kommt man nicht umhin, mit ihm darüber zu reden: Schließlich hat er auch ein Recht darauf, etwas über unsere Vergangenheit zu erfahren. Er selbst hat in der Regel auch schon eine oder mehrere Trennungen erlebt und hat vielleicht ähnliche oder auch ganz andere Erfahrungen gemacht. Schließlich gehört er dem Geschlecht an, das uns die bittere Trennung beschert hat.

Hier gehört etwas Fingerspitzengefühl dazu, zu beurteilen, inwieweit Berichte von der eigenen Erfahrung für den neuen Partner zu belastend sind. Bei solchen Gesprächen kommt schnell wieder viel Bitternis, Haß oder Traurigkeit auf, denen der neue Partner oft hilflos gegenübersteht. Solange man die Trennung gefühlsmäßig noch nicht so weit verarbeitet hat, daß man einigermaßen objektiv darüber reden kann, besteht die Gefahr, daß man den ehemaligen Partner nur schlechtmacht und beim neuen Partner damit die Befürchtung weckt, man werde später vielleicht genauso mit ihm verfahren.

Ebenso wäre es ungeschickt, dem neuen Partner ständig von

den guten Seiten und Eigenschaften des ehemaligen Partners zu erzählen. Das kann belastend und einschränkend auf ihn wirken. Er kann sich verpflichtet fühlen, sich genauso zu verhalten, oder resigniert feststellen, daß er in diesem oder jenem dem alten Partner nie ebenbürtig sein wird.

»Bei allem, was wir gemeinsam machen, erzählt mir meine Freundin, wie sich ihr vorheriger Partner in dieser Situation verhalten hat; beim Skifahren und beim Autofahren, beim Essen und sogar im Bett. Der andere steht immer wie ein unsichtbarer Schatten zwischen uns. Es ist schrecklich, ich kann gar nicht mehr ich sein, ich bin das immer nur im Vergleich zu dem anderen. Ich habe ihr schon oft gesagt: ›Wenn der andere so gut war, dann geh doch zurück zu ihm.‹ Sie scheint sich innerlich noch nicht von ihm gelöst zu haben, aber wenn sie mit mir zusammen sein will, dann muß sie mich so nehmen, wie ich bin, und mich nicht so machen wollen, wie er war. Wenn das noch lange so weitergeht, mache ich Schluß, das halte ich auf die Dauer nicht aus.«

Jeder weiß, daß am Scheitern einer Beziehung nicht nur ein Partner die alleinige Schuld hat. Daher ist es auch notwendig, über seine eigenen Fehler und Schwächen zu sprechen.

Manchem werden diese Fehler erst durch die Trennung bewußt, und er bemüht sich erfolgreich, diese nicht zu wiederholen. Über seine eigenen Fehler zu sprechen setzt ein hohes Maß an Vertrauen voraus. Es gibt dem anderen aber die Gelegenheit, uns besser kennenzulernen und zu verstehen und dadurch Konflikte zu vermeiden.

Wenn man beispielsweise weiß, daß es in der vergangenen Partnerschaft Eifersuchtsszenen gab, weil der Partner mit jemand anderem tanzte, wird der neue Partner den anderen nicht mit dieser für ihn selbst vielleicht harmlosen Handlung provozieren und ihn an seine Schwächen erinnern.

Für den Verlassenen muß es klar werden, daß er seine Vergangenheit hinter sich lassen muß und daß der neue Partner ein Recht darauf hat, sich auf eine gemeinsame Zukunft vorzubereiten, ohne ständig an den alten Partner oder die alte Beziehung erinnert zu werden.

Die Hilfen

Soforthilfen

> Die wichtigste Lebensregel ist, daß man sich
> mit gewissen Dingen abfindet, die zweit-
> wichtigste, daß man nicht alles hinnimmt,
> die drittwichtigste und schwerste, daß man
> lernen muß, wann man was tun soll.
>
> ›Das Beste‹

In der akuten Trennungssituation gibt es Momente, in denen
man es nicht mehr aushält. Man möchte mit dem Auto gegen den
nächsten Baum fahren oder von der nächsten Brücke springen.
Man ist mit seiner Verzweiflung allein, weil einem niemand hilft,
weil man mit niemandem sprechen kann.

In dieser Situation gibt es in allen größeren Städten eine
Reihe von Hilfen, deren Vertreter sich anonym oder persönlich
um Ratsuchende kümmern. Sie werden von verschiedenen Or-
ganisationen getragen und stehen jedermann kostenlos offen.
Adressen und Telefonnummern findet man im Telefonbuch
oder erhält sie bei der Telefonauskunft. Die Nummern der Telefonseelsorge sind im Bundesgebiet einheitlich und gebührenfrei: 0800/1110111 (evangelisch) und 0800/1110222 (katholisch).

Wichtig ist zunächst einmal, die eigene Hemmschwelle zu
überwinden. Die Berater haben neben ihrer Ausbildung auch
noch eine zusätzliche Schulung für diese spezielle Aufgabe erhalten, so daß man sicher sein kann, auf der anderen Seite des Telefons einen verständnisvollen Gesprächspartner zu haben, der
weder nach dem Namen noch sonstigen Einzelheiten fragt.

Das Reden in dieser anonymen Form ist für viele Ratsuchende
eine große Erleichterung. Das Gefühl, mit jemandem reden zu
können, der einem zuhört, Verständnis für die schlimme Situation und den persönlichen seelischen Zustand hat, gibt einem

wieder etwas Mut. Darüber hinaus kann man von diesen Stellen Informationen über andere Hilfsmöglichkeiten erhalten.

Der Leiter der Münchner Telefonseelsorge beschreibt die Aufgabe dieser Einrichtung: »Die Telefonseelsorge beschäftigt sich weniger mit Seelsorge im eigentlichen Sinn, vielmehr mit den Alltagsproblemen der Menschen. Von den Anrufern haben etwa ein Drittel Partnerschaftsprobleme. Der Anteil der ratsuchenden Männer ist erstaunlich hoch, wahrscheinlich haben sie wegen der absoluten Anonymität bei uns weniger Hemmungen.

Unsere Stelle ist – wie überall bei der Telefonseelsorge – rund um die Uhr besetzt. Im letzten Jahr hatten wir über 22 000 Anrufe; unser Problem ist deshalb, daß diese Beratungsstellen für so einen großen Zuspruch personell nicht ausreichend besetzt sind.

Wenn man bedenkt, daß jedes Gespräch mindestens eine halbe Stunde dauert, kann man sich vorstellen, daß es viele Menschen gibt, die nicht mit uns sprechen können, weil unsere Nummer besetzt ist. Man kann diesen Anrufern nur raten, nicht die Geduld zu verlieren und es immer wieder zu versuchen.

Die meisten Hilfesuchenden rufen nach 18 Uhr an, und an Feiertagen ist es besonders schlimm, weil sie da häufig allein zu Haus sitzen und sich verlassen vorkommen. Solche Situationen sind für die Menschen sehr existentiell bedrohlich, wir erleben dabei nicht selten Selbstmorddrohungen.

Die Menschen wollen uns zunächst einmal ihren Kummer mitteilen, sie suchen eine erste Orientierung, was sie in ihrer Situation tun können. So geht es hier zunächst einmal darum, ruhig zuzuhören, dem anderen den Druck zu nehmen, ihn sich ausweinen zu lassen.

Häufig fragen die Anrufer auch ganz konkret nach einem Rat. Wir können sicher oft helfen, zumal wir mit allen Beratungs- und Hilfsdiensten zusammenarbeiten, so daß wir solchen Menschen die Adressen der entsprechenden Stellen geben können; in Einzelfällen ist auch bei uns eine persönliche Beratung möglich. So ist die Telefonseelsorge zu einer der wichtigsten Einrichtungen für Ratlose geworden.«

In kleineren Orten leisten die Kirchen solche anonyme Telefonseelsorge. Die Pfarrer beider Konfessionen sind dazu bereit und verpflichtet, Ratsuchenden beizustehen.

Anderen Hilfesuchenden ist es lieber, in die nächste Stadt zu fahren und sich zwar persönlich beraten zu lassen, aber dennoch eine gewisse Anonymität zu wahren. Dafür gibt es in den Großstädten Einrichtungen, die »Offene Tür« genannt werden und nach dem gleichen Prinzip wie die Telefonseelsorge arbeiten.

In München heißt diese Einrichtung »Insel«; ihr Leiter schildert die Hilfsmöglichkeiten: »Wir sind eine Einrichtung, die von beiden christlichen Konfessionen getragen wird, aber ohne Ansehen der Person jedem kostenlos hilft. Man kann ein persönliches Gespräch führen und dabei anonym bleiben. Eine Anmeldung ist nicht erforderlich, viele kommen auch spontan her. Wir sind ansprechbar für jeden und zu jedem Thema, gemeinsam suchen wir nach Lösungen. Die Gesprächspartner kommen aus einem Team von Theologen, Psychologen, Sozialarbeitern und Juristen.

Die Menschen suchen uns in Krisensituationen verschiedenster Art auf, Partnerprobleme sind auch oft dabei. Dabei fühlen wir uns nicht für alles kompetent, wir sind schließlich keine Eheberatungsstelle; aber unsere Mitarbeiter sind zusätzlich in den Gebieten der Eheberatung, Seelsorge und Therapie ausgebildet.

Wichtig ist für den Ratsuchenden, daß wir für ihn da sind, daß wir niemanden abwimmeln, daß er ganz spontan zu uns kommen kann. In schwierigen Fällen können wir ihn an andere Stellen vermitteln und die Kontakte herstellen, da wir ja mit diesen Stellen zusammenarbeiten.

Wichtig ist für die meisten Ratsuchenden, daß sie sich bei uns nicht vor einer Gruppe offenbaren müssen, sondern hier eine Individualberatung stattfindet. Der Betreffende ist mit dem Berater allein und kann auch beim nächsten Mal wieder mit diesem sprechen. Etwa 60 Prozent der Ratsuchenden kommen nur einmal, weil das Problem mit diesem einmaligen Gespräch lösbar war oder wir ihn an eine kompetentere Stelle vermitteln konnten.

Unsere Beratungsstelle hat Ladencharakter, d.h. keine Anmeldung, kaum Wartezeiten, der Besucher kann anonym bleiben, keine Fragen nach Konfession, keine Besucherkartei. Wir wollen dem Ratsuchenden Begleitung und Hilfe in Lebenskrisen geben, wobei die Schweigepflicht der Mitarbeiter natürlich oberstes Gebot ist.

Was wir nicht bieten, ist telefonische Beratung, briefliche Beratung sowie finanzielle Hilfeleistung und Hausbesuche.

Immerhin hatten wir im vorigen Jahr etwa 6 500 Besucher, was einerseits auf die Notwendigkeit solcher Einrichtungen hinweist, aber auch deutlich macht, daß Menschen in Krisensituationen ihre Hemmschwelle überwinden und diese Hilfe annehmen.«

Oftmals genügt diese »Erste Hilfe«, um das akute Gefühl der Verzweiflung und des Verlassenseins zu überwinden. Bei anderen hat die Trennung so tiefe seelische Wunden hinterlassen, daß diese einer langfristigen Behandlung durch einen erfahrenen Therapeuten bedürfen.

Selbsthilfegruppen und -organisationen

> Der Schritt ist mehr als das Ziel.
>
> *Victor Auburtin*

Zu einer Selbsthilfegruppe finden sich Betroffene zusammen, um ohne professionellen Leiter (Arzt, Psychologe, Therapeut) gemeinsam über ihre Probleme zu sprechen.

»Ich versuche mich zu erinnern an eine Phase, die nicht zeitlich, aber emotional doch weit zurückliegt. Eine Periode, in der ich lernte, alle Dinge allein zu erledigen; ich hatte meinen langjährigen Partner verloren. Ich geriet in eine Gruppe von Männern und Frauen, die in gleicher Situation mehr oder weniger gut zurechtkamen. Wir trafen uns unregelmäßig, redeten uns die Köpfe heiß, diskutierten die Möglichkeiten in einer Partnerschaft. Hierzu steuerte jede(r) Erfahrungen bei. Wir haben über einen Artikel mit dem Thema ›Treue‹ und über ein Buch diskutiert und auch über die schwierigen praktischen Probleme der

Singles gesprochen: für die Männer die Küchenprobleme, für die Frauen die technischen.

Ich beispielsweise habe das kaputte Teil am Bügeleisen mit in das Haushaltswarengeschäft genommen, um auch wirklich den richtigen Ersatz zu bekommen. Zuvor hatte ich nämlich einmal ein halbes Haus, darunter eine Arztpraxis, lahmgelegt, weil ich die falsche Sicherung erwischt hatte. Ich sah damals auch, daß andere größere Probleme oder Ängste hatten – oder auch gar nicht zuhören konnten. Wir versuchten, uns gegenseitig weiterzuhelfen, was recht mangelhaft gelang.«

Die Regelmäßigkeit der Zusammenkünfte und die Selbstbetroffenheit lassen eine vertrauensvolle Atmosphäre entstehen; der Erfahrungsaustausch und die neuen Kontakte helfen vielleicht, einen Weg aus der Krise zu finden. Viele scheuen sich nämlich davor, einen Therapeuten aufzusuchen und sich somit einem Experten anzuvertrauen. Ihnen kann der Kontakt mit ebenfalls von einer Trennung Betroffenen mehr geben.

Neben privaten Initiativen und den Angeboten therapeutischer Institute gibt es eine Fülle von Hilfsangeboten von sogenannten öffentlichen Trägern. So haben die beiden Kirchen Wochenendseminare, Gesprächsgruppen, Kurse und Therapiegruppen eingerichtet, an denen man teilweise sogar kostenlos oder gegen geringe Gebühren teilnehmen kann. Über die Aufgaben und Möglichkeiten berichtet die Leiterin des »Treffpunktes für alleinerziehende Männer und Frauen«:

»In München wird heute jede zweite Ehe geschieden, dazu gibt es unzählige Trennungen von Partnerschaften. Diese Menschen leiden an Selbstwertproblemen, Isolation, Identitätskrisen und äußeren Problemen.

Wir haben allein im Bereich der beiden Kirchen Münchens über vierzig Treffpunkte und Anlaufstellen für solche Menschen und bieten ihnen ein vielfältiges Programm: von festen Gruppen für alleinerziehende Mütter und Väter, denen wir Hilfen bei der Erziehung geben, bis hin zu Beratungsgesprächen, in denen es um die Probleme Alleinerziehender geht. Dazu gibt es Angebote an Wochenendseminaren mit Themen wie ›Ich stehe allein – Schritte zu einer neuen Partnerschaft‹ oder an Selbsthilfegruppen zum Thema ›Den Partner verlieren, sich selbst wiederfinden‹.

Teilnehmen können alle Interessierten, wobei die Zugehörigkeit zu einer bestimmten Konfession keine Bedingung ist. Die beiden Kirchen bieten dieses Programm gemeinsam an, arbeiten aber autonom. In den zehn Jahren des Bestehens hat man die Erfahrung gemacht, daß zwar vorwiegend Frauen das Angebot nutzen, aber zunehmend auch Männer ihre Schwellenängste überwinden. Deren Bereitschaft zur Reflexion zeigt sich besonders in den Selbsthilfegruppen, das ›neue Männerbild‹ beginnt sich durchzusetzen.

In den Selbsthilfegruppen werden die persönlichen Erfahrungen zur Sprache gebracht, und oft ist es für die Teilnehmer hilfreich zu wissen, daß es anderen ebenso ergeht, so daß der eigene Zustand nicht weiterhin als ›unnormal‹ empfunden wird. Man berät sich gegenseitig, wobei die ausgebildeten Mitarbeiter (Sozialpädagogen, Psychologen, Familientherapeuten) nur versuchen, Hilfestellung zu geben; von diesen Mitarbeitern ist mindestens einer alleinerziehend.«

Zunehmend versucht man, über das Miteinanderreden zum Miteinanderhandeln zu kommen, und wenn einzelne Betroffene gar nicht mehr weiter können, besteht die Möglichkeit, sie an Therapeuten, Pfarrer, Ärzte, Juristen oder Beratungsstellen weiterzuvermitteln.

Im Gegensatz zu den Therapiegruppen werden hier ganz alltägliche Probleme besprochen und gelöst, wie es auch das vom Treffpunkt herausgegebene Faltblatt beschreibt:

»Es bedeutet, daß Sie eine große Chance haben: sich selbst (wieder)zufinden, mehr Selbstvertrauen zu entwickeln, selbständiger zu werden und neue Lebensperspektiven zu gewinnen.

Der Treffpunkt führt Menschen zusammen, die in ähnlicher Situation leben, bietet Gelegenheit zu Gespräch und Erfahrungsaustausch, zur gegenseitigen Unterstützung und Lebenshilfe.

Er ermöglicht, über Fragen des Alleinseins, der Partnerschaft, der Lebensgestaltung, der Erziehung, des Glaubens zu sprechen.

Er vermittelt Information und Beratung bei rechtlichen, erzieherischen, sozialen und psychischen Problemen.«

In vielen Städten gibt es auch von seiten der Kirchen Ehe- und Partnerberatungsstellen, therapeutische Maßnahmen und eine Reihe von Aktivitäten, die Betroffenen kurz- oder langfristig helfen können.

Wichtig zu wissen ist bei allen Aktivitäten der Kirchen, daß dieses Angebot frei von allen ideologischen Voraussetzungen ist und es ausschließlich auf die Hilfe für die betroffenen Menschen ankommt. So ist jede Scheu fehl am Platz, zumal alle Mitarbeiter der Schweigepflicht unterliegen.

Wer aus bestimmten Gründen nicht persönlich zu solchen Treffen gehen oder von einem Pfarrer Rat haben möchte, hat die Möglichkeit, dies *schriftlich* zu tun. So gibt es zum Beispiel die Evangelische Briefseelsorge, an die man sich wenden kann und von der man – im Gegensatz zu den Leserbriefen in billigen Illustrierten – mit Sicherheit eine Antwort bekommt, notfalls auch in einem längeren Briefwechsel. Auch dort stehen geschulte und fachkundige Mitarbeiter zur Verfügung.

Darüber hinaus bieten die in allen größeren Orten vertretenen Bildungswerke und Akademien in den Bundesländern Tagungen und Vorträge mit einer entsprechenden Thematik an; diese stellen Orientierungs- und Reflexionsmöglichkeiten dar, die besonders für Teilnehmer geeignet sind, die die geistige Auseinandersetzung bevorzugen. Die Adressen und Telefonnummern können bei allen Pfarrämtern der Kirchen erfragt werden, in den Pfarrämtern der evangelischen Kirchen liegt dafür das ›Adressenwerk der Evangelischen Kirchen‹ aus.

Ein interessantes Angebot für Betroffene haben auch Volkshochschulen in ihrem Programm, das zunehmend mehr psychologische und therapeutische Maßnahmen umfaßt, zum Beispiel:

- Psychodrama
- Wie gestalte ich meine Zukunft?
- Männerängste – Männerwünsche
- Sorgen und Sehnsüchte ab Vierzig

- Partnerschaft und Sexualität
- Singles – ein Kurs für unfreiwillig Alleinlebende
- Methoden der Entspannung und Selbsterfahrung
- Mein Umgang mit Gefühlen
- Lebenseinstellungen erkennen und beeinflussen
- Wie beeinflußt mich meine Vergangenheit?
- Wie beeinflusse ich mich selbst?
- Nach der Trennung weiterleben
- Erkundung des Lebensplanes
- Problembezogene Selbsterfahrungsgruppe
- Kontakt- und Kommunikationstraining

So hat die Volkshochschule in München beispielsweise neben dem reinen Bildungsangebot einen »Gesundheitspark« eingerichtet. Er ist gedacht als »Institut zur Krisenbewältigung«.

Die Menschen kommen, weil sie dort zum einen Betroffene finden und zum anderen kompetente Fachleute wie Therapeuten, Psychologen etc. Im Gesundheitspark ist es sehr leicht, Kontakte zu knüpfen.

Der kritische Punkt bei Menschen in Trennungssituationen ist, daß sie schnell neue Partner kennenlernen wollen. Damit will man eine tiefere Auseinandersetzung mit der Trennungssituation vermeiden, also an dem Punkt weitermachen, an dem man aufgehört hat. In den Kursen des Gesundheitsparks bietet sich aber auch die Möglichkeit, die Krise als Neuanfang zu nutzen.

Betroffene suchen in erster Linie tröstende neue Kontakte, erst an zweiter Stelle steht das Motiv der Verarbeitung und der kritischen Reflexion. »Nach meiner Trennung ging ich auf Anraten von Freunden in den Gesundheitspark. Dort konnte ich mich mal richtig ausweinen. Da trafen sich Menschen, um gemeinsam etwas zu tun oder zu lernen – zum Beispiel Yoga und Gymnastik –, zum anderen gab es Kurse oder offene Gruppen, in denen ich Gelegenheit hatte, anderen Menschen von meinem Schicksal zu erzählen und ihnen damit schnell näherzukommen. Diese Kombination finde ich gut: Jeder kann für sich selbst entscheiden, was er tun will. Für mich war es erst einmal wichtig, in einen ganz neutralen Kurs, Gymnastik, zu gehen, in die Institution ›reinzuschnuppern‹, bevor ich mich in eine geschlossene Gruppe traute und etwas von meinen persönlichen Problemen erzählte.«

»Ich ging in einen Kurs, der speziell für Menschen nach einer Trennung angeboten wurde. Als ich den anderen die Geschichte meiner Beziehung erzählte, machten mich die anderen Gruppenmitglieder erst mal darauf aufmerksam, daß ich immer nur von meiner Partnerin berichtete, von ihrem Verhalten, ihrer Schuld … Ich habe mich so dargestellt, als wäre ich bei der Trennung nur der Leidtragende. Die Gruppe verhalf mir zu einer neuen Sichtweise.«

So ist der Gesundheitspark eine Institution mit einem vielfältigen Freizeitangebot; zugleich stellt er aber eine gute Gelegenheit dar, neue Kontakte zu knüpfen und eigene Probleme durch den Austausch mit anderen gezielt und besser zu bewältigen.

Außerdem gibt es bundesweit vertretene Verbände für Frauen wie für Männer, die sich um Alleinstehende und um Menschen in der Trennungssituation kümmern (siehe Adressenliste im Anhang).

Die Verbände versuchen dem einzelnen Mitglied bei seinen Problemen Hilfestellung zu leisten. Dies geschieht auf vielfältige Art und Weise, zum Beispiel durch die Möglichkeit der persönlichen Aussprache unter Gleichbetroffenen. In vielen Städten der BRD finden regelmäßig Veranstaltungen statt, in denen Betroffene über ihre Probleme ganz offen reden und sich aussprechen können.

Aufgrund der eigenen Erfahrungen der Mitglieder ist Verständnis für andere von der Trennung Betroffene vorhanden. So tragen die Zusammenkünfte meist auch dazu bei, den psychischen wie auch physischen Druck für die zu erleichtern, die momentan in der Situation der Trennung oder Scheidung stehen. Oftmals haben sich dabei auch echte Freundschaften entwickelt.

Männer sind in der Regel härter von der Situation der Trennung oder Scheidung betroffen, da sie für sie oftmals überraschend kommt und sie sich innerhalb kürzester Zeit mit dieser Problematik auseinandersetzen müssen. Im allgemeinen sind es eher die Frauen, die den Entschluß zur Scheidung früh fassen und alles bis ins einzelne durchdenken, ohne daß der Mann hiervon etwas mitbekommt. Die plötzliche Trennung von den Kindern, der Wechsel von der gemeinsamen Wohnung beziehungsweise einem Haus in die Untermiete und zusätzlich finanzielle Sorgen und Schwierigkeiten übersteigen bei vielen Männern das Maß des Erträglichen. Wird ihnen in dieser Situation nicht geholfen, zerbrechen sie nicht selten an ihrem Schicksal. Nicht umsonst ist die Selbstmordrate unter geschiedenen Männern erheblich höher als unter geschiedenen Frauen.

Insofern sind diese Verbände auch seelsorglich tätig und tragen in sehr vielen Einzelgesprächen dazu bei, den Betreffenden wieder Lebensmut zu geben.

Ein großes Anliegen sind ihnen auch Kinder aus geschiedenen Ehen. Man macht in der täglichen Praxis immer wieder die Erfahrung, daß durch die vorschnelle Einschaltung von Rechtsanwälten Kinder zum Faustpfand für die Eltern umfunktioniert werden. Dieser Mißbrauch der Kinder beruht jedoch meistens auf der irrigen Annahme der Eltern, daß ein Rechtsanwalt auch ein guter Psychologe ist und das Wohl der Kinder im Auge hat. Dabei vergessen sie, daß ein Rechtsanwalt nur seinen Klienten zu vertreten hat, und Klient ist in diesem Fall immer nur einer der Ehepartner. Für die Kinder bedeutet dies nicht selten, daß sie in einen für sie unerträglichen Zustand hineingeraten.

Um diese für die Kinder und ihren weiteren Lebensweg verhängnisvolle Situation zu verbessern, kann man einige Maßnahmen einleiten. So gibt es z. B. Mediatoren, Fachleute, die speziell dafür ausgebildet sind, mit beiden Partnern vernünftige Lösungen zu finden, oder das Selbsthilfeprojekt »Intakte Elternschaft trotz Ehescheidung«. Ziel dieses Selbsthilfeprojektes ist es, den Eltern zu verdeutlichen, daß Partnerschaft zerbrechen kann, aber nicht notwendigerweise auch Elternschaft zerbrechen muß. Mit Hilfe von »Elternverträgen« werden nach Möglichkeit alle wesentlichen Dinge festgeschrieben, die das Kind betreffen und von Wichtigkeit sind. Da sich die Eltern von diesem Elternvertrag nicht übervorteilt fühlen und sich mit ihm auch identifizieren können, versuchen die Eltern in der Regel, sich an diesen Elternvertrag zu halten. Die Beratung erfolgt für die betroffenen Eltern kostenlos.

Private Gesprächsgruppen

> Es ist vernünftiger, eine Kerze anzuzünden als über Dunkelheit zu klagen.
>
> *Kung Fu Tse*

Natürlich ist es – unabhängig von einem institutionellen »Veranstalter« oder Therapeuten – möglich, zur Verarbeitung der Trennung selbst eine Gesprächsgruppe zu initiieren. Eine Reihe der Beispiele dieses Buches stammt aus einer solchen Gruppe.

Ausgangspunkt für die Gründung war, daß ein Betroffener in einer Tageszeitung inserierte: »Wer wurde auch von seinem Partner verlassen? Sollten wir uns nicht einmal zu einem Erfahrungsaustausch (und gegenseitiger Hilfe) zusammensetzen? Unverbindliche Kontaktaufnahme unter…«

Die Resonanz war erstaunlich groß, es meldeten sich in kurzer Zeit 15 Betroffene, Frauen und Männer im Alter von 30 bis 50 Jahren. Kurz darauf traf man sich in der Wohnung des Inserenten. Beim Kaffee erzählte zunächst jeder die Geschichte seiner Beziehung, seiner Trennung und schilderte seine Situation. In einem solchen Kreis war jeder um Sachlichkeit und Objektivität bemüht, auch wenn es oft emotional wurde.

Die Gruppe existierte mehrere Monate. Bei den Zusammenkünften – man traf sich reihum in den Wohnungen der einzelnen – war es sehr interessant, die fortschreitende »Genesung« der einzelnen zu beobachten.

Da gab es regen Austausch von Männern und Frauen über ihr unterschiedliches Verständnis von Partnerschaft, Informationen, wie man mit den alltäglichen Problemen fertig wird, gelegentlich persönliche Einladungen zum vertiefenden Gespräch, gemeinsame Kinobesuche, wenn Filme mit entsprechender Thematik gezeigt wurden, Ratschläge für das richtige Verhalten gegenüber dem ehemaligen Partner bei einem geplanten Gespräch und auch manchen persönlichen Trost.

Insgesamt war diese Gesprächsgruppe für alle Beteiligten ein Gewinn. Alle waren von dem gleichen Problem – wenn auch in unterschiedlicher Weise – betroffen. Man konnte seine eigenen Schwierigkeiten darstellen, mußte sich aber auch mit denen der anderen beschäftigen. Man wußte, daß die anderen dort Zeit für einen hatten. Man konnte Rat und Hilfe erwarten. Man kam zu Gleichgesinnten und Gleichbetroffenen unter der Voraussetzung, die momentanen Probleme besprechen zu können und sich gegenseitig dabei zu helfen, aus der gegenwärtigen Situation herauszukommen und Perspektiven für die Zukunft zu entwickeln.

Die Anfangsschwierigkeiten für einen privaten Gesprächskreis sind nicht immer gering, manchmal liegt das Problem schon im Text der Anzeige.

»Lehrerin, 34, gutaussehend und nett, sucht liebe Menschen, mit und ohne Kinder, die sich mit dem Thema Trennung und Scheidung beschäftigen oder es schon hinter sich haben, zwecks gemeinsamen Gedankenaustausches und eventuell für Hausgemeinschaft.«

»Das war eine sehr zeitraubende Angelegenheit. Manche haben mir ihre Probleme am Telefon geschildert, und die Gespräche dauerten entsprechend lange. Es waren mindestens 25 Leute, die sich gemeldet haben. Natürlich wollte ich ein gemeinsames Treffen, aber viele – Frauen wie Männer – bestanden darauf, sich zunächst einmal mit mir allein zu treffen. Sie hätten Hemmungen, in der Gruppe zu reden.

Schließlich hat sich dann zumindest ein Teil der Interessierten getroffen. Von zehn Eingeladenen kamen sechs. Komischerweise erwarteten alle, sie würden etwas geboten bekommen und müßten selbst nichts dazu beitragen. Das hat mich sehr gestört, zumal viele beim Gespräch dann immer wieder vom Thema abgekommen sind.

Jetzt muß ich mal überlegen, wie ich meine eigentlichen Ziele realisieren kann.«

Bei einer privat initiierten Gesprächsgruppe kann uns niemand vorschreiben, wen wir (wieder) einladen. Insofern ist der »Ausleseprozeß« zwar etwas mühselig, entspricht aber letztlich doch etwa unseren persönlichen Vorstellungen.

Hilfe von Therapeuten

> Wer sich nicht selbst helfen kann,
> dem kann niemand helfen.
>
> *Johann H. Pestalozzi*

Die Trennung kann eine tiefe persönliche Krise auslösen. Probleme und Ängste tauchen auf, die in der Zeit der Partnerschaft scheinbar nicht vorhanden waren. Unsere »alten« Schwächen treten wieder zutage und belasten uns. Die Art und Weise, wie wir die Trennung bewältigen, hat viel mit unseren Erfahrungen und Fähigkeiten zu tun.

Manche Menschen werden selbst mit der Trennung fertig, andere haben gute Freunde oder Verwandte, die ihnen über die Krise hinweghelfen. Nicht selten aber geschieht es, daß Menschen total zusammenbrechen und ohne fachkundige Hilfe von Therapeuten nicht mehr aus der Krise herauskommen.

In den wenigsten Fällen genügt eine akute Krisenberatung. Sie wird häufig von den Beratungsstellen praktiziert, an die sich die Betroffenen wenden; oft genug wird hier die Schwere des Falles erkannt und der Betroffene an den Therapeuten weiterverwiesen.

Die akute Beratung beim Therapeuten kann häufig auch kurzfristig vereinbart werden und kostet für eine einstündige Beratung etwa 100 DM.

Wenn einem Menschen aber nur von einem Therapeuten zu

helfen ist, sollte man zumindest eine sogenannte Kurztherapie anstreben. Sie umfaßt in der Regel 30 Therapiestunden bei wöchentlich einer Sitzung; häufig übernehmen die Krankenkassen die Kosten. Bei tieferliegenden Problemen ist eine längere Kurztherapie von circa 50 Stunden angezeigt, sie wird teilweise von den Kassen übernommen, meist aber privat gezahlt. Darüber hinaus gibt es natürlich noch zahlreiche andere Therapieformen, die auch sehr viel länger dauern können.

Das Problem bei therapeutischer Hilfe besteht oft darin, daß die Termine beim Psychotherapeuten ausgebucht sind und schon Wartelisten existieren.

Das Ziel einer Therapie ist immer umfassender als eine «Soforthilfe». Neben der Bewältigung der Trennung steht die ganze Persönlichkeit mit ihren Ängsten und Einstellungen im Mittelpunkt. Nur wer bereit ist, sich wirklich mit sich selbst auseinanderzusetzen, sollte eine Therapie beginnen. Sie ist kein »Wundermittel«, das uns schnell von unserem Schmerz befreit. Sie erfordert aktive Mitarbeit und zieht sich meist über einen längeren Zeitraum hin.

Was in der Therapie im einzelnen geschieht, hängt von der Therapieform ab. Es gibt Therapien, die sich mehr mit der Vergangenheit beschäftigen, andere haben im wesentlichen eine Verhaltensänderung zum Ziel oder bearbeiten die Probleme mittels gezielter Körperarbeit (s. Literaturverzeichnis).

Die Menschen, die mit einem Trennungsproblem zu einem Psychotherapeuten kommen, haben oft die falsche Erwartung, daß ihnen der Therapeut hilft, den Partner zurückzugewinnen. Sie gehen nicht davon aus, daß sie selbst zu einem wesentlichen Teil an der Trennung schuld sind, sondern ignorieren zunächst diese Tatsache wie auch die Wirklichkeit der Trennung.

Sie müssen sich mit der Frage konfrontieren, was eigentlich *grundsätzlich* nicht gestimmt hat: daß sie vielleicht zu viele Wünsche und Forderungen an den anderen hatten, daß sie den Verlust ihrer Partnerrolle akzeptieren müssen etc.

Dies ist in der Anfangsphase einer Therapie eine schwierige Situation: Der Betroffene ist ohnehin schon in einer schwierigen

Lage, er ist unglaublich labil, er hat offene Wunden, er ist leicht verletzbar. Dazu kommt die Reaktion seiner Umwelt auf seine äußere Erscheinung und sein Verhalten. Er ist in der Regel gesundheitlich mitgenommen, läßt sich gehen, vernachlässigt seine Kleidung, trinkt vielleicht, geht Leuten auf die Nerven.

Hier kann der Therapeut zunächst nur zuhören, den anderen mit seinen Problemen ernst nehmen, mit ihm die Beziehung durchsprechen, ihn thematisch vorsichtig führen. Für den Betroffenen ist es wichtig, über seine Gefühle sprechen, sich abreagieren zu können. Er gewinnt mit dem Therapeuten zusammen neue Erkenntnisse über sich selbst und seine bisherigen Verhaltensweisen. Und schließlich findet er zu sich zurück, wird aufgebaut, kann wieder auf Menschen zugehen. Er lernt, die guten und schlechten Seiten der vergangenen Beziehung zu sehen und das Auseinandergehen zu akzeptieren.

Die Anzahl der Therapieformen steigt in der letzten Zeit rapide an, und die Entscheidung für die für uns am besten geeignete Form ist für den Laien nahezu unmöglich. Am besten läßt man sich von einem Arzt beraten.

Bei der Wahl sollte man auf die entsprechende fachliche Ausbildung des Therapeuten achten. Neben einem Studium in Psychologie oder Medizin ist in der Regel noch eine längere Therapieausbildung, die auch die praktische Erfahrung mit einbezieht, notwendig. Vorsichtig sollte man bei den »exotischen« Therapieformen sein, die ihre Klienten in Zeitungsinseraten mit großen Versprechungen anlocken:

»Einmalig! – Nur in München
SOS – SERVICE – STUDIO
erfolgreiche Spezialisten für Problemlösungen
privat und geschäftlich, z. B. Seelisches Tief
Rat und Tat in allen Lebenslagen«

»Astrologin
psychologische Beraterin
Ehe-Partner-Berufsberatung«

Es gibt kein Patentrezept dafür, welche Therapie für welche Menschen am geeignetsten ist. Im Zweifelsfall jedoch sollte man sich auf sein Gefühl verlassen. Wenn einem der Therapeut oder die Therapieform überhaupt nicht zusagt, sollte man die Therapie lieber abbrechen, bevor man mehr Schaden als Nutzen davon hat.

Oft entsteht die Abneigung aber auch nur, weil wir merken, daß wir uns mit für uns unangenehmen Dingen auseinandersetzen müssen und dagegen inneren Widerstand aufbauen. Aus diesem Grund sollte man dieses Gefühl der Abneigung aber auf jeden Fall in der Therapie ansprechen. Ein guter Therapeut weiß dies nicht persönlich zu nehmen, und nur durch das Darübersprechen ist es möglich zu klären, ob dies Ausdruck eines »Widerstandes« ist oder ob man wirklich nicht mit dem Therapeuten »kann«.

Letztlich ist jeder selbst dafür verantwortlich, wieweit er gehen kann und möchte; diese Verantwortung sollte man sich auch nicht von einem Therapeuten nehmen lassen.

Rechtsanwalthilfe

> »Dieser Mensch war mein Unglück!« – So wird häufig gerade von dem gesprochen, mit dem die seltenen Stunden des Glücks erlebt werden konnten.
>
> *Bernd Nitzschke*

Aus Rachegefühlen heraus werden oft Dinge gesagt oder Handlungen begangen, die außerhalb jeder Vernunft stehen und im Affekt begangen werden und die gelegentlich rechtliche Konsequenzen nach sich ziehen. So wird für einen oder beide Partner das Rechtsanwaltsbüro der Austragungsort für private Machtkämpfe.

Menschlich ist das verständlich, man will sein vermeintliches Recht, sein Eigentum schützen – oder dem anderen einfach schaden. Die meisten, die so gehandelt haben, waren hinterher nicht sehr glücklich darüber. Neben der Tatsache, daß das Ganze vor Gericht viel Kosten verursacht hat, hinterlassen diese Auseinandersetzungen meist Wunden, die nicht so schnell – manchmal lebenslang nicht – heilen.

Andererseits kann eine rechtzeitige Beratung durch einen Rechtsanwalt – bevor man im vermeintlichen Rechtsbewußtsein handelt – vor manchen verhängnisvollen und teuren Fehlern bewahren.

Eine Rechtsanwältin, häufig bei Trennungssituationen um Hilfe gefragt, berichtet aus ihrer Erfahrung: »Manche scheuen den Weg zum Rechtsanwalt, auch aus Kostengründen. Dabei kostet eine einstündige Beratung nur etwa 100 DM. Für diesen Betrag werden aber unter Umständen beide vor einem häufig sehr großen materiellen Schaden bewahrt, abgesehen von der Vermeidung von Verhaltensweisen, die beiden für die Zukunft persönlich sehr schaden können.

Wichtig ist nur: keinesfalls sofort eine Klage einreichen und eine Prozeßvollmacht unterschreiben, sondern erst eine Beratung vereinbaren.

Warum anwaltschaftliche Hilfe?

Weil nur ein gut Informierter die für ihn richtige Entscheidung treffen kann, also die Nachteile hoher Gerichts- und Anwaltskosten (durch verlorene Prozesse, Anzeigen, Verurteilungen wegen Beleidigung, ungesetzliche Handlungen usw.) vermeiden kann.

Oft kann bereits die vermittelte Einsicht in Unabänderlichkeiten wieder ein Schritt zur persönlichen Befriedung sein.«

Vermittlung bei Trennung und Scheidung: Mediation

Jede Trennung oder Scheidung hinterläßt nicht nur ihre emotionalen Wunden, sie macht auch rechtliche Vereinbarungen notwendig. Da muß der Unterhalt für einen Partner bestimmt, der Zugewinn- oder Versorgungsausgleich festgesetzt, der Besitz aufgeteilt und über das Sorgerecht für die Kinder entschieden werden. Bisher übernahmen Anwälte und Richter diese Aufgabe. Die Folge: Die Betroffenen fühlten sich der Justiz ausgeliefert und wehrten sich häufig gegen die gerichtlichen Beschlüsse. Unterhalts- oder Sorgerechtsentscheidungen wurden angefochten und führten nicht selten zu jahrelangen Prozeßschlachten. Eine Alternative zur anwaltlichen Beratung bietet seit einiger Zeit die Mediation.

Die Mediation kommt aus den USA. Dort hat man sich schon viel länger als bei uns intensiv mit Trennungsforschung befaßt und vor allem mit den teilweise fatalen Folgen für Kinder. Hilfe im zermürbenden Trennungskrieg soll der Mediator bieten. Gemeinsam mit den Partnern (manchmal werden auch die Kinder mit einbezogen) sucht er akzeptable Lösungen und achtet dabei auf Fairneß und die Einhaltung bestimmter Spielregeln. Statt sich von Anwalt oder Richter eine Regelung vorschreiben zu lassen, nehmen die Betroffenen ihr Schicksal selbst in die Hand und treffen eine für alle Beteiligten verbindliche Vereinbarung. So konnten sich in den USA mit Hilfe der Mediation 80 Prozent der Betroffenen einvernehmlich einigen, mit Hilfe eines Anwalts nur 20 Prozent.

Doch die Mediation eignet sich nicht für alle Paare. Denn sie setzt voraus, daß die Partner die äußere Trennung bereits akzeptiert haben und sich auch auf eine emotionale Trennung zubewegen. Die Partner müssen sich zu gegenseitiger Offenheit verpflichten, bereit sein, direkt miteinander zu verhandeln, und ein geringes oder mittleres Streitpotential besitzen. Denn bei der Mediation geht es nicht um Schuldzuweisungen oder die Aufarbeitung von Fehlern aus der Vergangenheit, sondern darum, Lösungen für die Zukunft zu finden. Mediation basiert auf der Grundeinstellung, daß beide Seiten als Gewinner aus der Trennungssituation gehen sollen. Solange also einer der beiden Partner nur danach strebt, seine Vorteile auf Kosten des anderen zu vergrößern, ist Mediation nicht möglich. Wie viele Paare jedoch über das erforderliche hohe Maß an Selbstachtung und Selbstdisziplin verfügen, ist umstritten. Fachleute sprechen von 20 Prozent.

Das Mediationsverfahren besteht aus fünf Phasen, wobei die Übergänge zur Therapie in jeder Phase fließend sind. Zunächst legt der Mediator den Verhandlungsgegenstand und den Ablauf der Mediation fest. Dann äußern beide Partner ihre Positionen und ihre Vorstellungen über ihre Zukunft und die ihrer Kinder. Dabei müssen sie in der Lage sein, ihre Interessen adäquat zu äußern, andernfalls wird eine anwaltliche Beratung empfohlen.

Die zweite Phase dient der Bestandsaufnahme. Der Mediator sammelt die einzelnen zu regelnden Punkte und überprüft, in welchen Bereichen bereits Einigkeit besteht und welche Fragen noch offen sind. In der dritten Phase werden dann gemeinsam Handlungsmöglichkeiten für die Zukunft entwickelt. Der Mediator arbeitet die hinter den jeweiligen Positionen stehenden Interessen und Wünsche heraus und sucht gemeinsam mit den beiden Partnern nach akzeptablen Lösungen. Hier ist vor allem die Phantasie und das Vermittlungsgeschick des Mediators gefragt. In der vierten Phase wird der Entwurf einer Vereinbarung, ein Memorandum, erarbeitet. Bei schwierigen rechtlichen Fragen ist es ratsam, die Vereinbarung nochmals dem Anwalt vorzulegen. Die Vereinbarung wird dann von beiden Partnern unterzeichnet. Die fünfte Phase dient der Überprüfung. Nach einem halben Jahr treffen sich die beiden Partner erneut mit dem Mediator und berichten über ihre Erfahrungen mit der getroffenen Vereinbarung. Gegebenenfalls werden Änderungen diskutiert oder neue Optionen erarbeitet.

Die Vorteile der Mediation liegen auf der Hand. Die Betroffenen erarbeiten gemeinsam eine auf ihren Fall zugeschnittene Lösung. Die Regelungen werden nicht verordnet, sondern selbst erarbeitet und daher auch akzeptiert.

Wer ist nun der Mediator? Für den Beruf des Mediators fehlen bisher klare Ausbildungsrichtlinien. Immer mehr Anwälte, Richter, Psychologen und Sozialarbeiter machen jedoch eine Zusatzausbildung in Mediation. Notwendig sind Mindestkenntnisse in Verhandlungs- und Fragetechniken sowie eine fundierte Ausbildung in Familienrecht. Ob im Einzelfall ein Psychologe besser als Mediator geeignet ist als ein Anwalt, hängt von den notwendigen Regelungen ab. Geht es etwa um diffizile rechtliche Fragen, dann ist ein Psychologe schnell überfordert. Die Mediation ist eine persönliche Beratungsleistung und kostet zwischen 80 und 300 Mark pro Stunde. Adressen befinden sich im Anhang.

Die Neuordnung des Alltags

Klärendes Gespräch mit dem Partner

> Im Abschied ist die Geburt der Erinnerung.
>
> *Salvador Dali*

Viele Menschen haben im Lauf einer Trennung das Bedürfnis, das Verhältnis zum ehemaligen Partner in eine bestimmte Ordnung zu bringen.

Beim Verlassenen tauchen verschiedene Fragen auf: »So kann der mich doch nicht einfach zurücklassen, wir müssen doch noch einmal über das Ganze reden, ich muß doch wissen, woran ich bin, warum ich nun wirklich verlassen worden bin und wie wir in Zukunft miteinander umgehen sollen.« Diese ungeklärten Fragen drängen danach, beantwortet zu werden, und daher bittet man den anderen zu einem klärenden Gespräch. Man sollte sich aber zunächst einmal selbst darüber klar werden, was das wirkliche Anliegen des Gesprächs ist. Hat man nicht vielleicht doch die Hoffnung, den anderen zur Rückkehr zu bewegen? Wird man das Gespräch auch seelisch verkraften können, oder besteht nicht doch die Gefahr, in alte Fehler und Vorwürfe zu verfallen?

Manche Menschen trauen sich ein solches Gespräch zu, andere wissen schon vorher, daß sie dem eigentlich nicht gewachsen sind, wollen aber die Chance nicht ungenutzt lassen. Die Folge solcher Selbstüberforderung ist oft ein totaler seelischer, oft auch körperlicher Zusammenbruch. Da reflektiert man lange über das Gesagte, man hört dieselben Vorwürfe wie bei der Trennung – vielleicht sogar noch massiver und verletzender, da der Verlassende jetzt aus einer noch stärkeren Position heraus argumentieren kann. Ein solches Gespräch kann für den Verlassenen eine Bedrohung seiner seelischen Stabilität sein und ihm »den Rest geben«.

Für ein solches sachliches Gespräch ist das Zurücknehmen der Gefühle notwendig, das Dominieren der sachlichen Inhalte; aber sachlich über eine solche emotionale Angelegenheit wie die Trennung zu sprechen ist sehr schwer und sicher erst möglich, wenn man sich auch emotional so weit voneinander getrennt hat – oder stabilisiert hat –, daß man den anderen nicht mehr zurückholen oder verletzen will. Häufig ist das erst der Fall, wenn man selbst wieder einen neuen Partner gefunden hat. Geht es um das Besprechen rein sachlicher Dinge, ist es sicher von Vorteil, sich nicht in der Wohnung einer der beiden Ex-Partner zu treffen, sondern einen neutralen Ort zu wählen, sei es im Restaurant oder bei Freunden.

»Wir haben uns nach einiger Zeit darüber verständigt, einige Dinge miteinander zu besprechen. Jeder sagte schon bei der Verabredung, über was er gern sprechen wollte, und machte auch schon einige Lösungsvorschläge. So wußten wir beide, worum es ging, und konnten uns entsprechend vorbereiten. Wir haben uns bei einer gemeinsamen Freundin getroffen. Sie hat uns bewirtet und einige Stunden allein gelassen. Wir haben viele Dinge besprochen; nach anfänglich erzwungener Sachlichkeit wurde unser Gespräch lockerer und freundschaftlicher. Wir haben uns sogar gegenseitig von unseren neuen Partnern erzählt. Am Ende konnten wir uns sogar gegenseitig Komplimente machen, was für gute Eigenschaften wir nun im nachhinein immer noch am anderen schätzen. Das baute uns auf, machte richtig versöhnlich, und ich glaube, wir sind jetzt auf dem besten Wege, gute Freunde zu werden.«

Manchen Paaren ist es bei einem solchen Gespräch oder mehreren möglich, ihre gemeinsame Vergangenheit aufzuarbeiten und vielleicht sogar den Ursachen, die zur Trennung führten, nachzuspüren. Daneben können auch finanzielle Fragen und das Verhalten zu Freunden und Verwandten abgeklärt und ein »Nichtangriffspakt« geschlossen werden. Schließlich kann man Vereinbarungen darüber treffen, wie das zukünftige Verhältnis miteinander gestaltet werden kann.

Zukünftiges Verhalten zum bisherigen Partner

> Großes geht verloren, wenn man sich um
> Kleinigkeiten zankt.
>
> *Chinesisches Sprichwort*

Da gibt es die unterschiedlichsten Spielarten: Die einen bekriegen sich regelrecht bei jeder Gelegenheit, die anderen tun so, als wäre der andere Luft, wieder andere heiraten sogar ein zweites Mal, und viele haben wenigstens ein freundschaftliches Verhältnis.

Von wem wird die Art des zukünftigen Verhältnisses bestimmt – von mir, vom Ex-Partner oder von beiden?

In der Regel wird dieses Verhältnis durch die Art der Trennung wie auch durch das Verhalten des Verlassenden und die Reaktion des Verlassenen bestimmt. Jemand, der auf eine sehr gemeine und verletzende Art verlassen wurde, wird sich kaum dazu durchringen können, in dem anderen einmal einen guten Freund zu sehen.

»Als Monika mich verlassen hat, hat sie sofort gesagt, wir können ja gute Freunde bleiben. Aus ihrer Sicht hätte sie sicher davon profitiert.

Ich stand zu diesem Zeitpunkt unter einem solchen Schock, daß ich spontan ja gesagt habe. Aber im Laufe der Zeit habe ich gemerkt, daß sie mich belogen und betrogen hat, daß sie mir nicht die geringsten Gefallen getan hat, daß sie mir beruflich geschadet hat, daß sie sich innerhalb von einem Jahr nach der Trennung nicht ein einziges Mal gemeldet hat. Das sind – einschließlich ihrer rücksichtslosen Art der Trennung – Zeichen für einen ganz miesen Charakter. Zu so einem Menschen kann ich in der Zukunft kein freundschaftliches Verhältnis mehr haben. Bei jedem Kontakt könnte mich der Haß über solches Verhalten überkommen, für mich ist sie gestorben.«

Sicher kann man auch erst nach einer Zeit der emotionalen Beruhigung urteilen und entscheiden, wie man dem ehemaligen Partner jetzt gegenübersteht. Auf jeden Fall werden Offenheit und Ehrlichkeit, Haltung und Charakter wichtige Voraussetzungen für ein zukünftiges freundschaftliches Verhältnis sein. Für manche mag es derzeit unvorstellbar sein, mit dem anderen jemals wieder ein gutes Verhältnis zu haben, andere wollen den Kontakt zum ehemaligen Partner nicht ganz verlieren, und einige wollen wenigstens noch von den Vorteilen profitieren.

Das gute Verhältnis der beiden zueinander in der Zukunft wird sicher von der »Trennung im Guten« abhängig sein, die neben allem notwendigen Übel, Unerfreulichen und Schmerzlichen wenigstens Fairneß voraussetzt. Die Art des Verhältnisses der beiden Partner zueinander wird auch das zukünftige Verhältnis gegenüber dem bisherigen sozialen Umfeld wie Freunden und Verwandten mitbestimmen.

Nicht selten entwickeln die ehemaligen Partner ein sehr gutes Verhältnis zueinander. »Jeder von uns hat einen neuen Partner, und es kommt oft vor, daß wir zu viert etwas unternehmen. Unsere Interessen sind ähnlich, und so ergibt sich vieles Gemeinsame. Für mich ist es schön, meinen ehemaligen Partner als Freund um mich zu haben. Ich kann jetzt auch viel besser mit seinen Fehlern umgehen; es regt mich nicht mehr auf – ich sehe das alles gewissermaßen von außen und bin nicht mehr so davon betroffen.

Letzten Sommer waren wir sogar gemeinsam im Urlaub in Spanien – er mit seiner Freundin und ich mit meinem Freund. Früher hätte ich mir nie vorstellen können, daß so etwas möglich ist und wir alle so gut miteinander auskommen.«

Ein gutes Verhältnis der ehemaligen Partner ermöglicht es manchmal auch, daß man sich gelegentlich trifft, über sich und die Zukunft redet und sich vielleicht sogar gegenseitig beim Aufbau einer neuen Partnerschaft berät, da man sich ja gut kennt.

»Mit Christine war ich zwölf Jahre zusammen, bis wir uns freundschaftlich trennten. Da wir im selben Haus wohnen, erlebte sie meine neue Partnerschaft mit, wir waren auch gelegentlich bei Feiern zusammen. Als sich dann meine Partnerin von mir trennte, hatte sie sehr viel Verständnis für mich, nahm sich Zeit, tröstete mich.

Als ich eine neue Bekannte hatte, wollte ich nichts falsch machen und habe mir oft bei ihr Rat geholt. Da sie mich kennt, konnte sie meine Verhaltensweisen richtig einschätzen. Ihre Ratschläge im Hinblick auf die Erwartungshaltung von Frauen waren mir eine große Hilfe.«

Das zukünftige Verhältnis zweier ehemaliger Partner ist keine Angelegenheit, die sich zum Zeitpunkt der Trennung vorhersehen läßt; man tut gut daran, es insofern offen zu halten, als man sich bei der Trennung nichts von vornherein durch falsche Verhaltensweisen verbaut.

Wohnung – Auszug

> Bringe die kleinen Dinge in Ordnung, und
> die großen folgen ganz von selbst.
>
> *Josef Kirschner*

Oft beginnt schon in der Trennungsphase ein Kampf um die Wohnung: grundsätzlich um das Wohnrecht wie auch um die Veränderung des Mietvertrages zugunsten eines Berechtigten. Dem voraus geht oft schon die Entscheidung beziehungsweise Diskussion, wer die Wohnung verlassen will oder ausziehen muß.

Für viele Menschen ist gerade die Wohnung das sichtbare Zeichen der Gemeinsamkeit, der Zusammengehörigkeit. So meinen sie, daß derjenige, der diese Gemeinschaft verläßt, nun auch konsequenterweise die Wohnung verlassen muß. Diese Auffassung ist sicher nur eine Möglichkeit von mehreren. Rechtsanwälte haben schon viele andere Fälle in ihren Kanzleien erlebt:

»Rechtlich gibt es den Grundsatz: Die eheliche Wohnung darf derjenige weiter bewohnen, für den ein Umzug objektiv die größte Belastung darstellen würde, zum Beispiel wegen Kinderbetreuung, einer Behinderung, einer Krankheit oder wegen Alters.

Soweit beide den Mietvertrag unterschrieben haben und keine Einigung über den Auszug erzielen können, muß der Richter entscheiden. Voraussetzung ist aber, daß der Vermieter bereit ist, den Mietvertrag mit nur einem der Partner fortzusetzen. Stimmt der Vermieter zu, so hat der Verbleibende gegenüber dem Vermieter den anderen aus allen Pflichten aus dem Mietvertrag zu entlassen und diese Pflichten voll zu übernehmen.«

Manchen erscheint es sinnvoll, daß der andere zwar noch in der Wohnung bleibt – bis er eine neue Wohnung gefunden hat –, aber sonst keinen Kontakt mehr mit dem Partner pflegt. Das wird nur in den seltensten Fällen gutgehen; beispielsweise wenn die Trennung keine große emotionale Belastung für den Verlassenen bedeutet und wenn beide Partner gewohnt sind, weitgehend ihre eigenen Wege zu gehen.

Meist ist es jedoch schwer zu verkraften, dem neuen Leben des Partners (eventuell sogar mit einem neuen Partner) einfach so zuzusehen, auch weil man durch dessen Gegenwart ständig sowohl an die schönen gemeinsamen Zeiten als auch an die schmerzliche Trennung erinnert wird. Dieser Zustand kann so unerträglich werden, daß es unweigerlich zum großen Knall kommt.

»Wenn eine Partnerschaft zu Ende geht beziehungsweise zu Ende ist, dann sollte man versuchen, sofort aus der gemeinsamen Wohnung auszuziehen. Es kostet sicher am Anfang sehr viel Kraft, weil man eben nicht an ein Ende glauben möchte und im Tiefsten vielleicht doch immer noch einen neuen Anfang erwartet. Aus eigener Erfahrung kann ich sagen, daß es sehr viel Kraft und Nerven kostet, wenn man täglich zuschauen muß, wie der frühere Partner mit einem neuen Partner sein neues Leben lebt. Unsere Trennung liegt nun schon zwei Jahre zurück, aber ich lebe immer noch in der alten Wohnung. Es gibt Tage, da ist jeder Moment lebenswert, und dann kommt wieder ein Moment, der schwer zu ertragen ist (z.B. wenn ich den ehemaligen Partner mit der neuen Partnerin sehe). Dann habe ich das Gefühl, ich schaffe es nicht mehr. Man muß einfach die Kraft haben, einen Schlußstrich zu ziehen, auszuziehen. Man muß die Augen aufhalten für neue Dinge, dann geht es sicher besser weiter.«

Sich zu trennen heißt auch, sich räumlich zu trennen. Erst dann ist ein ganz neuer Anfang möglich.

Meine Sachen – deine Sachen

> Dinge haben nur den Wert, den man ihnen
> verleiht.
>
> *Molière*

Ein Paar, das über längere Zeit miteinander gelebt hat und auch an eine gemeinsame Zukunft denkt, hat in der Regel keinen Grund, sich beim Kauf von Dingen schon Gedanken um die mögliche Aufteilung bei einer Trennung zu machen.

Wenn die Gegenstände von einem bezahlt wurden und die Rechnung auch auf dessen Namen ausgestellt wurde, erleichtert dies natürlich später die Eigentumszuordnung. Dies ist sicher nicht die Regel, meist ist die Eigentumsfrage unklar und wird nach der Trennung von beiden unterschiedlich gesehen. Der Grund dafür sind oft fehlende Kaufverträge oder auch das jetzige Desinteresse am gemeinsam Gekauften. Wenn die Partner eine Liste des persönlichen Eigentums beim Einzug in die gemeinsame Wohnung oder der später gemeinsam gekauften Gegenstände erstellen (mit dem Zahlungsanteil der Partner), ist dies sicher eine Hilfe bei der Klärung der Eigentumsfrage.

Natürlich denkt man beim Zusammenlegen zweier Haushalte nicht gern schon an Trennung. Verträge sind jedoch – selbst unter Freunden – auch ein Beweis von Vertrauen und Achtung vor dem Eigentum des Partners. Man sollte den Mut haben – nicht nur mit Blick auf die hohen Scheidungszahlen –, bei der Planung einer gemeinsamen Zukunft auch die Eigentumsfragen konkret zu regeln.

Auch bei der Aufteilung des Eigentums spielt die Art der Trennung eine entscheidende Rolle – also inwieweit Rachegelüste oder sachliche Korrektheit diesen letzten äußerlich sichtbaren Akt der Partnerschaft bestimmen.

Man sollte sich bei der Teilung der Sachen manchmal die Frage stellen, ob man dieses Teil wirklich braucht, ob es sich lohnt, es deswegen auf einen Machtkampf ankommen zu lassen. Für manchen scheint es die letzte Gelegenheit zu sein, dem anderen wenigstens noch materiellen Schaden zuzufügen, ohne sich der Tatsache bewußt zu sein, daß dies auch rechtliche Konsequenzen haben kann.

Ein Rechtsanwalt rät zu korrektem Verhalten:

Viele gemeinsam angeschaffte Gegenstände (z. B. eine Stereoanlage) lassen sich nur noch im Ideellen teilen, also ihrem Wert entsprechend. Es muß in diesem Punkt eine Einigung erzielt werden, wenn nicht zwischen den beiden, dann notfalls vor dem Richter. Auch der Richter wird davon ausgehen, wer den Gegenstand bisher (häufiger) genutzt hat.

Gegenseitige Geschenke können nach zivilrechtlichen Vorschriften zurückgefordert werden, wenn der Beschenkte sich gegen den Schenker eines groben Undanks schuldig gemacht hat. Die Rückforderung ist daher – nach praktischen Erfahrungen aus Beweisgründen – schwierig.

Soweit ein Partner aus Gründen der überwiegenden Nutzung den Hausrat beanspruchen darf (oder eben aus diesen Gründen auch die Zuweisung eines Gegenstandes), sollte er zum gerechten Ausgleich eine Zahlung (im Zeitwert) an den anderen vornehmen.

Bei nichtverheirateten Paaren richtet sich die Aufteilung der Gegenstände ausschließlich nach den tatsächlichen Eigentumsverhältnissen, d. h.: Wer bezahlt hat, bekommt den Gegenstand. Hier hat die Frage der überwiegenden Nutzung oder des Bedarfs keine Bedeutung. Zu gleichen Teilen bezahlte Gegenstände müssen von einem Partner übernommen und bezahlt werden. Streitigkeiten sind vor dem allgemeinen Prozeßgericht auszutragen.

Im Hinblick auf die gemeinsame Vergangenheit ist es eigentlich unwürdig, um Gegenstände zu feilschen, sie dem anderen vorzuenthalten oder gar eine rechtliche Auseinandersetzung darüber anzustreben.

Oft kann der Rat von Freunden oder deren Objektivität die Probleme lösen. Manchmal ist die Erstellung einer Liste der Dinge des Partners und eine Übergabe gegen Quittung notwendig, um sich gegen spätere mögliche Forderungen abzusichern. Schwierig wird es bei gemeinsam gekauften und für den gemeinsamen Gebrauch bestimmten Gegenständen wie Videorecorder, Surfbrett oder Fotoausrüstung sowie bei wertvollen Geschenken, die unter dem Aspekt der Gemeinsamkeit gemacht wurden. Hier bietet sich manchmal ein Wertausgleich an, wenn der eine einen Gegenstand, mit dem der andere nichts mehr anfangen kann, gern behalten möchte.

Auch über die Rückgabe von Geschenken sollte man reden. Es ist besser, einen Gegenstand gleich zurückzuverlangen, als sich ewig darüber zu ärgern, daß der andere ihn nicht freiwillig zurückgibt.

Für manche bedeutet die Trennung auch die Rückgabe aller erhaltenen Geschenke: »Ein paar Tage nach seiner Entscheidung, sich von mir zu trennen, stand ein großer Karton vor meiner Wohnungstür. Darin lagen alle Geschenke, die ich ihm im Lauf unserer Beziehung gemacht hatte. Er wollte offensichtlich alle Dinge, die mit mir zusammenhingen, aus seinem Leben verbannen; die totale Trennung auf gefühlsmäßiger und materieller Ebene. Dieses Verhalten verletzte mich.«

Gerade bei den Eigentumsfragen kommen schnell Emotionen auf, viele Gegenstände bergen Erinnerungen an die gemeinsame Vergangenheit und konfrontieren mit der nun nicht mehr gemeinsamen Zukunft. Die Gegenwart und »Schiedsrichterfunktion« eines Freundes bei diesem Akt der Trennung kann für beide Partner eine große sachliche und persönliche Hilfe sein.

Erst wenn auch dieser Teil der Trennung hinter uns ist, können wir daran gehen, unser äußeres Leben neu zu gestalten und an uns selbst zu denken.

Äußere Veränderungen

Fürchte dich nicht, langsam zu gehen.
Fürchte dich nur, stehenzubleiben.

Chinesisches Sprichwort

Wenn die innere Trennung vom Partner weitgehend vollzogen ist und auch die äußeren Verbindungen nicht mehr so sichtbar sind, wollen diese Lücken gefüllt sein.

In vielfältiger Weise ist die Notwendigkeit, sein Leben anders einzurichten, auch eine Chance, wieder »ein neuer Mensch« zu werden. Häufig wird man in der ersten Zeit seelisch noch so mitgenommen sein, daß man sich auch äußerlich vernachlässigt. Aber irgendwann ist dieses Tief überwunden. Freunde haben einem schon längst Mut gemacht und gesagt: »Jetzt denk doch auch einmal an dich, du hast doch immer nur für den anderen gelebt, für ihn deine Zeit geopfert, immer zurückgesteckt. Jetzt mußt du dein Geld für dich ausgeben, dir selbst eine Freude machen.«

Das anfängliche Mißtrauen gegen diese ungewohnte Denkweise verschwindet langsam, und man fängt an, sich auf sich selbst zu konzentrieren, sich die eigenen Bedürfnisse bewußt zu machen und danach zu leben. Man gönnt sich endlich einmal selbst etwas. Für viele fängt das mit der Umgestaltung der Wohnung an. Da wirft man alte Möbel hinaus, kauft sich einen neuen Teppich, ein neues Bett, nimmt die alten Bilder von der Wand, man beseitigt die Spuren der alten Beziehung und verstaut manches, das einen daran erinnert, im Keller. Langsam bekommt man ein neues Wohlgefühl, zumal, wenn man die neue Wohnung allein gestaltet hat. Die Bewunderung von Freunden für die neuen Sachen verstärkt dann noch das Gefühl, daß es jetzt bei einem viel schöner ist.

Auch das Verhältnis zur Kleidung kann sich ändern. Während einer Partnerschaft vernachlässigen viele ihre Kleidung und damit einen wichtigen Punkt, der einen Menschen äußerlich attraktiv macht. Man hatte ja den Partner, war daher auf die Meinung der anderen Menschen und den Eindruck, den man auf sie machte, nicht so angewiesen und brauchte zudem nicht so viel Geld für Kleidung auszugeben.

Wenn man jetzt plötzlich Wert auf Kleidung legt und damit sein Äußeres entscheidend verändert, hat man manchmal Erfolge, an die man selbst nicht denken würde. »Meine Freunde haben mir oft gesagt: ›Wenn du weiterhin mit so alten Klamotten herumläufst, lernst Du nie eine Frau kennen.‹ Also bin ich in ein Geschäft gegangen, habe mich beraten lassen und bin völlig ›durchgestylt‹ zurückgekommen. Der Erfolg war verblüffend: Meine Freunde bewunderten meinen guten Geschmack, sogar Männer machten mir Komplimente, und eines Tages sprach mich im Theater sogar eine attraktive Frau an und fragte mich, ob ich etwas mit der Modebranche zu tun hätte. Wenn ich dann in mein Stammlokal kam und die Frauen mich etwas länger als üblich anschauten, wußte ich: Die interessieren sich für mich, ich bin ein attraktiver Mann. Das gab mir soviel Selbstbewußtsein, daß ich mich auch traute, Frauen anzusprechen. Es fiel mir sehr leicht, und häufig haben sie mir gesagt, daß sie mein ›Outfit‹ schick fänden.«

Manche mögen es, sich eher etwas verrückt oder ausgeflippt anzuziehen, andere legen mehr Wert auf modische und elegante Kleidung – wichtig ist nicht so sehr, was die anderen dazu sagen, sondern wie man sich selbst darin fühlt. Dieses wiedererwachte Selbstbewußtsein stärkt unser seelisches Gleichgewicht, stabilisiert auch unseren Gesundheitszustand und steigert die Lebenslust und Arbeitsfreude.

Zu dieser Selbstfindung gehören auch Dinge, die man schon immer einmal tun wollte, aber aus Rücksicht auf den Partner nicht tun konnte oder darauf verzichtet hat.

Das mag eine Fahrt mit dem Auto ins Blaue sein, das Anschauen von Filmen, die der Partner nicht mochte, eine anstrengende Bergtour, das Reaktivieren eines Hobbys, der Besuch eines Jazz-Frühschoppens oder das ziellose, aber vergnügliche Verbummeln eines Wochenendes. Alle diese Aktivitäten befreien uns von den Zwängen der Vergangenheit, steigern die Lebensfreude und lassen uns Gefallen an unserem neuen Ich finden. Nur: Überwinden muß man sich dazu.

Alltäglichkeiten – ohne Partner

Gewohnheiten sind die Stoß- und
Schalldämpfer unseres Lebens.

Thornton Wilder

Erst nach einer Trennung fällt uns manchmal auf, wie viele Alltäglichkeiten und Gewohnheiten uns mit dem Partner verban-
den. Sie werden uns in den entsprechenden Situationen des täglichen Lebens nunmehr schmerzhaft bewußt.

Das fängt damit an, daß man abends vor dem Schlafengehen
nicht mehr wie gewohnt ein paar Worte reden kann, daß man
morgens das Bett neben sich leer findet, daß das Frühstück allein
keinen Spaß macht, daß man tagsüber nicht mehr vom Partner
angerufen wird, daß man den anderen nicht mehr kurz vor Fei-
erabend anruft, um sich mit ihm für den Abend zu verabreden,
daß man abends für niemanden mehr das Essen zubereitet, daß
man keinem mehr vom Alltäglichen erzählen kann.

Überall fehlt die Bezugsperson, mit der wir sonst den Alltag
gestaltet haben. Da hat sich der eine um die Wäsche gekümmert,
der andere um das Geschirr, der eine um das Auto, der andere
um die Finanzen, der eine um den Einkauf, der andere um die
Wochenendgestaltung.

Nun muß man alles allein machen und hat überhaupt keine
Lust mehr dazu, weil man sich fragt: »Für wen denn?« Oder man
fühlt sich vielen Dingen gegenüber völlig hilflos, denn für diesen
Bereich war ja der andere zuständig, und man brauchte sich nicht
darum zu kümmern. Jetzt muß man allein fertig werden. Man
sollte den Mut haben, Freunde oder Nachbarn um Rat zu fragen.
Die meisten Dinge lassen sich schnell lernen, und dazu kommt
die Bestätigung, »es dem anderen zu zeigen, wie gut man auch
ohne ihn zurechtkommt«. Wie hatte sie doch immer zu ihm gesagt: »Wenn ich nicht mehr für dich da bin, läßt du sogar das Kaf-
feewasser anbrennen!«

Statt hoffnungslos zu versagen, gelingen uns vielleicht sogar
Dinge, die bei anderen Bewunderung hervorrufen: »Hast du das

ganz allein gekocht, das schmeckt ja ausgezeichnet?« – »Hast du das Geschenk allein ausgesucht und so schön eingepackt?«

Wieder wird unser Selbstbewußtsein gestärkt, und wir werden angeregt, weiter an uns zu arbeiten. Auch die Freizeit kann man nun zunehmend selbst gestalten. War sie früher nur auf seine Initiative hin ausgegangen, ruft sie jetzt eine Freundin an und geht mit ihr mindestens einmal in der Woche aus. Sie besuchen Konzerte, Kinos, Vorträge und Ausstellungen, gehen zum Gymnastikkurs oder einem Sprachkurs. Nebenbei stellt sie fest, wie gut ihr das jetzt tut und wie sie innerlich dabei wächst.

In der Großstadt gibt es eine Menge Möglichkeiten, zum Beispiel Single-Festivals, Gesellschaftsclubs oder Stammtische. Der Anzeigenteil »Vermischtes« ist voll davon.

»Manches, was ich davon ausprobiert habe, erwies sich als Flop. Irgendwo entstanden dann doch Kontakte, die sich zu Beziehungen entwickelten. So bin ich in einen Tanzclub hineingewachsen. Ich hatte mir vorgenommen, nicht empfindlich zu sein, wenn ich mal einen halben oder einen ganzen Abend herumsitze. Obwohl es sich um einen Paartanz handelt, gehören ›Singles‹ fest dazu.

Auch alte, langjährige Freundschaften haben sich wieder belebt; so war ich vergangenes Jahr zur Silberhochzeit eingeladen, zu der nur Gäste gebeten waren, die für einen oder beide Partner irgendwann im Leben einmal wichtig waren oder sind. Seit ich beschlossen habe, daß ich keinen Partner mehr will, kann ich freier und offener leben, genieße viel Anerkennung und Zuneigung. Nur dummerweise kann ich das Flirten nicht lassen. Zur Zeit kann ich mir oft aussuchen, wann ich mit wem meine Abende verbringe. Der Tag gehört leider dem Broterwerb. Fazit: Es geht mir wieder gut.«

Sogar die Alltäglichkeiten machen langsam wieder Freude, die Hilflosigkeit ist verschwunden, die Erwartungshaltung wieder positiv – sogar fürs Wochenende. Man trifft sich mit Freunden oder lädt sie in seine Wohnung ein, man kann wieder lachen und hat Freude am Leben – und manchmal sagen die Freunde zu einem: »Weißt du, irgendwie hat die Trennung auch etwas Gutes bewirkt, du bist ein ganz anderer Mensch geworden.«

Die neuen Kontakte

Aufnahme neuer Kontakte

> Wer auf dem Weg durch das Leben nicht
> immer wieder neue Bekanntschaften
> macht, vereinsamt sehr schnell.
>
> *Anonymus*

Das zurückgewonnene Gleichgewicht befähigt auch dazu, wieder auf andere Menschen zuzugehen. Lebensfreude, Erwartung, Offenheit, Interesse, Unbefangenheit geben uns eine »Ausstrahlung«, die sich auf andere positiv überträgt.

Verhaltensforscher und Psychologen reden heute gern von »positiv denken«. Damit ist die innere Einstellung gemeint, die wir zu uns, zu anderen Menschen und den Dingen des Lebens haben. So wie der Lebenswille bei Kranken eine wesentliche Rolle für die Heilung spielt, kann auch unsere innere Einstellung unglaubliche Wirkung zeigen.

Wir kennen das: Die Sonne scheint, wir fühlen uns wohl, wir ziehen uns nett an, wir grüßen freundlich, die Stimmung zeigt sich in einem fröhlichen Gesicht, die Menschen reagieren positiv auf uns. Ärzte können dieses Phänomen bestätigen: Frohe Menschen haben weniger Krankheiten, mißmutige leiden unter vielen Beschwerden.

Positives Denken – aus dem sich oft entsprechendes Handeln ergibt – ist also angesagt, ohne nun mit Gewalt alle betrüblichen und negativen Gedanken zu unterdrücken. Es eröffnet uns den Weg zu anderen Menschen. Das Selbstgefühl, das stark gelitten hat, bekommt wieder Auftrieb durch die Reaktion der Menschen, mit denen wir umgehen. Das kann ein einfaches Kompliment über die schicke Kleidung genauso sein wie die Bewunderung einer Fähigkeit, einer geistreichen Bemerkung oder einfach die Feststellung: »Schön, daß ich dich kenne.«

Zunächst ist es einmal möglich, alte Bekanntschaften zu »reaktivieren«. Man kennt sich, weiß miteinander umzugehen, hat eventuell gemeinsame Interessen; man kann den anderen bitten, nur mal »Begleitperson« zu spielen, aber vielleicht hat auch der andere Interesse am Wiederaufleben der Bekanntschaft.

Eine gute Möglichkeit für zwischenmenschliche Kontakte sind natürlich Feste. Es gibt keine Notwendigkeit, damit bis zum eigenen Geburtstag zu warten: einmal im Monat, mit alten und neuen Bekannten, mit einem kleinen Essen oder Büfett sind Einladungen eine Sache, die in der Vorbereitung, Durchführung und in der Nachbetrachtung – einschließlich der daraus folgenden Gegeneinladungen – viel Abwechslung bringen. Nur: Man muß eben selbst aktiv werden.

Manche brauchen einige Anlaufzeit, bis sie wieder »unter Leute« gehen. Für einige ist es ratsam, bei der Suche nach neuen Bekannten zunächst einmal beim eigenen Geschlecht anzufangen. Man entdeckt eher gleiche Interessen, und man hat leichter Zugang zueinander. Dies bewahrt auch besonders Frauen davor, durch ihr Erscheinen als Einzelperson von den Männern als »Freiwild« angesehen und so behandelt zu werden.

In vielen größeren Städten gibt es Freizeit- und Single-Clubs, die für die verschiedensten Interessen und Hobbys Betätigungsmöglichkeiten bieten. Oft lernt man dort Menschen kennen, mit denen man auch außerhalb des Clubprogramms etwas unternehmen kann. Veranstalter sind meist Privatleute. Doch Vorsicht ist geboten – auch wenn das Angebot sehr verlockend klingt:

»Hier ist der City-Single-Treff-Stammtisch, der täglich von 19.00 bis 3.00 Uhr, auch sonntags, stattfindet und an dem Sie teilnehmen können, wann und zu welchem Zeitpunkt Sie wollen und können. Jedes finanzielle Interesse ist ausgeschlossen. Mitbringen sollen Sie nur gute Laune. Wir sind alleinstehende Damen ab 25 bis 40 und Herren ab 30 bis 60 Jahren. Natürlich ist jeder so alt, wie er sich fühlt.

Das Alleinsein haben wir satt. Wir wollen unseren Bekanntenkreis erweitern und neue Partner kennenlernen.

Sie können als Dame eine Freundin oder als Herr einen Freund mitbringen.

Im übrigen sind wir ein renommiertes Weinlokal mit erstklassiger Küche, gepflegten Getränken, und das alles zu bürgerlichen Preisen – Sie werden sich bei uns auch wohlfühlen, wenn Sie jetzt noch nicht am Stammtisch teilnehmen möchten.«

Dann gibt es Freizeitclubs vorwiegend für Singles, mit einem festen Programm. Diese verlangen in der Regel eine hohe Aufnahmegebühr und Mitgliedschaft, aus der man so schnell nicht wieder herauskommt. Die meisten Clubs dieser Art inserieren an den Wochenenden in den großen Tageszeitungen, meist unter der Rubrik »Vermischtes« oder »Bekanntschaften«.

Manche verfallen nur allzu schnell in den Fehler, nach einem Ersatzpartner Ausschau zu halten, und nehmen sich damit leicht die Unbefangenheit gegenüber neuen Bekanntschaften: Man sortiert von vornherein aus und ist nicht mehr offen für das Anderssein anderer.

Gerade durch diese aber können wir neue Anregungen bekommen, einiges lernen, Abwechslung und einen netten Zeitvertreib haben. Daher sollte man die Gelegenheit nutzen, möglichst viele verschiedene Menschen kennenzulernen – vielleicht dadurch auch einen neuen Partner.

Das Sich-Abkapseln ist ein häufiger Fehler, den man später einsieht, wenn man wieder zu »leben« beginnt. Schüchternheit und Zurückhaltung mögen in manchen Fällen richtig und ehrenvoll sein, in dieser Situation sind sie aber sicher nicht angebracht. Ohne Eigenaktivität – Anlaufschwierigkeiten eingeschlossen – kommt man nicht aus dem Alleinsein heraus.

Dabei kann man auch ganz systematisch vorgehen: »Zuerst habe ich mir ganz genau überlegt, was für Menschen mich im Moment interessieren und wo ich diese finde. Da kamen einige Lokale in Frage, wo man nicht nur essen kann, sondern auch an der Theke und drumherum Leute findet, mit denen man leicht ins Gespräch kommt.

Nachdem ich einige Male dort war, auch gegessen hatte, ging ich einmal ganz früh hin, als noch wenige Leute da waren, und erzählte dem Wirt Alexander, daß ich allein bin und Kontakt suche, was ich beruflich mache und daß ich mich freuen würde, wenn er mich mit allen möglichen Leuten bekannt machen würde.

Das war ein toller Erfolg: Jedes Mal setzte er mich zu netten Leuten, sagte denen einen freundlichen Satz über mich, und schon war ich in ein Gespräch mit ihnen verwickelt. Ich bekam Einladungen, kannte bald eine Menge Leute und fühlte mich von da ab nie mehr einsam zu Hause, weil ich wußte: Wenn ich mit Leuten reden will, brauche ich nur dorthin zu gehen. Später nahm ich alle möglichen Bekannten dorthin mit und erschien als unglaublich interessanter Mann, weil ich immer so hübsche Frauen dabeihatte. Aus diesen Bekanntschaften ist eine Reihe von freundschaftlichen Beziehungen entstanden.«

Sicher geht es nicht immer so gut und schnell wie im obigen Beispiel, aber das Wichtigste ist: Wir dürfen nicht nur darauf warten, daß andere auf uns zugehen. Unsere eigene Initiative ist die wichtigste Voraussetzung für neue Kontakte.

Örtlichkeiten zum »Anbandeln«

> Alles wirkliche Leben ist Begegnung.
>
> *Martin Buber*

Viele haben nach einer langen Partnerschaft den Wunsch, erst einmal wieder allein etwas zu unternehmen, vielleicht auch lange unterdrückte Bedürfnisse nachzuholen. Wenn man diesen Wunsch verspürt und sich auch dazu in der Lage fühlt, ihm nachzugeben, sollte man ihm unbedingt Raum geben. Das Gefühl der »wiedergewonnenen Freiheit« sollte erst einmal ausgelebt werden, bevor man sich wieder in irgendeiner Form bindet, damit man sich später nicht den Vorwurf machen muß, etwas versäumt zu haben.

Das muß zunächst keineswegs unbedingt Aktivität sein; im Gegenteil, die geringeren Verpflichtungen ermöglichen einem nun auch, sich einfach mal zu entspannen, spazierenzugehen, einen ganzen Abend lang mit Genuß im Restaurant zu speisen, fernzusehen, mal ein Wochenende zu vertrödeln. Wenn dann eine gewisse Sättigung des Entspannungszustandes bemerkt wird, wenn die Passivität in Langeweile übergeht, kann man mit gesammelten Kräften wieder aktiv werden.

Während es in großen Städten dazu vielfältige Möglichkeiten gibt, bietet sich für manche erst mal nur ein Urlaub an. Seit einiger Zeit haben Reiseveranstalter diese Marktlücke entdeckt. Da werden Single-Ferien angeboten, bei denen der Veranstalter schon lange vor Beginn der Reise bei Kontaktabenden die Möglichkeit bietet, sich kennenzulernen und die gemeinsame Reise zu planen. Da gibt es eine Reihe von Club-Urlauben, bei denen auch die nicht mehr ganz so Jungen durch das vielfältige Unterhaltungs- und Animationsprogramm und durch die ungezwungene Atmosphäre schnell Kontakt zueinander finden. Und schließlich gibt es auch einige Kurorte, die speziell Programme für Alleinstehende anbieten und so Kontaktmöglichkeiten schaffen.

In Städten gibt es eine Vielzahl von Örtlichkeiten, an denen man neue Kontakte knüpfen kann: Kneipen, Cafés und Diskotheken, Sportvereine, Sprachkurse, Vorträge und Konzerte, Vernissagen und Ausstellungen, Buskurzreisen und Städtereisen mit dem Zug.

Man sollte sich zunächst einmal alle Bereiche von Interesse aufschreiben. Dann bedarf es einiger Mühe, die entsprechenden Stellen, deren Adressen und Telefonnummern herauszubekommen, dort anzurufen und um eine Programmzusendung zu bitten. Eine Hilfe können dabei auch die in größeren Städten erscheinenden Monatsprogramme sein – an Kiosken, in Schreibwarenläden und Buchhandlungen erhältlich; schließlich kommen dazu noch die Veranstaltungen der konfessionellen Bildungswerke sowie der Volkshochschule.

Wer diese Programme einmal systematisch durcharbeitet und sich einen Plan für die Woche und besonders das Wochenende macht, findet mit Sicherheit viele Dinge, die nicht nur Abwechslung, sondern auch viele Kontaktmöglichkeiten mit anderen Menschen bringen.

Bei Tagungen und Kursen sitzt man anschließend noch beisammen, bei Vernissagen und Ausstellungen sollte man sich nicht genieren, mit anderen über das Gezeigte zu reden, und in Cafés sollte man nicht den freien Tisch suchen, sondern sich zu interessant erscheinenden Leuten setzen und ganz gezielt versuchen, ein Gespräch zu beginnen. Wer dafür aber immer wieder Ausreden findet – »Da geniere ich mich, das habe ich noch nie gemacht!« –, darf sich nicht wundern, wenn er allein bleibt.

Immer wird unsere Eigenaktivität gefordert, der Mut zur Selbstüberwindung, der Anstoß, sein eigenes Wenn-und-Aber beiseitezuschieben und sich »aufzuraffen«, tatsächlich selbst etwas zu unternehmen. Eines ist sicher: Man erlebt nicht nur interessante Dinge, sondern man lernt auch neue Menschen kennen, die neue Eindrücke vermitteln und neue Anregungen geben. Diese Menschen können – aber müssen nicht unbedingt – Freunde oder gar neue Partner werden. Wer mit dieser Erwartung oder Vorstellung ausgeht, wird oft enttäuscht nach Hause kommen.

Urlaub machen – wie und mit wem?

> Urlaub ist die Fortsetzung des Familienlebens unter erschwerten Bedingungen.
>
> *Anonymus*

Bis jetzt sah man den Urlaub als Abwechslung zur Arbeit, man hatte ein bestimmtes Reiseziel und auch alles mit dem Partner zusammen geplant.

Nun ist alles ganz anders: Jetzt kann, darf, muß man allein planen; und viele tun das unter dem Aspekt, dabei einmal alles Vergangene vergessen zu können, manche aber auch in der Vorstellung, daß man dabei jemanden kennenlernen kann. So werden überhöhte Erwartungen an den Urlaub gestellt, der allein schon wegen dieses Erfolgsdrucks mißlingen muß.

Wer zum Beispiel über Weihnachten und an sonstigen Feiertagen in eine kleine Pension oder in ein großes Hotel fährt, wird dort in der Regel nur ältere Paare oder Familien antreffen, mit deren Gesprächsthemen man meist nichts anzufangen weiß oder zu denen man auch sonst schlecht Kontakt bekommt. Nicht selten reist man dann nach einigen Tagen enttäuscht und frustriert wieder ab.

Besser ist es, den nächsten Urlaub einmal unter anderen Voraussetzungen anzugehen. Vielleicht macht man einmal solch einen Urlaub, wie man ihn eigentlich schon lange vorhatte: eine Radtour durch die Toskana, einen Surfkurs am Gardasee, eine Reise nach Paris oder New York, einen Urlaub in den Bergen, einen Segeltrip in der Karibik oder eine Studienreise nach Griechenland.

Gerade Studienreisen sind in dieser Situation geeignet: Man braucht keine aufwendigen Vorbereitungen, man muß sich nicht um die Planung kümmern, man ist unter Menschen mit gleichen Interessen am Land und an der Kultur, und man lernt sicher vieles kennen, von dem man später erzählen kann. Das Publikum bei Studienreisen ist in der Regel offen und flexibel, und allein durch das gemeinsam Erlebte und das ständige Zusammensein im Bus, im Hotel kommt man miteinander leicht in Kontakt.

Neben Studienreisen gibt es auch noch andere Angebote, die für Menschen nach einer Trennung geeignet sind. Ein Urlaub, in dem man aktiv sein kann oder sogar sein muß, ist für viele die notwendige Motivation, sich einfach mitreißen zu lassen, anstatt in den Trott des Nichtstuns oder des Grübelns zu fallen. Was am Anfang manchmal sogar widerwillig getan wird oder regelrecht Überwindung kostet, wird unter dem Aspekt der Gemeinschaft und des Miteinander zunehmend netter, bis man sogar selbst Freude daran bekommt.

Wer diese Möglichkeit nicht hat, sollte wenigstens versuchen, mit einem Freund oder einer Freundin wegzufahren. Dadurch hat man immer eine Bezugsperson, mit der man sich unterhalten kann, der man seine Empfindungen mitteilen kann und von der man sich auch einmal zurückziehen kann. Zu zweit fällt es auch oft leichter, andere Menschen kennenzulernen – zumal man ja nicht unbedingt darauf angewiesen ist und nicht darauf wartet, angesprochen zu werden.

Wenn man niemanden kennt, mit dem man wegfahren könnte, gibt es auch die Möglichkeit, eine Anzeige aufzugeben oder in einem Reisebüro einen Zettel aufzuhängen und auf diesem Wege einen Reisepartner zu suchen. Wie bei Bekanntschaftsanzeigen kann man dabei Glück haben und einen idealen oder wenigstens akzeptablen Begleiter finden.

»Ich wollte unbedingt eine Reise nach Thailand machen, aber so ganz allein hatte ich nicht den Mut dazu. Auf eine Anzeige hin meldeten sich einige sehr komische Menschen – besonders Männer mit eindeutigen Angeboten –, und ich hatte die Hoffnung schon aufgegeben. Dann rief eine Frau an, wir trafen uns und waren uns von Anfang an sympathisch. Auf der Reise verstanden wir uns sehr gut, unsere Interessen waren zwar nicht vollkommen gleich, aber jede war bereit, gewisse Zugeständnisse zu machen. Seit drei Jahren reisen wir immer wieder mal zusammen und sind auch sonst sehr gute Freundinnen geworden.«

Alleinreisende klagen oft über mangelnde Aufmerksamkeit oder abweisende Behandlung. So sehr man sich auch darüber ärgert – manchmal mag es auch an dem Eindruck liegen, den man selbst auf die anderen macht, oder daran, wie man auftritt und wie man mit anderen umgeht.

Gelegentlich kann man dieses Problem mit etwas Geschick besser in den Griff bekommen: »Natürlich wußte ich, was auf mich zukommen kann. Bei der Abreise war ich früh da, erzählte dem Reiseleiter, daß ich nach einer Trennung allein reise und gerne etwas Kontakt zu den Mitreisenden bekäme. Er zeigte Verständnis dafür und freute sich auch über das Trinkgeld, das ich ihm gab. Die Folge: Als die anderen Teilnehmer eintrafen, setzte er im Bus einen netten Alleinreisenden neben mich, so daß die Fahrt sehr kurzweilig wurde.

Am Zielort wurden wir auf die verschiedenen Hotels aufgeteilt. Da habe ich das ›Spielchen‹ wiederholt: Hin zum Kellner, dem ein gutes Trinkgeld in die Hand gedrückt, gesagt, daß ich allein reise, aber gern nette Gesellschaft hätte – und jeden Tag hat er sich bemüht, an meinen Tisch nette Leute dazuzusetzen. So hatte ich den ganzen Urlaub Gesprächspartner, und so manche Freizeitgestaltung hat sich daraus ergeben.«

Seit einiger Zeit haben Reiseveranstalter auch die Marktlücke Single-Reisen entdeckt. Da werden Kontaktmöglichkeiten eingeplant, Kennenlernpartys vor der Reise veranstaltet, und das ganze Programm ist darauf abgestimmt, Zweisamkeit zu arrangieren.

Der neueste Gag: ein Reise-Partner-Service. In einigen Städten hat man die Ferieneinsamkeit ins Visier genommen. Der Reise-Partner-Service bemüht sich, die richtigen Leute für die schönsten Wochen des Jahres zusammenzubringen.

Wer einen Mitreisenden sucht, nennt Reiseziel und Art des Urlaubs. Finden sich Gleichgesinnte in der Kartei, werden die Adressen ausgetauscht. Und weil natürlich nicht jeder zu jedem paßt, bekommt man mehrmals eine Vermittlungschance. Das dauert freilich seine Zeit, weshalb es auch nützlich ist, seine Wünsche möglichst frühzeitig anzumelden.

Doch: »Leute, die den Service als Heiratsvermittlung mißverstehen, sind an der falschen Adresse.«

Bekanntschaftsanzeigen

> Der Zweifel ist das Wartezimmer der Erkenntnis.
>
> *Chinesisches Sprichwort*

Wer in einer festen Partnerbeziehung ist, liest Bekanntschaftsanzeigen oft zum Vergnügen. Man lacht über die verschiedenen Anzeigen, liest sie dem Partner vor und stellt sich die Menschen vor, die so etwas nötig haben. Nun sind wir getrennt, und plötzlich bekommen diese Anzeigen eine andere Bedeutung. Man liest sie interessiert, prüft sie kritisch, trifft eine Auswahl der Anzeigen, die einen selbst ansprechen, und wundert sich, daß es so viele Menschen gibt, die auch einen Partner suchen. Diese Menschen haben den Mut gehabt, auf diese Weise einen Partner zu suchen. Oft sind sie dabei den Aufforderungen und Ermunterungen von Freunden gefolgt, oft geben sogar Freunde die Anzeigen auf, um dem Betroffenen zu helfen.

Die Texte der Bekanntschaftsanzeigen sind sehr verschieden: »anpreisende« von professionellen Instituten, bescheiden von Selbstaufgebern, witzig von Freunden gestaltet wie zum Beispiel:

»Dabeisein – Miterleben – Mitgestalten: Raus aus dem Trott, Leute kennenlernen, Leben zwischen Stadt und Land, interessante Kommunikationskreise, kurz: partnerschaftliche Aktivierung von nicht alltäglichem Leben.

Kreativer PR-Mensch, finanziell gesichert, sucht dafür anspruchsvolle, neugierige Sie bis 35, die eine Wurst aus der Hand ebenso mag wie Frühstück bei Tiffany.«

Studiert man die Bekanntschaftsanzeigen, dann fällt einem auf, daß sich eigentlich nur »tolle« Menschen anbieten, und man fragt sich, warum diese tollen Menschen denn eigentlich keinen Partner haben – da stimmt doch irgend etwas nicht.

Gedämpfter Optimismus ist also angebracht, zumal man weder von sich noch vom anderen weiß, ob man/er einen festen Partner, eine unverbindliche Bekanntschaft, einen Freizeitpartner oder einen Freund sucht.

Und dann schreibt man auf die Anzeige, versucht es mit Witz oder Esprit, macht sich noch schnell drei Jahre jünger, hat Angst vor der eigenen Handschrift und nimmt dann lieber die Maschine, sucht ein möglichst gutes Foto von vor zehn Jahren heraus und rechnet sich aus, wann die Antwort da sein könnte.

Man muß sich darüber im klaren sein, daß der Inserent die Zuschriften erst einmal selektiert und dann beschließt, nur die Menschen zu treffen, die seinen Vorstellungen am nächsten kommen. Wenn man also in die engere Auswahl kommt und sogar ein Treffen vereinbart wird, möchte man sich natürlich besonders positiv hervorheben. Manche tun das jedoch so plakativ und übertrieben, daß ihr Imponiergehabe oder ihre Redseligkeit eher abschreckend wirken.

In der Regel trifft man sich für eine oder zwei Stunden in

einem Café, dabei macht man manchmal überraschende Feststellungen: Während man selbst Wert auf gutes Aussehen und entsprechende Kleidung gelegt hat, erscheint der andere vielleicht ungepflegt und schlampig. Sofort ist man versucht, die Persönlichkeit des anderen an diesen Äußerlichkeiten zu messen, was aber nicht immer gerechtfertigt ist. Manchmal merkt man auch, daß die Anzeige für das Gegenüber nichts Einmaliges oder Neues ist, sondern daß es sich um einen Dauerinserenten handelt.

Oft überschütten sich beide aus Verlegenheit auch mit ihren Vorstellungen und Erwartungen, erzählen ausführlich von ihren vergangenen Partnerschaften. Das macht beide befangen, denn wichtig ist einzig: Wir sind beide solo und könnten uns gelegentlich ein wenig unterhalten, etwas zusammen unternehmen und uns dafür verabreden. Jede Art von Beziehung muß erst wachsen, und dafür muß man sich gegenseitig Raum lassen.

Manche Begegnungen können auch zu einem Alptraum werden, vor allem, wenn man sich aufgrund der Anzeige oder der Zuschrift etwas ganz anderes vorgestellt hat. »Ich habe mich die zwei Tage seit der Verabredung riesig gefreut. Seine Stimme am Telefon war so nett, ich schwebte irgendwie auf Wolken. Zwei Stunden vorher war ich schon komplett ›durchgestylt‹.

Ich fahre 70 Kilometer. Während der Fahrt entsteht in meiner Vorstellung das Bild vom supertollen Mann, dem ich auf den ersten Blick total erliege. Das muß so sein, weil es bisher nicht so war. Es muß doch einen geben, der mir gefällt. Natürlich hat meine Vorstellungskraft mich gewaltig auf den Holzweg geführt. Da steht kein Adonis. Ein kleines Männlein in Kniebundhosen, roten Strümpfen und Wanderschuhen wartet vor einem klapprigen Opel auf mich, strahlt mich an – zu spät, kehrtzumachen und unerkannt wieder abzuhauen.

Die zwei Stunden des Treffens waren für mich eine Qual. Irgendwie war er ganz nett, aber immer hatte ich im Hinterkopf: ›Wie komme ich hier bloß wieder weg?‹ Dann habe ich gemurmelt, daß ich jetzt zu einem Termin müßte und anrufen werde, was ich natürlich nicht getan habe.«

Wer bei solchen Bekanntschaftsanzeigen vor dem zwanzigsten Mal aufgibt, findet nie jemanden, außerdem bringt er sich selbst damit um viele Erfahrungen und auch manche amüsante Erlebnisse. Und nach dem -zigsten Mal schraubt man seine Ansprüche und Erwartungen so weit zurück, daß man keinen Übermenschen mehr erwartet. Wichtig ist dabei eigentlich nicht der erhoffte Erfolg, sondern daß man etwas hat, auf das man sich freuen kann.

Andere wollen lieber selbst handeln, anstatt auf Anzeigen zu reagieren. Vielleicht hilft uns ein Freund beim Abfassen der Anzeige, der uns gut kennt und uns unbefangen beschreiben kann.

Dabei muß man sich natürlich fragen: Wen will ich mit meiner Anzeige ansprechen, und was interessiert die Menschen, die mich interessieren. Daher sollte nicht nur der Inhalt sachlich richtig sein, er sollte auch der eigenen Mentalität entsprechen und den Menschentyp ansprechen, den man sich vorstellt.

Man fiebert den ersten Zuschriften entgegen, groß ist die Erwartungshaltung, sind die eigenen Vorstellungen über die Resonanz auf die Anzeige. Das Öffnen und Lesen der Zuschriften ist spannend. Da werden eventuell Handschrift und beigelegte Fotos betrachtet, da wird der Stil bewertet und ein Treffen in Erwägung gezogen.

Bewährt hat sich die Methode, die Zuschriften in drei Gruppen einzuteilen, in die, die

1. sehr interessant klingen und sozusagen erste Wahl sind,

2. nicht abgelehnt werden, die man aber erst einmal zurückstellt,

3. auf keinen Fall in Frage kommen.

Die Fotos der Gruppe 3 schickt man sofort mit einem netten Satz (ohne Namen und Absenderangabe) zurück. Mit den »Kandidaten« der Gruppe 1 versucht man sich bald zu treffen, und den Leuten der Gruppe 2 schickt man eine Zeile, daß man sich bald bei ihm/ihr meldet.

Die Auswertung zusammen mit einem Freund kann Spaß machen, bringt Abwechslung und lenkt von der eigenen Trennung ab. Wichtig ist das Gefühl: Ich muß ja gar nicht allein sein, es interessieren sich auch andere Menschen für mich.

Je weniger man erwartet, nun den Traumpartner zu finden, desto weniger enttäuschend werden auch die Treffen sein. »Volltreffer« gibt es selten, und den »Richtigen« trifft man meist zu einer anderen Zeit, auf eine andere Weise, unter anderen Voraussetzungen. Trotzdem kann die Möglichkeit, eine Bekanntschaftsanzeige aufzugeben, für manche eine Hilfe sein, ihrer Sehnsucht nach einem neuen Partner Ausdruck zu verleihen und aktiv etwas dafür zu tun. Wer dies mit der entsprechenden Lockerheit tut, Spaß daran hat, sich darauf freut und neugierig ist, neue Menschen kennenzulernen, der wird auch keine große Enttäuschung erleben, wenn der Traumpartner nicht dabei ist.

Man sollte aber allen von Gruppe 1 und 2 eine Chance geben und nicht nach einem einzigen Treffen sagen: Der ist es, die anderen will ich nicht mehr sehen – der scheinbar Richtige kann sich nach dem dritten Treffen als ein ganz anderer entpuppen.

Petra erlebte so eine Enttäuschung: »Der Brief war toll, und am Telefon hatte er so eine warme Stimme. Ich traf mich mit ihm in einem hübschen Hotel am See. Der Abend war nett. Er blieb auch über Nacht in dem Hotel. Am nächsten Morgen verlangte er von mir, daß ich seine Hotelrechnung bezahle, denn ich hätte ja sein Zimmer bestellt.« Solche Enttäuschungen gibt es eben auch. Und oft ist es so, daß nicht der Wortgewandte aus Gruppe 1, sondern der nicht so geschickte Formulierer aus Gruppe 2 der Richtige ist. Also nicht vorschnell entscheiden; viele prüfen.

Die Erwartungen an neue Bekannte

> In unseren Freunden suchen wir, was uns
> fehlt.
>
> *Thornton Wilder*

Nach der Trennung von einem Partner suchen manche Menschen so krampfhaft nach einem neuen Partner, daß sie sich dadurch die Möglichkeit verbauen, unbefangen neue Menschen kennenzulernen. Besonders Männer zeigen hierbei oft eine Ungeschicktheit durch eine Art von Zielstrebigkeit, die Frauen von vornherein abstößt.

Wer unter der Voraussetzung auf andere Menschen zugeht, mit ihnen seine Zielvorstellungen einer neuen Partnerschaft verwirklichen zu wollen, merkt oft sehr schnell, daß dieser Erfolgszwang eher seine Absicht erschwert. Man ist nicht mehr spontan, ist von der Zurückhaltung des anderen enttäuscht. So wird man auch kaum in Kneipen nach einem zukünftigen Partner suchen können, eben nur vielleicht nach netten Leuten.

Schuld an einem unbefriedigenden Treffen waren daher nicht die anderen Menschen, sondern unsere falschen Erwartungen. So sehen wir in dem anderen Menschen nicht das Individuum mit seinen – von uns unterschiedlichen – Erwartungen, seinen Erfahrungen, seiner Persönlichkeit, sondern einen möglichen Partner, der am besten deckungsgleich mit unseren Vorstellungen von einem neuen Partner ist.

Diese Vorstellung macht uns selbst befangen und degradiert den anderen zum Objekt unserer Zielvorgabe. Wir sind nicht mehr frei, jede neue Bekanntschaft zunächst nur als ein nettes Spiel, ein kleines Abenteuer zu sehen, bei dem man von vornherein noch nicht weiß, was daraus wird – und aus diesem Grund eben für alles offen ist.

Natürlich hören wir bei solchen Begegnungen auch oft Bemerkungen, die uns nicht gerade erfreuen. Da macht der andere im unverbindlichen Gespräch manche Äußerung, die uns vielleicht nur aus der Reserve locken, provozieren soll, die wir in unserer Situation aber ernst nehmen. Da werden gerade in solchen Gesprächen die Themen Emanzipation, Sexualität, Treue, Gleichberechtigung und ähnliches in einer Weise behandelt, daß man gleich wieder meint, seine eben gewonnenen eigenen Erkenntnisse dazu über Bord werfen zu müssen. Da sind wir noch leicht empfindlich bei Kränkungen, zu leicht empfänglich für Komplimente, zu euphorisch im Hinblick auf unsere Erwartung. Und wenn wir mit solchen Menschen über unsere Trennung reden, bemitleiden sie uns möglicherweise – unsere Schilderung war ja auch dementsprechend –, aber vielleicht lassen sie auch durchblicken, daß sie uns selbst auch nicht für so ganz unschuldig halten.

Dann begegnen einem auch oft eigenartige Typen. »Ich bin auf Anraten meiner Freunde unter die Leute gegangen und habe immer nach Frauen Ausschau gehalten, die für mich in Frage kamen. Da habe ich dann seltsame Leute kennengelernt; die eine, die sich für mein Horoskop mehr interessierte als für mich, die andere, deren Hund ihr ein und alles war, dann die totale Naturkostlerin und eines Tages sogar auch ein Callgirl, das Kundschaft suchte.«

Aber nicht nur solche offensichtlichen Eigenheiten stoßen uns ab, manchmal sind es viel unwesentlichere Dinge, die uns in unserer Empfindlichkeit negativ auffallen: Da sind Kleinigkeiten, denen wir plötzlich eine Bedeutung zumessen, die sie normalerweise nicht für uns haben. Da treibt jener einen Sport, den wir nicht mögen, sympathisiert mit einer Partei, die wir nicht wählen, hat einen Beruf, den wir nicht verstehen, mag Lokale, in die wir nicht gehen, und vieles andere mehr.

Aber unsere eigenen Vorurteile, unsere Befangenheit und unser Mißtrauen richten einen Wall auf gegen Menschen, mit denen wir eigentlich in Kontakt kommen wollten. Und eines Tages haben wir dann genug von all dem, und wir haben den Eindruck, daß ein »merkwürdiges Volk frei herumläuft«, und wir stellen uns schließlich die Frage: Gibt es denn überhaupt keine »normalen« Menschen mehr? Bin ich der einzige Normale unter diesen seltsamen Typen – oder bin *ich* unnormal?

Aufbau einer neuen Partnerschaft

> Wir streben nach dem Unerreichbaren und
> verhindern so die Verwirklichung des
> Möglichen.
>
> *Robert Ardrey*

Bevor man sich wieder auf eine Partnerschaft hinbewegt, sollte man erst einmal eine Zeitlang allein gelebt haben und sich nicht von einer Bindung in die andere stürzen. Eine Zeit des Alleinseins kann uns die Gelegenheit geben, über uns selbst beziehungsweise die Notwendigkeit einer Partnerschaft für uns nachzudenken. Erst das Nachdenken befähigt uns, nach der Einsicht über eigenes Fehlverhalten einen Neuanfang zu wagen.

Viele Betroffene wünschen sich, daß die nach der Trennung entstandene Lücke gleich wieder durch einen neuen Partner, eine neue Beziehung gefüllt wird; es ist sozusagen die »Fortsetzung des alten Zustandes mit einer anderen Person«. Man empfindet den jetzigen Zustand als »Unordnung« und möchte gern – die alte – Ordnung wiederherstellen; mit einem Partner, der den bisherigen in allem ersetzt, vielleicht sogar in einigen Punkten übertrifft.

Diese Vorstellung ist zwar verständlich, aber in der Regel nicht realisierbar; eine neue feste Beziehung ist erst dann möglich, wenn man die alte Partnerschaft auch innerlich überwunden hat, innerlich frei ist für einen neuen Menschen.

Die Trennung hat uns auch dazu gezwungen, über uns selbst, einen neuen Partner und unsere eigenen Vorstellungen von diesem Partner nachzudenken, uns neue Ziele zu setzen. Wenn man nun den neuen Partner mit diesen Vorstellungen konfrontieren würde, wäre er sicher überfordert. Allzugern vergißt man auch, daß der andere in sozialen Bezügen lebt, die nicht die unseren sind, und es für ihn zunächst keinen Grund gibt, sich daraus zu lösen. Da sind der Sportverein wie auch die bisherigen Freunde, die Eltern und die Arbeitskollegen, aber auch seine Lebensweise und alles, was dazugehört.

Zudem sehen wir in einem möglichen neuen Partner jemanden, der für uns frei ist. Dies kann ein Irrtum sein, wir wissen darüber noch nichts Genaues. Viel wahrscheinlicher ist, daß derjenige gerade selbst eine Trennung hinter sich hat oder vielleicht noch mittendrin steckt mit all den Problemen, die wir von der eigenen Situation her kennen. Seine Fähigkeit, sich uns zu öffnen oder gar an uns zu binden, hängt dann eben davon ab, in welcher Phase der Trennungssituation er sich gerade befindet. Man kann diesen Phasen nicht entgehen, man kann sie nicht überspringen; jede braucht ihre Zeit. Außerdem wird er in der Regel mit den gleichen Vorbehalten an eine neue Partnerschaft gehen wie wir selbst.

So wie sich auch die alte Partnerschaft erst entwickeln mußte, braucht die neue sicher noch mehr Zeit: Das Mißtrauen gegenüber dem anderen Geschlecht muß abgebaut werden, das Vertrauen in den anderen muß langsam wachsen. Gemeinsamkeiten müssen sich erst entwickeln.

»Ich hatte früher sehr auf Äußerlichkeiten geachtet und habe erst im Laufe der Beziehung gemerkt, wie wichtig andere, substantielle Dinge sind. Nach der Trennung habe ich bewußt darauf geachtet: Zuverlässigkeit, Treue, Verantwortungsbewußtsein, Fleiß, liebevolles Miteinanderumgehen – das sind die Dinge, die mir jetzt wichtig sind. Mein jetziger Partner hat diese Eigenschaften – obwohl er gar nicht das war, was ich mir unter ›meinem Typ‹ vorgestellt habe. In der neuen Beziehung bot sich mir die Chance, viel zu erfahren, was ich noch nicht wußte, viel zu lernen, das ich noch nicht kannte, viel zu tun, was ich selbst nicht getan hätte. Interessen wurden geweckt, mein Gesichtskreis erweitert, ich wurde aufgeschlossener und interessierter an vielen Dingen des Lebens und kann heute sagen, daß die neue Beziehung in vielerlei Weise meine Persönlichkeit weiterentwickelt hat.

Bei und unmittelbar nach meiner Trennung war ich zurückhaltend und mißtrauisch, aber dann bin ich allmählich wieder unter Leute gegangen. Dabei habe ich schnell gemerkt, daß das direkte Suchen nichts bringt, irgendwie muß man den ›Richtigen‹ doch dem Zufall überlassen.

Allerdings muß man auch etliches unternehmen; wer nur alles auf sich zukommen läßt, wartet oft umsonst.«

Wir dürfen nicht vergessen: Auch unsere vorherige Partnerschaft war erst langsam gewachsen – wir können uns vielleicht nur nicht mehr daran erinnern, oder wir verdrängen es. Da gab es lange Prozesse des Sich-aneinander-Gewöhnens: von Eß- und Schlafgewohnheiten, Urlaubsplänen, Freizeitgestaltung, politischen und sozialen Ansichten, kulturellem Interesse bis hin zu Verhaltensweisen in den Alltäglichkeiten.

Wenn sich nun eine neue Partnerschaft anbahnt, ist der häufigste Fehler der Vergleichskomplex. Man stellt fest, wieviel besser der vorherige Partner Auto fahren konnte, wieviel häuslicher er war, daß er nicht so viel von seinem Beruf redete. Das ist so lange nicht schlimm, solange man diese Verschiedenheiten nicht als qualitativen Unterschied, sondern eben nur als Anderssein betrachtet. Und darüber hinaus müssen wir uns im klaren sein: Ein erwachsener Mensch mit seiner eigenen Vergangenheit ist nun eben einmal anders, und wir müssen ihn in diesem Sosein und seiner Unvollkommenheit akzeptieren. Schließlich geht es ihm genauso: Wir sind für ihn auch ein völlig neuer, anderer Mensch.

Es braucht für beide eine gewisse Zeit, dieses Anderssein des neuen Partners herauszufinden und zu prüfen, ob man mit diesen Eigenschaften des anderen zurechtkommt.

»Ich hatte mir mal aufgeschrieben, welche guten und schlechten Eigenschaften meine ehemalige Partnerin hatte, denn bei der neu beginnenden Partnerschaft habe ich mich ständig beim Vergleichen ertappt. Von meiner alten Partnerin hatte ich fast alle negativen Eigenschaften vergessen, wahrscheinlich verdrängt, und war nun, als ich die Auflistung wiederfand, erstaunt, wie viele ›Fehler‹ meine Partnerin gehabt hatte. Ich hatte sie einfach im Laufe der Zeit nicht mehr gesehen oder mich so daran gewöhnt, daß sie mir nicht mehr bewußt waren.

Als ich dann eine Auflistung der Eigenschaften meiner neuen Partnerin machte und beide miteinander verglich, war ich sehr verblüfft, wie man doch die Vergangenheit verklärt, oft nur aus Angst vor dem Neuen, Unbekannten.

Dann habe ich noch meine eigenen Fehler und guten Eigenschaften aufgelistet und danebengestellt. Das war sehr heilsam; seitdem weiß ich, daß ich nicht das Recht habe, so hohe Ansprüche zu stellen.«

So kann allzu schnelle Kritikbereitschaft belastend für eine neue Partnerschaft sein, andererseits eine allzu große Euphorie zur Kritiklosigkeit führen, die aber auf Dauer nicht durchzuhalten ist und damit zur baldigen Trennung führt. Beiden Extremen verfällt man leicht, solange das Innere nicht stabil genug ist, um völlig frei in seiner Beurteilung und seinem Handeln zu sein.

»Ich hatte in meiner Partnerschaft die Erfahrung gemacht, daß es bestimmte Eigenschaften gab, die ich nicht ausstehen konnte und die oft zu Streit führten, andere Dinge wiederum waren mir völlig egal.

Also habe ich mir einmal bewußt gemacht, welche Dinge für mich heute absolut unakzeptabel wären. Das ist zum Beispiel Rauchen, Trinken, Esoterik und einiges mehr. Lerne ich jemanden kennen, der diese Eigenschaften oder Gewohnheiten hat, halte ich mich zurück, damit daraus gar nicht erst ein engerer Kontakt entsteht.

Über alle anderen Dinge lasse ich mit mir reden, ich bin offen für Kompromisse. Wenn ich sicher bin, daß bei einer neuen Partnerin jene Hindernisse nicht vorhanden sind, kann eigentlich nicht mehr so viel schiefgehen. Denn Partnerschaft ist ein Anpassungsprozeß, und ich bin anpassungsfähig.«

Manchem mag diese Methode zu rational vorkommen, wo es doch um das persönliche Verhältnis zu einem Menschen geht. Andererseits ist der Ausschluß solcher unüberwindlichen Gegensätze zumindest eine gewisse Sicherheit, daß es nicht an diesen sachlichen Punkten zu späteren Auseinandersetzungen kommt.

Wichtig ist beim Aufbau einer neuen Partnerschaft, die Vergangenheit bewältigt zu haben, sich in einem stabilen seelischen Zustand zu befinden, offen zu sein für den anderen und die Zukunft und damit zu begreifen, daß man sich keinen neuen Partner formen, sondern ihn nur akzeptieren kann.

Die Zukunft

Alleinsein – Partnerschaft – Heirat

> Zu wissen, wie man etwas macht, ist nicht
> schwer. Schwer ist nur, es zu machen.
>
> *Chinesisches Sprichwort*

Für viele Menschen ist die Zeit nach der Trennung eine Gelegenheit, sogar eine notwendige, über sich und die eigenen Erwartungen im Hinblick auf eine Partnerschaft intensiv nachzudenken.

Wird man als Unverheirateter oft um seine Freiheit beneidet, so sehnt man sich jetzt vielleicht doch nach einer festen Beziehung. Man fragt sich, was man bisher falsch gemacht hat, was man eventuell versäumt hat, was man vom Leben noch erwartet. Vor die Notwendigkeit gestellt, darüber jetzt allein zu entscheiden, fühlen sich viele überfordert. Mancher fragt sich, ob es nicht besser gewesen wäre zu heiraten, als sich die Gelegenheit dazu bot, ob man nicht damals eine Chance vertan hat und jetzt glücklich wäre.

Heirat scheint im nachhinein Sicherheit zu garantieren, und so sehen diejenigen, die bis jetzt unverheiratet in einer Partnerschaft gelebt haben und verlassen worden sind, im Heiraten eine Möglichkeit für die Zukunft, eine dauerhafte Partnerschaft zu finden. Wenn 75 Prozent der Bevölkerung verheiratet sind, sieht man Heiraten als den »Normalfall« an – in der jetzigen Situation mehr als bisher.

Nie ist jemand so »heiratsgefährdet« wie kurz nach einer Trennung. So ist es für Außenstehende oft überraschend – aber es ist durchaus nicht ungewöhnlich –, daß Getrennte schon ein halbes Jahr später heiraten. Man hat zum Beispiel im Verlauf der Wiederaufnahme von alten Bekanntschaften einen Freund oder eine Freundin wiedergetroffen, dem oder der es genauso erging wie einem selbst, man hatte Mitgefühl mit einander, man verstand sich gut, wuchs schnell wieder zusammen und sagt sich nun: Wir kennen uns doch schon so lange, wir verstehen uns gut, warum sollen wir es nicht miteinander versuchen?

Für andere ist Heirat ein nicht auszuschließendes Fernziel, aber eben ein Fernziel. Sie gehen zwar eine neue Partnerschaft ein, aber mit so viel Vorsicht und Zurückhaltung, daß der Partner oft ungeduldig wird. Sicher ist überlegtes Handeln in dieser Situation besonders wichtig, weil eben die noch »angeknackste« Psyche uns heute dies ratsam und richtig erscheinen läßt, was sich im Abstand der Zeit dann doch anders darstellt.

So besteht in der Zeit des jetzigen Alleinlebens eine gewisse Notwendigkeit zur Überprüfung, ob man wirklich einen Partner braucht; und schließlich ist die Fähigkeit, allein leben zu können, eine gute Voraussetzung dafür, wieder mit einem Partner zusammenzuleben. So tut man sicher gut daran, nicht so schnell eine Entscheidung für oder gegen Heirat, für oder gegen eine feste Partnerschaft zu fällen. Schließlich wird auch ein anderer Mensch, der neue Partner, von dieser Entscheidung wesentlich betroffen: Wie reagiert er, wenn man ihm nach einiger Zeit der Überlegung und Stabilisierung der eigenen Psyche plötzlich mitteilt, daß man es sich nun anders überlegt habe und doch keine feste Zweierbeziehung mit ihm haben möchte.

Die Entscheidung für oder gegen eine feste Partnerschaft kann demnach (noch) nicht in einer Phase fallen, in der mir der andere nur recht kommt, um das durch den Partnerverlust entstandene Vakuum zu füllen. Nur unter dem Gesichtspunkt, ob ich mich für diesen Partner auch entscheiden könnte – entschieden hätte –, wenn ich völlig frei und ohne jede Enttäuschung gewesen wäre, ist eine echte Entscheidung möglich.

Dies aber braucht nach einer Trennung Zeit, und so ist es sicher sinnvoll, erst diese Zeit vergehen zu lassen, ehe eine Entscheidung getroffen wird, die letztlich für beide weitreichende Konsequenzen hat. Deshalb hat sich die ganz pragmatische Einstellung, die Dinge erst einmal in aller Ruhe auf sich zukommen zu lassen, als nützlich erwiesen.

Es gibt auch Menschen, die eine Trennung vom bisherigen Partner zum Anlaß für den Entschluß nehmen, nie mehr eine feste Zweierbeziehung einzugehen. Zwar haben die Freunde gesagt, »man soll nie ›nie‹ sagen«, aber entweder geben sich diese Menschen selbst keine Chance mehr, oder sie richten sich bewußt auf das Alleinsein ein. Manchen gelingt das auch: Ihre Wohnung und ihre Kleidung entsprechen ganz ihrem Geschmack, sie leisten sich Reisen und Freizeitvergnügen, um die sie von anderen beneidet werden. Ihre sozialen Gefühle lenken sie auf Mitmenschen, sie machen sich in gesellschaftlichen oder karitativen Institutionen nützlich und fühlen sich dabei durchaus nicht innerlich leer; im Gegenteil, sie erleben vielleicht hier eine Dankbarkeit und Anerkennung, die ihnen in der bisherigen Partnerschaft gefehlt hat.

Aber trotzdem fühlen sie sich – und das nicht nur Weihnachten – oft allein, manchmal sogar einsam. Die nach außen zur Schau gestellte Fröhlichkeit und Unabhängigkeit ist oft nur ein Überdecken ihres inneren Zustandes.

Die innere Freiheit und Stabilität erreichen nur wenige: Es kann jemandem gut tun, nach einer Trennung für einige Zeit allein zu leben. Man sollte aber diese Übergangszeit nutzen, sich und seine Umgebung wieder »in Ordnung« zu bringen.

Der Mensch ist ein soziales Wesen, er braucht die Gemeinschaft und auch ein Gegenüber. Eine Partnerschaft bringt Probleme, aber auch manche Bereicherung. Man sollte sich diese Chance nicht leichtfertig oder allzu schnell verbauen.

Prophylaxe: Erhalt von Freundschaften statt Ausschließlichkeit der Zweierbeziehung

> Schließe Freundschaft, wenn du sie nicht brauchst.
>
> *Amerikanisches Sprichwort*

Man erlebt oft, daß ein befreundeter Mensch von dem Zeitpunkt an, ab dem er eine feste Zweierbeziehung hat, für uns nicht mehr oder kaum noch zu sprechen ist. Er konzentriert sich ganz auf seinen Partner, möchte ihm immer nahe sein, seine Freizeit ausschließlich mit ihm verbringen, für ihn dasein, sein Leben mit ihm teilen. Das ist verständlich: Man will den anderen entdecken, sich von ihm entdecken lassen, mit ihm gemeinsam anderes entdecken. Man hat an dieser Partnerschaft genug, man braucht die anderen Freunde und Bekannten nicht mehr zum Zeitvertreib, zum Reden oder zum Pläneschmieden.

Diese Einstellung geht auf die Vorstellung zurück, man könne alle Gemeinsamkeiten mit nur einem einzigen Menschen ausleben, vielleicht als Bekanntenkreis noch ein oder zwei Paare haben. Diese Abkapselung kann viele Nachteile in sich bergen: Man ist so in seiner eigenen Welt gefangen, daß man einerseits leicht den Kontakt zur Realität verliert, andererseits die Beziehung zu Freunden so reduziert, daß es schwer ist – zum Beispiel in der Situation einer Krise oder einer Trennung –, diese Freundschaften wieder zu aktivieren.

Gute Partnerschaften akzeptieren und brauchen Freundschaften der beiden Partner, man sollte daher auch darauf bestehen, gute Freunde beizubehalten.

Freunde beleben in vielfältiger Weise eine Partnerschaft. Sie tragen viele Dinge, die bereichern und anregen, von außen an die Partner heran, man bekommt ein Feedback auf die eigene Person, die eigenen Ansichten, die Partnerschaft. Mit jedem Außenstehenden habe ich ja einen anderen Kontakt, er hat andere Sichtweisen, er fordert mich anders, er stellt meine Selbstverständlichkeiten in Frage.

Freunde können eine Partnerschaft auch dadurch bereichern, daß ich mit ihnen Dinge unternehmen kann, die mein Partner nicht kann oder nicht mag, die ihm keine Freude machen. Das kann Squashspielen sein, ein Stadtbummel, der Besuch einer Sportveranstaltung oder eines Kurses, ein Ratschnachmittag oder ein Sprachlehrgang.

Ich muß nicht meinem Partner zuliebe auf Dinge verzichten. Dafür bin ich ihm dankbar. Seine Toleranz wird dadurch belohnt, daß ich keine Geheimnisse vor ihm zu haben brauche und damit auch eine gute Voraussetzung geschaffen wird, Eifersucht gar nicht erst aufkommen zu lassen beziehungsweise sie geringzuhalten.

Ich muß auf diese Freuden nicht verzichten; mein daraus resultierendes Wohlbefinden macht mich meinem Partner gegenüber dankbar, und meine Zufriedenheit wirkt sich positiv auf unsere Beziehung aus.

Aber solche Kontakte zu Freunden kommen nicht von allein, sie müssen gepflegt werden: Ich kann Freunde nicht nur dann »benutzen«, wenn ich sie brauche. Zu einer Freundschaft gehört nicht nur der gelegentliche Anruf, der Besuch ab und an, sondern auch die »grundlose« Einladung, die nette Überaschung, das Mitbringsel aus dem Urlaub – und auch der Kontakt zum Partner.

Oft kommt Eifersucht auf, wenn jeder »seine« Freunde hat. Gemeinsame Feste zum Kennenlernen können da eine Kontaktbrücke sein, bei dem die Freunde des Partners auch meine Freunde werden können.

Freunde von mir, Freunde des anderen, gemeinsame Freunde – sie alle bilden das soziale Nest, in dem und von dem wir leben. Auch ohne Krise oder Trennungssituation habe ich die Möglichkeit, mit meinen Freunden gelegentlich über meine Partnerschaft, ein Problem, eine Meinungsverschiedenheit zu reden und einen Rat von einer neutralen Person zu bekommen.

Freunde, die uns in einer Partnerschaft begleiten, sind immer auch Freunde, die uns bei einer Trennung zur Seite stehen – vorausgesetzt, sie haben auch innerhalb der Partnerschaft schon einen selbstverständlichen Platz gehabt.

Nachwort

Rat an Freunde: Der andere braucht mich

> Jedermann will einen Freund haben, aber niemand gibt sich die Mühe, auch einer zu sein.
>
> *Alfred Kerr*

Manchen Freunden gebührt eigentlich eine Lebensrettermedaille: »Als sie sich von mir trennte, sah ich keinen Sinn mehr in meinem Leben, ich wollte Schluß machen, alles war mir egal. Da hat mich meine Freundin Michaela kräftig wachgerüttelt, mir gesagt, wie wertvoll ich auch allein bin und daß meine Partnerin das gar nicht wert sei. Ich wollte das alles nicht glauben, aber sie hat mir das immer wieder nachdrücklich klargemacht. Heute weiß ich, wie recht sie hatte.«

Geduld muß man als Freund oder Freundin schon haben, und oft genug wird sie auf die Zerreißprobe gestellt: Da hat man dem Betroffenen so oft gesagt, was er tun und lassen soll, damit es ihm besser geht, aber er hält sich nicht daran.

Sein Verhalten können wir zum Teil nicht verstehen, weil wir glücklicherweise nicht in der gleichen Lage sind. Aber gerade deswegen braucht uns der andere, er weiß nicht ein noch aus, sieht kein Ziel, zweifelt an sich selbst, verkriecht sich, kann nicht mehr klar denken – und ist daher nicht mit »normalen« Maßstäben zu messen.

Auch, was er uns sagt und vorwirft, sollten wir mit viel Verständnis anhören und uns nicht aus der Ruhe bringen lassen: Der andere hat den Kopf verloren, wir müssen einen klaren Kopf für ihn bewahren. Das kostet viel Zeit und Energie: für Telefonate, für Treffen, für Einladungen zu uns (evtl. auch für das Angebot, an kritischen Tagen bei uns übernachten zu können). Manchmal erfordert es auch viel Rücksicht und Geduld vom eigenen Partner, wenn wir soviel Zeit und Mühe für den Freund oder die Freundin aufwenden müssen.

Sicher werden die Möglichkeiten zu helfen im Einzelfall verschieden sein, aber in diesem Buch sind bewußt eine Reihe von Beispielen aufgeführt, die zeigen können, wie jemand – vorausgesetzt, er will sich helfen lassen und tut selbst auch etwas dazu – in kleinen, relativ fest aufeinander folgenden Schritten aus dem Tief herauskommen kann.

Die Systematik dieses Buchs mit seiner Darstellung der Phasen einer Trennung kann für uns selbst eine Hilfe zum Verständnis des Betroffenen sein, es kann uns Einblick in die Unausweichlichkeit der momentanen Phase geben wie auch den Ausblick auf den nächsten Schritt eröffnen; dieses Wissen kann uns als Freund helfen, ein absehbares Ziel glaubhaft zu vermitteln.

Natürlich kann man dieses Buch auch einem Betroffenen schenken, damit er sich selbst erkennt: Vielleicht ist es gut, es gemeinsam durchzugehen, damit der Betroffene die eigenen Argumente durch diese »neutrale Instanz« bestätigt bekommt. Nichts ist für ihn so schlimm wie die Angst vor der Zukunft, die Perspektivlosigkeit seiner eigenen Situation. So fängt dieses Buch am tiefsten Punkt an und führt zielstrebig aus dem Tief heraus.

Gelegentlich haben die Ratschläge Aufforderungscharakter: Wir sollten in unserer Argumentation Betroffenen gegenüber nicht – etwa aus falsch verstandenem Mitgefühl – zu vorsichtig sein. In der Phase der Trennung braucht der Betroffene keine Andeutungen, sondern ganz konkrete – manchmal massive – Aufforderungen und Impulse.

Durch die Kapitel der zweiten Hälfte des Buches zieht sich wie ein roter Faden die Bedeutung der Freunde für den Verlassenen. Sie sind für ihn sehr wichtig, sie können Lebensretter sein.

Wie oft hatten wir schon ein schlechtes Gewissen wegen eines Versäumnisses. Wir hatten uns vorgenommen, einen Kranken im Krankenhaus zu besuchen, aber nie reichte die Zeit dafür. Später machen wir uns Vorwürfe, ihn nicht besucht zu haben. Für unsere Freunde sollten wir sofort und immer Zeit haben, wenn sie uns brauchen.

Nach einer Trennung brauchen sie uns am nötigsten.

Anhang

Adressen, Beratungsstellen

Gesprächspartner findet man in den zuständigen Jugendämtern und in allen Ehe- und Familienberatungsstellen in kommunaler sowie freier und gemeinnütziger Trägerschaft. Dort wird man für die Betroffenen und ihre Familien auch angemessene Beratungs- und Hilfsangebote vermitteln können.

Es folgt ein Verzeichnis der Beratungseinrichtungen in den alten und neuen Bundesländern. In letzteren sind viele Beratungsstellen in Gründung, aber auch viele Adressen werden sich ändern. Die nachfolgenden Adressen sind die, die zum Zeitpunkt des Redaktionsschlusses dieses Buches zugänglich waren.

Die genannten Verbände haben oft Einrichtungen und Zweigstellen in vielen Städten; man kann also dort erfragen, ob in der Nähe des eigenen Wohnortes eine örtliche Beratungsstelle ist.

Man muß berücksichtigen, daß sich Adressen schnell ändern können, und eventuell im Telefonbuch nachsehen. Die Telefone der Selbsthilfegruppen sowie die Stellen in den neuen Bundesgebieten sind nicht immer besetzt, häufig jedoch vormittags. In den neuen Bundesländern gibt es eine Reihe von Beratungsstellen, die man über die Jugendämter, die Kirchen und die Infoseiten (»Lebenshilfe«) der Tageszeitungen und Stadtteilblätter erfährt; besonders aber auch beim Sozialamt des Magistrates. Darüber hinaus gibt es einen Führer über Beratungsstellen in Deutschland kostenlos beim Bundesministerium für Familie, Senioren, Frauen und Jugend, Postfach, Bonn.

Beratungsstellen in Deutschland

Beratungsstellen großer Verbände oder Institutionen. Bitte die Liste der örtlichen Beratungsstellen dort anfordern.

Evangelische Akademien, Akademieweg 11, 73087 Bad Boll, Tel.: 07164/79272

Verein humane Trennung und Scheidung e. V. – VHTS –, Bundesgeschäftsstelle, Schneppenhorstweg 5, 13627 Berlin, Tel.: 030/3827052, Fax: 030/3815022

Deutscher Paritätischer Wohlfahrtsverband – Gesamtverband e. V. (DPWV), Heinrich-Hoffmann-Straße 3, 60528 Frankfurt am Main, Tel.: 069/6706-0, Fax: 069/6706-204

PRO FAMILIA Deutsche Gesellschaft für Familienplanung, Sexualpädagogik und Sexualberatung e. V., Stresemannallee 3, 60596 Frankfurt am Main, Tel.: 069/639002, Fax: 069/639852

IAF e. V., Verband binationaler Familien und Partnerschaften, Ludolfusstraße 2–4, 60487 Frankfurt am Main, Tel.: 069/7075087/88/89, Fax: 069/7075092

VHS in allen größeren Orten über »Volkshochschule«, sonst:

Deutsches Institut für Erwachsenenbildung, Pädagogische Arbeitsstelle, Institut für Erwachsenenbildung des Deutschen Volkshochschul-Verbandes (DVV), Hansaallee 150, 60320 Frankfurt am Main, Tel.: 069/95626-0, Fax: 069/95626-174

Caritasverband für Brandenburg e. V., Beratungsstelle für Erziehungsberatung, Ehe-, Familien- und Lebensberatung, Leipziger Straße 39, 15232 Frankfurt (Oder), Tel.: 0335/5654130, Fax: 0335/5654100

Deutscher Caritasverband e. V., Beratungsstellen für Ehe-, Partnerschafts- und Familienberatung; Soziale Beratung; Sozialpsychiatrische Dienste; Psychologische Beratung; Adressen im Telefonbuch unter »Caritas« sowie bei allen kath. Pfarrgemeinden; Gesamtverzeichnis bei: Caritas-Verband, Postfach 420, 79004 Freiburg bzw. Karlstraße 40, 79104 Freiburg, Tel.: 0761/200-0, Fax: 0761/200-572

Deutscher Kinderschutzbund (DKSB), Bundesverband e. V., Schiffgraben 29, 30159 Hannover, Tel.: 0511/30485-0, Fax: 0511/30485-49

Deutsche Arbeitsgemeinschaft Jugend- und Eheberatung e. V. (DAJEB), Bundesgeschäftsstelle, Neumarkter Straße 84 c, 81673 München, Tel.: 089/4361091, Fax: 089/43112 66

Evangelische Briefseelsorge, Dachstraße 19, 81243 München

ISUV/VDU e. V., Interessenverband Unterhalt und Familienrecht, Bauver-
einstraße 30, Postfach 21 01 07, 90119 Nürnberg, Tel.: 0911/550478, Fax:
0911/533074

Beratungsstellen des Diakonischen Werkes der Evangelischen Kirche in
Deutschland e. V., Stafflenbergstraße 76, 70185 Stuttgart, Tel.: 0711/2159-0,
Fax: 0711/2159-288

Katholische Akademie; Verzeichnis der Katholischen Akademien, herausgegeben vom Leiterkreis der Kath. Akademien, c/o Katholische Akademie, Im Schellenkönig 61, 70184 Stuttgart

»Offene Tür« – Beratungsstellen in vielen Großstädten, Adressen über Telefonseelsorge oder alle Pfarrämter

Telefonseelsorge und »Telefon des Vertrauens«: Bundesweit unter
0800/1110111 (evangelisch) und 0800/1110222 (katholisch) gebührenfrei.

Beratungsstellen der Kirchen:

Evangelische Kirche: Beratungsstellen für Ehe- und Lebensberatung, Adr.
im Telefonbuch unter »Kirchen, evangelisch« oder auch über alle Pfarrämter (in allen größeren Orten).

Beratungsstelle für Scheidungsangelegenheiten (in allen Bezirken Berlins)
über: Erziehungs- und Familienberatungsstellen der Abteilung Jugend,
Familie und Sport bei den Bezirksämtern.

Bildungswerke:

a) Evangelisch: Telefonbuch unter »Kirchen, evangelisch«, sonst über Su-
perintendentur bzw. Dekanat sowie über alle Pfarrämter

b) Katholisch: Telefonbuch unter »Kirchen, katholisch«, dort: Generalvika-
riat oder Ordinariat der Diözese (Abt. Bildung), sowie über alle Pfarrämter.

Frauenhäuser zu erfahren über Stadtverwaltung/Rathaus, Sozialreferat (in
verschiedenen Städten)

Örtliche Beratungsstellen in den alten Bundesländern

Zusammenwirken im Familienkonflikt Interdisziplinäre Arbeitsgemeinschaft e. V., Wilhelmsaue 133, 10715 Berlin, Tel.: 030/8610195, Fax: 030/8734830

DIALOG – Beratungsstelle Bochum, Väter und Mütter für eine gemeinsame Elternschaft bei Trennung/Scheidung e. V., Postfach 10 05 53, 44705 Bochum bzw. Haldenstraße 75, 44809 Bochum, Tel.: 0234/580504

Arbeitskreis Partnerschaftskrise, Trennung und Scheidung e. V., Eschersheimer Landstraße 531, 60431 Frankfurt am Main

Freie und Hansestadt Hamburg – Vertrauensstelle für Ehe-, Partnerschafts- und Trennungsberatung, Winterhuder Weg 31, 22085 Hamburg, Tel.: 040/2984 34 53, Fax: 040/2984 34 61

Jugend-, Familien- und Erziehungsberatungsstelle – Jugendpsychologischer Dienst – Ihmepassage 4, 30449 Hannover, Tel.: 0511/1685329

Praxis- und Forschungsstelle für Psychotherapie und Beratung, Prof. Dr. Reiner Bastine, Psychologisches Institut der Universität, Hauptstraße 47–51, 69117 Heidelberg, Tel.: 06221/547350, Fax: 06221/547348

Allgemeiner Sozialdienst (ASD), Sozialreferat, Orleansplatz 11, 81667 München, Tel.: 089/233-23893 oder 233-22616 (in verschiedenen Städten, auch unter anderem Namen, über Sozialreferat)

Der Gesundheitspark, Münchner Volkshochschule GmbH, Spiridon-Louis-Ring 27, 80809 München, Tel.: 089/3061010

Ehe-, Partnerschafts- und Familienberatung München e. V., Rückertstraße 9, 80336 München, Tel.: 089/5443 11-0, Fax: 089/5443 11-26

Evangelische Briefseelsorge, Dachstraße 19, 81243 München

Münchner Insel unter dem Marienplatz – Kirchen informieren und beraten, U-Bahnhof Marienplatz (1. Untergeschoß Marienplatz), 80331 München, Tel.: 089/2220041, Fax: 089/2233130

ISUV e. V. – Interessenverband Unterhalt und Familienrecht, Raintalstraße 16 a, 81539 München, Tel.: 089/6911190, Fax: 089/6922848

TuSch Trennung und Scheidung – Frauen für Frauen e. V., Grimmstraße 1, 80336 München, Tel.: 089/774041, Fax: 089/7470850

Verein Humane Trennung und Scheidung e. V., Goethestraße 68, 80336 München, Tel.: 089/5309539, Fax: 089/5328400

Verband Unterhalt und Familienrecht (ISUV/VDU) e. V., Postfach 21 01 07, Nürnberg

Odenwald-Institut (Psychologische Seminare und Persönlichkeitsberatung), Trommstraße 25, 69483 Wald-Michelbach, Tel.: 06207/5071, Fax: 06207/1390

Örtliche Beratungsstellen in den neuen Bundesländern

PRO FAMILIA, Ansbacher Straße 11, 10787 Berlin, Tel.: 0 30/2 13 90 20

Arbeiterwohlfahrt, Kreisverband Brandenburg Süd e. V., Straße der Jugend 15, 03046 Cottbus, Tel.: 03 55/7 80 36-0

Beratungsstelle für Familienplanung, Schwangerschaft und Schwangerschaftskonflikt, Görlitzer Straße 11, 03046 Cottbus, Tel.: 03 55/42 77 71

Caritas-Kreisstelle Cottbus, Straße der Jugend 23, 03046 Cottbus, Tel.: 03 55/2 31 05

Deutsches Rotes Kreuz (DRK), Kreisverband Cottbus e. V., Friedrich-Ludwig-Jahn-Straße 7, 03044 Cottbus, Tel.: 03 55/2 47 51

Diakonisches Werk Cottbus Stadt und Land e. V., Geschäftsstelle, Feldstraße 24, 03044 Cottbus, Tel.: 03 55/82 10 81

Diakonisches Werk der Evangelischen Kirche Berlin-Brandenburg e. V., Allgemeiner Sozialdienst der Evangelischen Kirchengemeinde Cottbus-Süd, Kantstraße 34, 03050 Cottbus, Tel.: 03 55/53 50 64

Frauenhaus Cottbus, Unterkunft für mißhandelte Frauen und deren Kinder, Tel.: 03 55/71 21 50 und 03 55/42 16 76

Frauenzentrum Cottbus e. V., Thiemstraße 55, 03050 Cottbus, Tel.: 03 55/47 39 55

Katholische Ehe-, Familien- und Lebensberatung, Caritas-Kreisstelle, Karl-Marx-Straße 14, 03044 Cottbus, Tel.: 03 55/2 50 64

Kontaktstelle »Frauen für Frauen«, Landesverband Brandenburg e. V., Neustädter Straße 19, 03046 Cottbus, Tel.: 03 55/2 28 44

Paritätischer Wohlfahrtsverband, Landesverband Brandenburg e. V. (DPWV), Regionalbüro Lausitz, Weinbergstraße 3, 03050 Cottbus, Tel.: 03 55/47 82 40

Stadtmission Cottbus, Bahnhofstraße 52/III. Etage, 03046 Cottbus, Tel.: 03 55/79 30 33

Diakonisches Werk Stadtmission Dresden e. V., Psychosoziale Kontakt- und Beratungsstelle, Glacisstraße 44, 01099 Dresden, Tel.: 03 51/8 17 23 54, Fax: 03 51/8 17 23 55

Psychologische Beratung/Naturheilpraxis, Friedrichstraße 57, 01067 Dresden, Tel.: 03 51/4 96 40 95

Psychiatrische Beratungsstelle – Kreisstelle f. Diakonie, Karl-Marx-Straße 41, 99817 Eisenach, Tel.: 0 36 91/7 54 77

Integrierte Familienberatungsstelle, Bahnhofstraße 27/28, 99084 Erfurt, Tel.: 03 61/5 62 17 47

KISS – Kontakt- und Informationsstelle für Selbsthilfegruppen, Turniergasse 17, 99084 Erfurt, Tel.: 03 61/6 55 17 21

Psychologische Beratungsstelle für Familien-, Ehe-, Lebens- und Erziehungsfragen, Erziehungs- und Familienberatungsstelle, Diakonisches Werk Flöha e.V., Fabrikweg 4, 09557 Flöha, Tel.: 03726/704714

Beratungsstelle des Paritätischen Wohlfahrtsverbandes, Rosa-Luxemburg-Straße 24, 15230 Frankfurt/Oder, Tel.: 0335/6802735

Frauen- und Familienzentrum Ffo e. V., Fürstenwalder Straße 55, 15234 Frankfurt/Oder, Tel./Fax: 0335/22992

Kontakt- und Beratungsstelle für Selbsthilfe, Träger: Paritätischer Wohlfahrtsverband, Klabundstraße 10 (Haus der Begegnung), 15230 Frankfurt/Oder, Tel.: 0335/545759

Familien- und Erziehungsberatungsstelle des Diakonischen Werkes Freiberg e. V., Wallstraße 22, 09599 Freiberg, Tel.: 03731/355228

Caritasverband für Ostthüringen e. V., Nicolaistraße 4, 07545 Gera, Tel.: 0365/26056

Diakonisches Werk, J.-Curie-Straße 1a, 07548 Gera, Tel.: 0365/22511 oder 52825

Diakonisches Werk, Psychosoziale Beratung für psychisch Kranke und Menschen in psychischen Krisensituationen, Ernst-Toller-Straße 10, 07545 Gera, Tel.: 0365/24978 od. 200124

Frauen- und Familien-Zentrum »Begegnung« e. V., Geschäftsstelle: Vollersdorfer Straße 32, 07546 Gera, Tel.: 0365/813871; Beratungsstelle: Turmstraße 10, 07546 Gera, Tel.: 0365/200606

Hilfe für Frauen in Not, Frauenkontakt- und Beratungsstelle, Richterstraße 25, 07545 Gera, Tel.: 0365/21112

Jugendamt, Psychologische Beratungsstelle der Stadtverwaltung Gera, Glück-auf-Weg 6, 07552 Gera, Tel.: 0365/4200137

Koordinierungsstelle »Das Netz«, Gagarinstraße 113, 07549 Gera, Tel.: 0365/414142

Trägerwerk soziale Dienste Thüringen e. V., Psychologische Beratungsstelle, Werner-Petzold-Straße 27, 07549 Gera, Tel.: 0365/32094

Ehe-, Familien- und Lebensberatungsstelle, Caritas-Kreisstelle, Wilhelmsplatz 2, 02826 Görlitz, Tel.: 03581/47130

Beratungsstelle für Erziehungs-, Ehe- und Familienfragen, Beratung für Kinder, Jugendliche und Erwachsene, Jüdenstraße 27, 99867 Gotha, Tel.: 03621/56670

Caritasverband für das Bistum Erfurt e. V., Kreisstelle Gotha, Querstraße 07, 99867 Gotha, Tel.: 03621/404550 und 404551, Fax: 03621/404552

Frauenhaus Gotha, Tel.: 03621/853196

Kreisdiakoniestelle Gotha, Jüdenstraße 27, 99867 Gotha, Tel.: 03621/300707

Sozialdienst katholischer Frauen e. V., Dittesstraße 05, 99867 Gotha, Tel.: 03621/301003

Sozialpsychiatrischer Dienst, Eisenacher Straße 3, Zi. 109 oder 111–112, 99867 Gotha,Tel.: 0 36 21/21 46 54 oder 21 46 47

Sozialpsychologische Beratungsstelle der Arbeiterwohlfahrt, Kreisverband Gotha e. V., Juri-Gagarin-Straße 2/4, 99867 Gotha, Tel.: 0 36 21/75 85 22 oder 45 58-0, Fax: 0 36 21/45 58 15

Caritas – Beratungsstelle, Familienhilfe, Königsstraße 14, 19230 Hagenow, Tel.: 0 38 83/72 10 55 und 0 38 83/72 11 55

Beratungsstelle für Familien, Jugendliche und Kinder, Caritas-Verband für die Stadt und das Dekanat Halle/Saale e. V., Bernburger Straße 31, 06108 Halle/Saale, Tel.: 03 45/3 88 09 87

PRO FAMILIA Landesverband Sachsen-Anhalt e. V., Beratungsstelle, W.-von-Klewitz-Straße 11, 06132 Halle/Saale, Tel.: 03 45/7 74 82 42

Psychologische Beratung/Naturheilpraxis, Königsbrücker Straße 16 a, 01458 Hermsdorf, Tel.: 03 52 05/7 23 00

PRO FAMILIA, Wurzner Straße 95, 04315 Leipzig, Tel.: 03 41/2 32 43 18

Caritas-Beratungszentrum, Max-Josef-Metzger-Straße 3, 39104 Magdeburg, Tel.: 03 91/5 96 12 05, Fax: 03 91/5 96 12 09

Ehe-, Erziehungs-, Lebens- und Schwangerschaftskonfliktberatung, Magdeburger Stadtmission e. V., Leibnizstraße 48, 39104 Magdeburg, Tel.: 03 91/5 61 94 94, Fax: 03 91/5 41 48 41

Jugendamt Magdeburg, Psychologische Erziehungs- und Familienberatungsstelle, Jean-Burger-Straße 14, 39112 Magdeburg, Tel.: 03 91/61 51 92, Fax: 03 91/6 21 96 19

PRO FAMILIA Landesverband Sachsen-Anhalt e. V., Beratungsstelle, Lübecker Straße 24, 39124 Magdeburg, Tel.: 03 91/2 52 41 33

Wildwasser Magdeburg e. V., Beratungsstelle für Mädchen und Frauen mit sexuellen Gewalterfahrungen, Ritterstraße 1, 39124 Magdeburg, Tel.: 03 91/2 51 54 17, Fax: 03 91/2 51 54 18

Beratungsstelle für Kinder, Jugendliche und Eltern, Kirschenallee 6, 17033 Neubrandenburg, Tel: 03 95/3 68 08 29

Ehe-, Familien- und Lebensberatung, Katharinenstraße 65, 17033 Neubrandenburg, Tel.: 03 95/5 44 36 08

Jugendamt, Abteilung Sozialpädagogische Dienste, Rathaus, Fr.-Engels-Ring 53, 17033 Neubrandenburg, Tel.: 03 95/5 55 22 37

Sozialpägagogische Schülerhilfe, Weidegang 9, KITA »Ponyhof«, 17034 Neubrandenburg, Tel.: 03 95/4 69 17 96

Sozialpsychiatrischer Dienst, Juri-Gagarin-Ring 39/41, 17036 Neubrandenburg, Tel.: 03 95/7 07 19 34

Frauen- und Familien-Beratungszentrum, Bergstraße 11, 99192 Neudietendorf, Tel.: 0 36 02/2 61 30 und 2 61 31

Ehe-, Familien- und Lebensberatung, Strelitzer Straße 28 a, 17235 Neustrelitz, Tel.: 0 39 81/30 41

Caritasverband für Brandenburg e. V., Integrierte Beratungsstelle für Ehe-, Familien-, Lebens- und Erziehungsfragen, Plantagenstraße 23/24, 14482 Potsdam, Tel.: 03 31/7 10 2 98, 7 10 2 99, 7 10 3 00

Gesundheitsamt Potsdam, Sozialmedizinischer Dienst, Hegelallee 6–10, Haus 2, Jägerallee 2, 14461 Potsdam, Tel.: 03 31/2 89 24 24

PRO FAMILIA, Gartenstraße 42, 14478 Potsdam, Tel.: 03 31/7 09 32 05/06

Ehe-, Familien- und Lebensberatung, Trägerstraße 9, 18055 Rostock, Tel.: 03 81/4 90 40 85

PRO FAMILIA, Graf-Schack-Straße 14, 18055 Rostock, Tel.: 03 81/3 13 05

Sozialdienst katholischer Frauen e. V. (SkF), Maxim-Gorki-Straße 52, 18106 Rostock

Ehe-, Familien- und Lebensberatung, Schloßstraße 24, 19053 Schwerin, Tel.: 03 85/55 51 78

Evangelische Beratungsstelle, Ehe, Trennungs- und Scheidungsberatung, Friedrichstraße 1, 19055 Schwerin, Tel.: 03 85/5 50 75 00

Haus der Caritas, Klosterstraße 24, 19053 Schwerin, Tel.: 03 85/59 16 90

Internationaler Bund – Ehe, Trennungs- und Scheidungsberatung, Kepplerstraße 23, 19063 Schwerin, Tel.: 03 85/2 01 11 29

Kreisdiakoniestelle, Beratungsstelle, Lutherstraße 8, 99874 Waltershausen, Tel./Fax: 0 36 22/6 77 33

Ehe-, Familien- und Lebensberatung, Kletzstraße 5, 17192 Waren

Caritas-Beratungsstelle, Hans-Grundig-Straße 34, 23966 Wismar, Tel.: 0 38 41/73 11 99

Ehe- und Familienberatung, Mecklenburger Straße 30, 23966 Wismar, Tel.: 0 38 41/21 01 40

Psychologische Beratung der Diakonie, Am Markt 2, 23966 Wismar, Tel.: 0 38 41/21 14 53

Sozialdienst Katholischer Frauen, Sozialpäd. Beratung, 23966 Wismar, Tel.: 0 38 41/70 46 26

Stadtmission Zwickau e. V., Evangelische Familienberatungsstelle, Lothar-Streit-Straße 22, 08056 Zwickau, Tel.: 03 75/3 52 11 80

Literaturverzeichnis

Benard, Cheryl und Edit Schlaffer: *Es gibt ein Leben nach der Scheidung.* Ratgeber für die entheiratete Frau. München: Heyne 1997.

Benard, Cheryl und Edit Schlaffer: *Seid ihr noch zu retten?* Warum Ihre Ehe schiefging. Warum Ihre Scheidung schrecklich war. Wie es nun bergauf geht. Wien: Deuticke 1995.

Braune, Hans-Peter und Peter Meinck: *Gemeinsame elterliche Sorge.* Nürnberg: ISUV/VDU-Verlag 1991.

Eine Broschüre für unsere Eltern. Herausgegeben von IETE – Intakte Elternschaft trotz Ehescheidung, Germersheimer Straße 26, 81541 München.

Eltern bleiben Eltern. Herausgegeben von der Deutschen Arbeitsgemeinschaft für Jugend- und Eheberatung, Münchener Straße 20, 85774 Unterföhring.

Friedman, Gary J.: *Die Scheidungs-Mediation.* Anleitungen zu einer fairen Trennung. Reinbek: Rowohlt 1996.

Fromm, Erich: *Die Kunst des Liebens.* München: Deutscher Taschenbuch Verlag ³1998.

Gemeinsam leben ohne Trauschein – Das Ehe- und Familienrecht – Das elterliche Sorgerecht. Erhältlich beim Bundesministerium für Justiz, Postfach 20 06 50, Bonn.

Harris, Thomas A.: *Ich bin o. k. – du bist o. k.* Wie wir uns selbst besser verstehen und unsere Einstellung zu anderen verändern können. Eine Einführung in die Transaktionsanalyse. Reinbek: Rowohlt 1975.

Jones, Ann und Susan Schechter: *Ich kann ihm nichts mehr recht machen.* Entscheidungshilfen für Frauen in unglücklichen Beziehungen. Reinbek: Rowohlt 1995.

Kast, Verena: *Sich einlassen und loslassen.* Neue Lebensmöglichkeiten bei Trauer und Trennung. Freiburg i. Brsg.: Herder 1994.

Kindesmitnahme durch einen Elternteil: Ursachen, Lösungsmöglichkeiten und Prävention – *Jede Blume duftet anders:* Bereicherungen und Konfliktursachen in binationalen Familien und Partnerschaften. Herausgegeben von der Interessengemeinschaft der mit Ausländern verheirateten Frauen, e. V., Kasseler Straße 1 a, 60486 Frankfurt/Main.

Koch, Klaus und Peter Meinck: *Scheiden – aber richtig.* Berlin: Ullstein 1992.

Lauster, Peter: *Die Liebe.* Psychologie eines Phänomens. Reinbek: Rowohlt 1982.

Mähler, Hans-Georg, Gisela Mähler und Josef Duss von Werdt: *Faire Schei-*

dung durch Mediation. Ein neuer Weg bei Trennung und Scheidung. München: Gräfe & Unzer 1994.

Petri, Horst: *Verlassen und verlassen werden.* Angst, Wut, Trauer und Neubeginn bei gescheiterten Beziehungen. Stuttgart: Kreuz 1996.

Scheidung ohne Richter. Neue Lösungen für Trennungskonflikte (zu zweit). Herausgegeben von Heiner Krabbe. Reinbek: Rowohlt 1991.

Schwertfeger, Bärbel und Klaus Koch: *Der Therapieführer.* München: Heyne [2]1995.

Viorst, Judith: *Mut zur Trennung.* Menschliche Verluste, die das Leben sinnvoll machen. München: Heyne 1994.

Wolf, Doris: *Wenn der Partner geht.* Wege zur Bewältigung von Trennung und Scheidung. Mannheim: PAL 1996.